17세기 조선문화사의 한 국면

독서광 허균

김 풍 기

그물

저자 김풍기 金豐起

강원도 강릉에서 태어났다. 강원대학교를 졸업하고 고려대학교 대학원에서 석사 및 박사학위를 취득했다. 한국 고전문학 연구를 하는 한편 한시 읽기를 통해 새로운 사유의 길을 모색해 왔다. 현재 강원대학교 사범대학 국어교육과 교수로 봉직하고 있다.

지은 책으로『조선전기 문학론 연구』,『한국 고전시가 교육의 역사적 지평』,『시마(詩魔), 저주 받은 시인들의 벗』,『옛시 읽기의 즐거움』,『삼라만상을 열치다』,『옛시와 더불어 배우며 살아가다』,『누추한 내 방: 허균 산문선』,『강원 한시의 이해』,『조선 지식인의 서가를 탐하다』,『옛시에 매혹되다』 등이 있고, 번역서로는『옥루몽(전5권)』,『열하일기』(공역) 등이 있다.

* 제7회 교산학술상(蛟山學術賞) 수상

독서광 허균
―17세기 조선문화사의 한 국면―

초판 제1쇄발행 2013년 2월 15일
초판 제2쇄발행 2016년 3월 21일
지 은 이 김풍기
펴 낸 이 변선웅
펴 낸 곳 그물
출판등록 2012년 2월 8일 제312-2012-00006호
서울특별시 서대문구 통일로25길 30, 102동 1502호
전화 070 8703 1363
팩스 02 725 1363
ISBN 978-89-969171-1-3
http://wsun1940.blog.me

값 18,000원

저자와의 협의에 따라 인지는 생략합니다.

허균과 함께 한 공부길에서

　허균을 처음 만난 것은 1987년이었다. 대학원 수업에서 허균으로 발표를 하면서 처음으로 그를 만났다. 흔히 '허균오전許筠五傳'이라 불리는 그의 소설 작품을 이전에도 여러 차례 읽은 적이 있지만, 저자가 그와 정색을 하고 대면을 한 것은 대학원에서였다. 이후 허균의 문집을 부분적으로 읽으면서 그에 대한 연구 업적이 발견될 때면 틈틈이 읽고 메모를 해두곤 했다. 그러다가 문득 허균의 역모가 수상하다는 생각이 들었다. 문집을 통해서 본 그는 참으로 정이 넘치는 낭만적 인간이었다. 혁명적 인간과 낭만적 인간은 서로 상통하는 바가 있다고는 하지만, 그의 혁명가적 이미지와는 별도로 문학가적 면모를 주목하게 되었다. 그리고 보니 그는 엄청난 독서광이면서 짧은 편지 '척독尺牘'을 참으로 맛깔나게 쓰는 문인이었다. 그의 문집을 읽으면서 생각을 정리해 두었던 것을 『누추한 내 방』이라는 제목으로 출간하였다. 이 출간을 계기로 나는 허균의 다양한 면모를 다루는 책을 쓰고 싶었다.
　2001년에 처음 허균 관련 논문을 쓴 이래 12년이 흘렀다. 지난 세월 동안 내 공부도 생각도 달라졌다. 허균에 대한 애정은 여전하지만 생각이 달라졌기 때문에, 이 책을 내면서 오래된 원고가 마음에 걸려서 전면적으로 손을 볼까 하는 마음도 가졌었다. 그러나 그것도 내가 걸어온 공부길의 흔적이니 섣부른 수정은 득보다 실이 많을 것이라 생각되었다. 게다가 여러 곳에 발표한 논문을 모으다 보니 허균의 글 중에 같은 대목이 몇 군데 겹쳐서 나오기도 했다. 송구스러울 따름이다. 대신 새로 쓴 원고를 두 편 포함시켰다. 이렇게 해서 지난 십여 년의 공부를 정리하고자 한다.

그동안 도와주신 많은 분들 덕분에 공부길을 걸을 수 있었다. 그분들의 도움이 더 빛을 발할 수 있도록 꾸준히 걸어갈 것이다. 고맙고 또 고마운 일이다.

2013년 1월 춘천에서
김풍기

차례

허균과 함께 한 공부길에서 • 3

총 론 • 11

17세기의 새로운 교양인 허균 …………………………………… 13
  1. 혁명가로서의 허균 ……………………………………… 13
  2. 교양인으로서의 허균 …………………………………… 17
  3. 새로운 교양인의 탄생 …………………………………… 25

제1부 독서와 우정 • 29

독서광 허균, 그 책읽기의 위험함 ………………………………… 31
  1. 허균을 바라보는 다양한 시선들 ……………………… 31
  2. 독서광, 그 화려한 이력 ………………………………… 34
  3. 맛보기와 책읽기, 그리고 섬세한 조화 ……………… 39
  4. 중심의 해체 혹은 중심 없는 중심 …………………… 43
  5. 내 방식대로 글쓰기: "허균의 시라고 불리고 싶다" …… 50
  6. 창조, 목숨을 건 모험 …………………………………… 59

허균의 우정론과 그 의미 …………………………………… 64
  1. 장유유서와 붕우유신 ………………………………… 64
  2. 허균 우정론의 문학적 형상화의 몇 가지 양상들 ……… 67
  3. 허균 우정론의 성격과 의의 ………………………… 88
  4. 관념적 차원의 우정에서 신체적 차원의 우정으로 ……… 92

조선중기 고문의 소품문적 성향과 허균의 척독 ………………… 95
  1. 조선중기 고문 창작의 새로운 변화와 허균 ……………… 95
  2. 척독의 소품문적 성향에 대한 허균의 인식 ……………… 99
  3. 허균 척독의 서술 특징과 그 의미 ……………………… 103
  4. 허균의 척독: 조선후기 산문의 새로운 전개 …………… 123

제2부 허균 네트워크 • 127

17세기 전반 북인계 지식인들의 학문 경향 …………………… 129
  1. 허균 학맥學脈 연구와 그 동안의 사정 ………………… 129
  2. 17세기 전반 북인계北人系 지식인의 지형도 …………… 133
  3. 박학풍의 학문 경향과 새로운 학문에 대한 호기심 …… 137
  4. 중국 인식의 새로운 변화 ……………………………… 139
  5. 조선후기로 넘어가는 문턱들 …………………………… 142

허균의 문화적 토대와 독서 경향······································ 144
  1. 허균의 독서 문화와 서음書淫 ··································· 144
  2. 사장파의 학문적 연원과 허균의 문화적 토대············· 147
  3. 허균의 독서 경향과 사장파의 변모···························· 150
  4. '책'의 의미 ··· 156

허균의 불교적 사유의 형성과「산구게山狗偈」··················· 161
  1. 허균의 불교에 대한 생각·· 161
  2. 허균의 불교적 사유의 형성···································· 162
  3.「산구게」에 나타나는 주체와 타자의 혼효 양상·········· 172
  4. 허균 사유의 모호성 ··· 187

허균 장서의 행방과 유재 이현석 ····································· 190
  1. 17세기에 대한 관심··· 190
  2. 이현석의 독서 경향과 시 세계 ································ 192
  3. 다시 사장학詞章學의 전통을 생각한다······················· 205

제3부 문화와 허균 • 207

허균의 미각적 상상력과『도문대작』································ 209
  1. 1610년 겨울 ·· 209

 2. 함열로 귀양을 가게 된 사연 …………………………… 211
 3. 『도문대작』의 구성과 음식 문화의 양상 …………… 220
 4. 미각적 상상력과 그의 문학론 ………………………… 250

17세기 시가의 향유 방식과 허균의 문학 ……………………… 254
 1. 17세기 시가의 연행과 음악사 ………………………… 254
 2. 17세기 음악사의 변환과 허균 기록의 맥락 ………… 256
 3. 허균의 기록에 나타나는 유흥의 모습 ……………… 259
 4. 17세기 시가의 향유 방식과 연희 공간의 구성 ……… 275

허균의 강원도 인식과 민속문화론 ……………………………… 277
 1. 허균의 강원도: 민속문화론의 출발점 ……………… 277
 2. 허균의 강원도 인식 …………………………………… 280
 3. 허균의 민속관 ………………………………………… 288
 4. 허균의 민속관과 지역 문화 ………………………… 304

허균 연보 • 307

미 주 • 313
 17세기의 새로운 교양인 허균 …………………………… 313
 독서광 허균, 그 책읽기의 위험함 ……………………… 313

허균의 우정론과 그 의미 ·· 319
조선중기 고문의 소품문적 성향과 허균의 척독 ············ 322
17세기 전반 북인계 지식인들의 학문 경향 ······················ 327
허균의 문화적 토대와 독서 경향 ·· 329
허균의 불교적 사유의 형성과 「산구게山狗偈」 ················ 333
허균 장서의 행방과 유재 이현석 ·· 336
허균의 미각적 상상력과 『도문대작』 ···································· 338
17세기 시가의 향유 방식과 허균의 문학 ·························· 340
허균의 강원도 인식과 민속문화론 ·· 343

찾아보기 • 351
논문출처 • 359

총론

17세기의 새로운 교양인 허균

1. 혁명가로서의 허균

 허균을 생각하면 일반적으로 급진적인 혁명가로서의 이미지가 먼저 떠오른다. 그도 그럴 것이, 학교에 들어가면서부터 우리는 허균을 언제나 『홍길동전』과 연결시켜서 배우기 때문이다. 서자로 태어난 뛰어난 인물, 가문의 부당한 압력을 거부하고 과감하게 집을 박차고 나온 당당한 소년, 용력勇力과 지혜로 활빈당을 이끌고 부정부패와 맞서서 싸우면서 거기에서 얻는 재물은 가난한 사람들을 돕는 것에 사용했던 의적, 조선의 국왕이 그를 체포하려다가 실패를 한 끝에 결국은 높은 벼슬을 내려서 타협하려 했던 인물, 그럼에도 조선이라는 좁은 땅을 떠나 율도국에 자신만의 왕국을 세우는 영웅 등 『홍길동전』에는 다양한 이미지의 주인공이 등장해서 영웅적인 활약상을 보인다. 그 과정에서 조선 사회에서의 서얼 문제, 부정부패 문제, 민중들의 어려운 생활 등 많은 문제를 제기한다. 이렇게 형성된 홍길동의 이미지는 묘하게도 허균에 덧씌워지면서 마치 허

> "극적인 생애와 진보적이면서도 급진적인 그의 논설들, 『홍길동전』이 만들어낸 영웅적 혁명가의 이미지 등이 서로 어울려서 허균이라고 하는 인물을 만들어냈다."

균이 그런 문제에 적극적인 관심을 가지고 사회적 실천으로 나아갔다고 생각하게 된 것이다. 그것은 아마도 허균이 쓴 글, 예컨대 「호민론豪民論」이라든지 「유재론遺材論」, 「소인론小人論」과 같은 논설류나 「손곡산인전蓀谷山人傳」 같은 전傳류 작품의 이미지와 겹쳐져서 해석된 탓도 있다. 또 하나, 서얼들과 친밀한 관계를 유지하면서 평소에 그들의 재능을 안타까워하던 허균은 그들과 어울려 새로운 세상을 꿈꾸는 모임을 꾸렸다고도 하며, 결국은 광해군의 엄혹한 정국에서 역모로 처형을 당하지 않았던가. 극적인 생애와 진보적이면서도 급진적인 그의 논설들, 『홍길동전』이 만들어낸 영웅적 혁명가의 이미지 등이 서로 어울려서 허균이라고 하는 인물을 만들어냈다.

김태준金台俊이 『증보 조선소설사』(학예사, 1939)에서 허균의 『홍길동전』을 조선의 혁명적 지식인에 의해 저술된 뛰어난 소설이라고 극찬한 이래 한국 고전문학 연구자들은 대체로 허균의 이미지를 그 안에서 만들어왔다.[1] 그것은 시대의 변화에 발맞추어 민중들을 위한 지식인의 사유와 실천을 논의하기에 적합한 소재이기도 했다. 일제 강점기 동안이든, 군부독재가 맹위를 떨치던 시기이든, 허균은 언제나 민중들의 희망으로서 작동하곤 했다.

그런데 그의 문집 『성소부부고惺所覆瓿藁』를 통독하다 보면 의문이 생기게 된다. 허균은 우리가 상상하듯 혁명가 혹은 개혁가로서의 면모만을 지녔던 것이 아니기 때문이다. 물론 한 인간의 삶이 오직 하나의 방향으로만 고정되어 있는 것은 아니다. 사회적으로 혁명가로 칭송을 받는 사람도 집에서는 자상한 아버지요 남편일 것이며, 아름다운 풍광을 만나면 거기에 몰입하여 멋진 노래를 부를 줄 아는 예술적 면모를 보이는 사람이기도 하다. 인간의 삶이 무수히 많은 변화 속에서 다양한 모습을 만들어 나가듯이, 한 사람의 일생 역시 하나의 기준을 가지고 해명하는 것은 불가능하다. 이렇게 일반적인 논지를 가지고 허균을 보면 당연히 그의 문집에는 다양한 인간적 면모가 나타날 수밖에 없다. 그러나 그런 수준에서 허균의 문집이 흥미롭게 읽힌다는 것은 아니다.

허균의 이미지를 강력하게 만들었던 역모죄만 해도 그렇다. 허균은 자신이 역모죄로 고변되기 전부터 여러 사람들로부터 의심쩍은 눈초리를 더러 받기는 했다. 계축옥사癸丑獄事만 해도 그렇다. 흔히 칠서지옥七庶之獄이라 일컬어지기도 하는 이 사건은 대북파가 영창대군 문제를 처리하기 위해 일으킨 사건으로 알려져 있다. 그런데 여기 등장하는 일곱 명의 서얼들은 대부분 허균과 매우 친밀한 관계를 가지고 있었다. 이 사건이 벌어졌을 때 허균은 별일 없이 빠져나오기는 했지만, 훗날 이들과의 관계가 문제로 제기되기도 했었다. 어떻든 재능 있는 서얼들에 대한 허균의 애정은 대단히 깊었다. 그러다 보니 후에 역모죄로 고변되었을 때에도 주변에서 보내는 의심의 눈초리가 상당히 있었다.

그렇다 해도 과연 허균이 적극적으로 역모를 꾸몄는가 하는 것은 좀 다른 문제다. 일반적으로 역모죄가 발각되면 조선 최고의 국사범이기 때문에 엄혹한 국문을 거쳐서 빨리 처리가 된다. 그런데 허균은 처음 역모로 고변된 이후 햇수로 3년이라는 시간이 걸려서 사건이 종결된다. 그 사이에 허균은 자신이 역모를 꾸미지 않았다는 상소를 몇 차례 올리기까지 했다. 역모다 아니다 하면서 상소를 올려 논쟁을 벌이는 것이 과연 역모죄를 처리하는 일반적인 과정은 아니지 않은가. 게다가 허균이 처형을 당할 때 임금의 허락을 받지도 않은 상태에서 순식간에 일어난다. 그가 처형되고 난 다음에 임금에게 보고되었다. 이것도 역시 이상한 일이다. 이렇게 엄중한 사건을 어떻게 이토록 허술하게 처리했을까.

역모 사건은 대체로 정치적인 맥락을 가지고 있기 때문에 위와 같은 이유 때문에 허균이 역모죄와 관련이 없다고 단언하기는 어렵다. 그러나 우리는 사건의 전말을 살펴보기만 해도 떠올릴 수 있는 의문을 왜 심각하게 고민하지 않았던 것일까? 그의 역모죄가 모함으로 밝혀지거나 정치적 탄압으로 인한 모함이라는 사실이 밝혀지면 혁명가적 면모가 사라질까 두려웠던 것일까? 그의 역모가 정치적 탄압이라 해도 그의 글이 보여주는 강력한 사유는 사라지지 않는다. 우리는 그의 행적에서 혁명가의 이미지를 만들어 낼 것이 아니라 그의 글과 사유에서 발견해야 했다. 물론 이전의 많은 연구에 의해서 그의 생각이 얼마나 급진적이고 민중지향적인지, 사회의 모순에 대해 강력한 이의를 제기하고 있는지 논의되었다. 우리는 많은 연구가 축적된 지금까지도 그것만을 중심으로 이야기를 하고 있는 것은 아닌지 되돌아보자는 것이다. 이 책의 일차적인 목표는 바로 이런 맥락에 위치하고 있다.

허균의 다양한 면모를 세 가지 측면에서 살펴보기로 하겠다. 이러한 과정을 거쳐서 나는, 허균의 생각이 급진적 혹은 개혁적 성향을 분명히 가지고 있지만, 그 밖에도 유연한 사고의 다양성을 보여준다는 점을 이야기하고 싶었다.

2. 교양인으로서의 허균

1) 독서광 허균

조선의 지식인으로서 책을 좋아하지 않는 사람이 어디 있겠는가마는, 책에 대한 허균의 애정은 특별한 데가 있다. 그는 일찍이 "장차 벼슬을 버리고 강릉으로 돌아가서 만 권 서책 중의 좀벌레나 되어 남은 생애를 마치고자"[2] 했다. 관직을 여러 차례 드나들면서 그의 생각도 자주 바뀌었을 터이나, 강릉을 자신의 고향으로 인식했던 허균은 그곳으로 돌아가 책을 읽으며 세월을 보내고 싶어 했다.

허균은 명나라에 사신으로 다녀올 때 다량의 서책을 구입해 온 바 있지만, 좋은 책이 있다면 언제든지 구해서 읽었다. 독서량도 방대하지만 암기력도 뛰어나서, 좋은 책을 읽고 좋은 구절이 있으면 메모를 해두곤 했다. 그런 결과로 편찬된 책이 바로 『한정록(閑情錄)』이다. 여기에는 96종에 달하는 많은 책들이 인용되어 있다. 뿐만 아니라 자신이 암송하고 있던 한시 작품을 활용해서 시화를 저술하거나 주변 사람들의 문집을 편찬해 주거나 시선집을 엮기도 했다.

그의 장서는 여러 경로를 통해 형성된 것으로 보인다. 친가와 외가는 물론 본인이 구입을 해서 모은 책도 상당수에 달했다. 이 책은 허균이 역모로 처벌을 받은 뒤 지봉 이수광 집안으로 이어졌다가 이후 행방이 묘연해졌다. 지금도 허균의 장서인이 찍혀 있는 책이 드물게 발견되는 것을 보면 여러 곳으로 흩어진 것이 아닌가 추측된다.

허균은 많은 장서를 독점하지는 않았다. 그의 「호서장서각기」를 보면 중국으로부터 대량의 책을 구입해서 강릉 지역의 선비들이 이용할 수 있도록 도서관 같은 곳을 만들기도 했다. 물론 이것은 강릉부사였던 류근이 받은 선물을 허균에게 주면서 활용할 방법을 찾도록 한 것이 계기가 되었지만, 허균의 머리 속에는 적어도 책을 공적으로 활용하는 것에 대한 인식이 있었던 것은 분명하다. 또한 그의 편지글에는 빌려준 책을 돌려달라는 내용도 전하는데, 그가 책을

> *"허균에게 과연 '책읽기'란 ······ 삶을 고아하게 보내는 방책이기도 했지만, 동시에 사회의 모순을 읽어내고 새로운 사유를 만드는 중요한 생각 창고였다."*

숨겨놓고 혼자 독점하는 사람은 아니었던 것이다.

독서광의 면모를 여실히 보여주는 허균에게 과연 '책읽기'란 무엇이었을까. 그것은 삶을 고아하게 보내는 방책이기도 했지만, 동시에 사회의 모순을 읽어내고 새로운 사유를 만드는 중요한 생각 창고였다. 급변하는 명나라의 문단과 철학계를 주시하면서, 어떤 책이 나오면 그 책을 빨리 구입해서 읽어냄으로써 자신의 사유 지평을 넓히는 자료로 삼았다.「호민론豪民論」이나「유재론遺材論」같은 강력한 사회 인식을 담은 글을 쓸 수 있었던 것도 그의 독서에서 비롯된다. 그의 삶이 어떻게 흘러갔는지를 살펴보면 분명히 책읽기가 삶의 실천 속으로 녹아 들어갔음을 알 수 있다. 허균은 도락으로서의 독서가 아니라 실천으로서의 독서를 지향했던 독서광이었다.

2) 새로운 문학의 길

방대한 독서는 많은 경우 글쓰기와 연결된다. 한시문을 쓰는 능력이 조선 지식인 사회에서의 위치를 어느 정도 결정하는 측면이 있었으므로 당시 사람들이 글 쓰는 능력을 신장시키기 위해 갖가지

방법을 이용했던 것은 당연한 일이다. 더욱이 한자를 익혀서 문장을 구성하는 것은 많은 시간을 요하는 것이었다. 양반층이 아니면 과거시험에 응시할 정도로 한문 구사 능력을 축적하기 힘들었다. 농민층까지 과거시험 응시 자격이 주어지긴 했지만 그것은 원칙일 뿐 실제로 농사를 짓는 여가에 한문을 공부해서 뛰어난 실력을 갖추는 것은 지난한 일이었다.

허균은 10대 중반에 들어서서야 비로소 본격적인 문장 수업을 했던 것으로 보인다. 어렸을 때 한문을 배우기는 했겠지만, 그의 공부가 자리를 잡을 무렵 아버지가 타계하시는 바람에 조금 늦어졌을 것이다. 그러나 자신의 능력에 대한 자부심은 대단했던 것 같다. 그가 시의 스승이라고 할 만한 이달李達을 둘째 형 허봉의 소개로 만났을 때 처음에는 이달을 얕잡아 보았다고 하니, 그의 자신만만함을 짐작할 수 있다. 결국 이달에게 굴복하여 시를 배우게 되었는데, 이때 허균의 나이가 열네 살이었다. 기록으로 보면 소동파의 고문을 정식으로 배우게 되는 것은 허균이 열여덟 살 되던 해에 백운산으로 가서 허봉한테서 공부를 할 때이다. 그러니 남들에 비해 한시문을 연마하는 것은 꽤 늦었다.

그렇지만 그의 기억력은 비상했고 독서 범위는 방대했기 때문에 글 쓰는 능력은 일취월장했을 것이다. 이를 토대로 허균은 한국문학사에서 큰 자리를 차지하게 된다. 문학 방면에서 그의 기여는 여러 가지지만, 두 가지를 특히 주목할 필요가 있다.

첫째, 인간의 정情을 중시하는 문학론을 주장했다. 퇴계와 율곡으로 대표되는 조선의 성리학이 정점을 찍은 직후 조선의 문화는 성리학적 구도 속에서 구성된다. 특히 인성론에서 인간의 정을 성性의 경지로 나아가도록 수양하는 것이 강조되자 문학 방면에서도 심성 수양에 도움이 되는 작품이 중시된다. 그 와중에 인간의 정을 중시하고 하늘로부터 부여받은 감정의 차원을 중요하다고 주장하면서 생활 속에서 실천하는 허균의 논리는 조선후기 천기론을 시발점으로 인간 본연의 정서를 중시하는 문학론의 선구자적인 역할을 하였다. 자신의 감정이 이끄는 대로 행동하였기 때문에 관직에서 물러나기도 했고, 그러한 것을 중시하면서 글을 썼기 때문에 자신만의 개성을 드러낼 수 있었다. 허균은 스스로 자신의 작품이 당송唐宋의 대가들에 비견되는 것을 바라지 않고 오직 허균의 작품이라는 평가를 듣고 싶다는 의견을 피력한 바 있다. 이것은 바로 개인의 정이 만들어내는 개성적인 문학론의 토대가 되었고, 그 위에서 작품 활동을 하였다.

둘째, 명나라 소품문을 자기화해서 뛰어난 문학성을 확보하였다. 기존의 문학은 거대 담론의 구도 위에서 정통 고문이라 지칭되는 문학 작품을 모델로 삼아 형성되었다. 따라서 당송팔대가와 같은 대가들의 작품을 열심히 읽고 그것을 모방함으로써 그 경지에 도달하는 것이 최고의 문학이라고 생각했다. 그러나 소품문은 개인의 생활에서 발견되는 구체적인 정서와 작은 사물들에 주목하면서 섬세한 감각을 글 속에 담았다. 유학자들의 눈에 이러한 글들은 아무 짝에도 쓸모없는 것이었지만, 이것은 보편을 중시하는 사회에서 세계의 구체성에 대한 깊은 관심과 재발견의 의미를 지니는 것이었다. 특히 그의 척독尺牘은 짧으면서도 아름다운 문체, 섬세한 감정, 인간에 대한 깊은 애정 등이 잘 스며 있는 명품이다. 조선 후기 척독을 중심으로 소품문이 발전한 역사적 맥락을 감안한다면, 허균의 작업은 최초이면서 최고의 예술성을 확보한 중요한 문화 유산들이다.

3) 사유의 유연성과 다양한 사상 경향

허균이 관직에서 해임된 이유 중의 하나는 불교를 믿었다는 것 때문이었다. 동헌에 불상을 놓고 예불을 올리는 행위가 알려져서 해임을 당했다. 실제로 허균이 그런 행위를 했는지는 차치하고서라도, 유교국가에서 불교를 노골적으로 믿는 행위는 이단으로 지탄받았다. 조선 건국과 함께 정도전을 비롯한 건국 주체 세력들은 불교의 논리를 논파하고 유교 논리에 의해 국가의 기틀을 다지려고 작업을 했다. 그러나 오랜 동안 민중들의 생활 속에 깊이 뿌리를 내리고 있던 불교를 단박에 없애는 것은 불가능했다. 승려는 조선 사회에서 팔천八賤 중의 하나였지만 민중들에 대한 영향력은 막대했다. 그 영향력에도 불구하고 조선의 양반들은 승려를 천민으로 대했고, 이 때문에 사찰에 민폐를 끼치는 양반들의 관행이 사회적으로 문제가 되기도 했다.

어떤 정책이 시행되는가에 따라 불교는 부침을 거듭했는데, 임진왜란을 치르는 동안 불교는 국가 수호에 큰 공을 세워서 왕을 비롯한 권력층의 호의적 시선을 받았다. 허균이 서산 휴정西山休靜, 부휴 선수浮休善修, 사명 유정四溟惟政 등을 알고 서로 교유한 것도 임진왜란 전후였다. 당대 최고의 고승들과 교유를 하는 한편 『능엄경』을 비롯한 불경 역시 상당히 깊이 읽었다. 그는 유교의 논리를 단순하게 적용시켜서 다른 사상을 일방적으로 탄압하지 않았다. 오히려 설득력이 있다고 판단되면 실제로 자신의 삶 속에서 실천해 보는 편이었다. 그는 참선을 하기도 했고 승려들과 불교 교리에 대한 의견을 주고받기도 했다.

도교에 대한 관심 역시 높았다. 그의 「남궁선생전南宮先生傳」이나 「장생전蔣生傳」 등에서도 도선적道仙的인 경향을 분명하게 보였으며, 그의 글 곳곳에서 도선적인 경향을 드러낸다. 이러한 사상적 경향은 17세기 전반기 전쟁 뒤에 유행하던 하나의 흐름이었다. 허균은 그 흐름의 선두에 서 있었다. 이는 전쟁 중에서 겪은 참혹한 현실을 벗어나려는 사회적 관심의 표현이기도 했다. 영원한 생명을 얻어 신선으로서의 삶을 얻는 것이 도선적 경향의 중요한 요소라면, 허균을 비롯한 당시의 많은 사람들이 깊은 관심을 가질 가능성은 높은 것이었다.

당시의 불교적 경향과 도선적 경향은 관료와 같은 기득권층을 지향하는 것이 아니라 민중들의 삶 속으로 들어가 그들에게 하나의 희망이 되고자 했다. 허균 역시 이들 사상이 지향하는 바가 민중들의 삶을 새롭게 하는 좋은 재료라고 생각했다. 그만큼 허균은 사회적 약자들에 대한 관심을 가지고 있었다. 불교와 도선적 경향도 그런 입장을 보여주지만, 허균이 보이는 민속문화에 대한 관심에서도 그러한 생각이 스며 있다는 것을 알 수 있다.

자신이 잠시 동안만이라도 머무르는 곳이 있다면 그곳의 민속을 면밀히 보았다가 글로 기록한 작품이 다수 있다. 서낭당을 글로 쓰거나 설화를 활용하여 글을 짓는 등 민속문화의 전통 속에서 창작된 작품들이 있다. 그와 같은 작품들은 허균의 뛰어난 문채에 힘입어 새로운 문학 작품으로 재탄생한 셈이다.

이단으로 지목되는 위험성에도 불구하고 허균은 불교, 도교, 민간신앙, 민속문화 등 다양한 방면에 깊은 관심을 가지고 글로 남겼다. 이는 단순히 호기심의 차원에서 쓴 것도 있겠지만, 대부분은 민중들의 삶에 애정을 가지고 있었기에 가능한 일이었다. 이러한 사상적 경향은 허균의 사유가 경직되는 것을 막아주었다. 이는 그의 사유가 언제나 유연하고 새로운 문물이나 사상, 문학적 경향 등을 만나더라도 편견 없이 이를 받아들여 자신의 것으로 만들 준비를 갖추는 토대로 작동했다.

3. 새로운 교양인의 탄생

　지식이 한 개인의 정신적 신체적 자유를 빼앗는다면 그것은 진정한 지식이라고 할 수 없다. 예나 지금이나 우리의 공부는 대체로 생활을 유지하기 위한 하나의 방편으로 존재하는 측면이 있었다. 미래의 풍족한 생활을 위해서 지금 우리는 무엇인가를 열심히 배운다. 조선시대 유학자들의 공부도 마찬가지였다. 배움이란 인간의 완성을 위한 끝없는 노력이라고들 하지만, 실제로 공부의 중요한 목표 중의 하나는 과거에 급제해서 관직으로 진출하는 것이었다. 목표를 관직에 진출하는 것으로 두는 한 그 사람의 공부는 개인의 자유를 위한 것이 아니라 관직이라는 목표에 구속되어 하나의 방향만을 향해서 나아가는 셈이 된다. 그런 공부는 선현들이 설파했던 배움의 도가 아닐 뿐만 아니라 자신에게도 진정한 삶에서 멀어지게 만든다. 내가 무엇을 공부할 것인가를 결정할 수 없는 종류의 공부라면 그게 어찌 자유로움을 향한 공부라 할 것인가.

　또 한편 공부가 하나의 분야에 집중되어서 진행된다면 그것 역시 문제가 있다. 조선 사회가 요구하는 주자학 중심주의는 모든 유학자들을 오직 하나의 길로만 가도록 강요했다. 그 강요에서 벗어나는 순간 권력 사회의 주류에서 밀려나게 된다. 주류에서 밀려나는 어려움을 감수하고서라도 자신이 하고 싶은 공부를 하는 것, 그것이 바로 진정한 공부의 출발이다.

허균이 했던 공부 역시 과거 시험과 관직을 위한 것에 상당히 겹친다. 그렇지만 그는 주자학 일변도의 사회에서 벗어나 다양한 공부를 경험하고 자신의 사유 속으로 녹여 넣었다. 불교와 도교 같은 사상이나 당시로서는 보잘것없이 보였을 민중들의 이야기에 귀를 기울여 민속문화에 대한 깊은 관심을 보였다. 그는 이러한 분야를 열심히 관찰하고 공부했을 뿐 아니라 문학 분야에서도 정통 고문부터 명나라 소품문에 이르기까지 그의 관심사를 넓혀 나갔다. 그의 척독이 조선문학사에서 높은 예술성을 획득한 조선 소품문이라는 평가를 받을 수 있었던 것도 이에서 연유한다. 이는 모두 독서 행위를 통해 가능했던 일이다. 더욱이 자신의 공부 때문에 관직이나 권력 기득권의 범주에서 멀어지는 한이 있더라도 그의 공부는 멈추지 않았다. 왕성한 지적 호기심은 다양하면서도 엄청난 양의 독서를 하게 만들었고, 그 과정에서 사유 지평 역시 광대하게 확대되었다. 사유의 변화는 그의 삶에 직접 영향을 주었고, 독서 행위는 허균의 삶 속에서 실천되기도 했다.

허균은 서얼 출신들 중에서 훌륭한 능력을 갖춘 인재들을 아꼈다. 그들과 어울려 다니면서 마음으로 교유했으며, 그들의 불행이 조선의 사회적 배경 때문이라는 사실에 가슴 아파했다. 동시에 사대부 지식인층에서도 주자학 일변도의 학문 경향에서 벗어나 다양한 글쓰기를 하는 사람들과 깊이 사귀었다. 석주石洲 권필權韠, 현곡玄谷 조위한趙緯韓 등 정통 한시문뿐 아니라 소설 작품을 창작했던 이들이 모두 허균과 친하게 지냈다. 이는 허균 주변의 문화적 분위기가 당시 조선이 지향하는 주자학적 분위기와는 입장을 달리 했었음을 의미한다.

방대한 독서로부터 시작된 허균 지식의 형성은 임진왜란 이후 조선 지식인의 지형도를 새롭게 구상할 수 있는 계기가 된다. 그의 비극적인 죽음과 함께 허균의 글은 음지로 밀려났지만, 이후의 지식인들은 몰래 그의 문집을 필사해 읽었다. 정상적으로라면 역모로 처형당한 사람의 문집을 공식적으로 출판하는 것도 불가능하거니와 필사해서 몰래 읽는 것도 처벌 받을 일이었지만, 그의 문집은 조선후기 지식인들에게 비교적 널리 읽혔던 것으로 보인다.

어떻든 허균의 공부는 비록 잡다해 보일지라도 엄청난 양의 지식을 축적하고 분류해서 백과사전식 학문 체계를 만드는 역할을 했다고 할 수 있다. 북인계의 학맥이 광해군의 몰락과 함께 사라진 것으로 보이지만, 우리는 허균을 통해서 학문의 체계가 어떠한지, 어떻게 계승되는지를 살필 수 있을 것이다. 이런 점에서 우리는 허균을 17세기 새로운 교양인의 탄생을 알리는 첫 인물로 지목할 수 있다.

제 1 부
독서와 우정

독서광 허균, 그 책읽기의 위험함

1. 허균을 바라보는 다양한 시선들

　우리가 허균許筠(1569~1618)의 『성소부부고惺所覆瓿藁』를 읽으면서 만나게 되는 것은 참으로 다양한 층위의 글들이다. 그의 삶을 하나의 원칙에 따라 단선적으로 재단하는 일은, 그의 다양한 목소리가 그의 삶 곳곳에 스며들어 있기 때문에 거의 불가능하다. 문집을 읽으면서 삶의 시기에 따라 달라지는 목소리에 당황하거나 그의 모순된 언행을 어떻게 정연하게 해명할 것인가를 고민하게 되는 것도 여기에서 연유한다. 인연과 조건이 다르면 같은 문장도 전혀 다른 의미 층위를 가진다. 하물며 오랜 시간 살아가면서 쓴 글들이라면, 당연히 다양한 층위와 자세히 해명되지 못한 내용이 그 글들 속에 가득할 수밖에 없다. 작가가 표현하고자 했던 목표에 도달하지 못하고 끊임없이 미끄러지는 언어에서 우리가 의미를 파악하는 일이 보잘것없는 짓이 되기 십상인 까닭도 그 때문이다.
　그동안 허균에 관한 연구는 그의 개혁적 성향에 초점을 맞추어

진행되어 왔다.1) 특히 70년대 이후 우리나라의 사회 현실과 그 폭압적 구조에 문학 연구가 연관되면서 허균이 가지는 혁명적(?) 성향 내지는 민중적 의식은 많은 사람들의 관심을 끌기에 충분했다. 이와 더불어 그의 『홍길동전』은 적서차별에 대한 문제 제기, 부패하고 무능한 국가 권력에 대한 비판 등의 입장에서 해석되어 논란거리를 제공해 왔다.2)

허균의 문학론 역시 중요한 논의거리였다. 그의 문학론은 의고주의擬古主義를 반대하고 문학의 개성을 강조했다는 점, 문학의 역사적 진보를 인식하고 신흥 문예의 가치를 인식한 점 등3)에 초점을 맞추어 그 중요성이 강조되어 왔다. 근래에는 그의 문학이 명나라의 문학 경향에 상당 부분 영향을 받았다는 점을 주목하는 연구가 있다.4) 또한 허균이 보여주고 있는 일련의 도가적 취향 역시 그를 바라보는 중요한 시선 가운데 하나이다. 그는 「남궁선생전」, 「장산인전」, 「장생전」 등의 신선전류神仙傳類를 포함하여 자신의 한시漢詩 작품과 산문散文 기록 등에서 다양한 모습의 도가적 취향을 잘 드러내고 있다. 이는 특히 임진왜란을 겪은 이후에 지어진 것이 아닌가 여겨지는데, 17세기 조선의 도가적 경향의 성행에 선구적 역할을 하였다는 점에서 충분히 주목할 만한 가치가 있는 것이다.

이 같은 연구를 바탕으로 허균의 문학론에 관한 탐구 역시 상당히 진척되어 왔다. 그의 문학론에 대한 논의의 중심은 탈주자주의脫朱子主義的 성격에 있다.5) 물론 '탈脫'이라고까지 접두어를 붙여야 하는가에 대해서는 상당한 이견異見들이 있지만, 그의 문학론(뿐만 아니라 사유 전반)에서 당대 주류적인 사상이었던 주자학의 방향과는 이질적인 것들이 분명하게 감지되는 것은 사실이다. 이 때문에 허균의 생각을 양명좌파陽明左派의 급진적인 사상가인 이지李贄(李卓吾)와 연결시켜 논의하는 경우도 있었다.6) 특히 공주목사로 근무하다 관직에서 파직되었다는 소식을 듣고 쓴 작품인「문파관작聞罷官作」, 조선후기 실학자 중의 한 사람인 안정복安鼎福의 허균에 대한 언급 등은 그러한 이질적인 요소를 증명하는 중요한 기록들이었다. 이 때문에 허균은 다분히 시대의 이단아의 모습으로 강하게 인식되었고, 그것은 1970년대 이후 우리의 정치적 상황과 관련하여 여러 가지 시사점을 던져주었다.

그러나 허균의 사유가 얼마나 다양한지, 그 연원이 어디인지, 그러한 생각의 형성은 전적으로 조선 내부에서의 필요성에 의해 이루어진 것인지 아니면 중국의 영향 아래 이루어진 것인지 등 다양한 질문에 효과적으로 답하기는 매우 어려운 형편이었다.

이 글은 주로 허균의 생각이 얼마나 다양한 층위를 가지고 전개되었는지를 보여주려 한다. 하나의 결론을 향해 모든 논의를 배치하는 것이 아니라 다양한 변주들을 있는 그대로 보여주는 것, 그리하여 우리 시대에 허균은 어떤 의미를 가질 수 있는지를 생각해 보도록 하는 것, 이것이 본고의 1차적인 목적이다.

2. 독서광, 그 화려한 이력

　책을 대하는 허균의 애정은 대단하다. 그는 평생 많은 책을 사 모았을 뿐만 아니라 읽었다. 그의 독서 범위는 딱히 정해져 있었던 것 같지가 않다. 고전을 비롯하여 자기 당대 중국의 새로운 서적에 이르기까지 그의 독서 편력은 시대와 지역을 뛰어넘었다. 이 같은 독서 편력의 결과는 『한정록閑情錄』과 같은 책으로 엮여져 나오기도 하였다.

　『한정록』은 허균의 나이 42세 때(1610), 천추사千秋使의 임무를 받았으나 병으로 가지 못하게 되자 집에 들어앉아 유의경劉義慶과 하양준何良俊의 『세설신어世說新語』의 「서일전棲逸傳」, 송나라 여조겸呂祖謙의 『와유록臥遊錄』, 명나라 도목都穆의 『옥호빙玉壺氷』 등의 서적을 중심으로 그 내용을 부류별로 모아 편찬된 책이다. 그러던 중, 1614년과 1615년 두 해 동안 중국에 다시 사신으로 가게 되자 그는 사비를 털어 4천여 권에 이르는 책을 구입하여 들여왔으며, 이들 가운데서 '한정閑情'에 관련된 것들을 뽑아 분야별로 나누어 편찬한 것이다.[7] 중국 서적 수입의 결정적인 전환점이 바로 16세기 말 17세기 초반경이라는 사실을 생각해 보면,[8] 허균이야말로 그러한 분위기를 주도해 나간 중심에 서 있던 인물이었다고 할 수 있다. 명나라 문인 진계유陳繼儒(1558~1639)에 따르면, 조선 사람들은 책을 매우 좋아해서 책값을 아끼지 않고 다량 수집해 갔으며, 이 때문에 조선에는 이서異書가 많이 소장되어 있다고 쓴 바 있다.9) 이들은 자신이 구입할 책의 목록까지 작성하여 돌아다녔다고 하는 것을 보면, 당시 조선 사람들의 서적에 대한 관심의 수준을 가늠하게 된다.

이렇게 성행하게 된 서적書籍 구득열求得熱은 18세기 이후 장서가藏書家의 출현으로 이어지게 된다. 홍한주洪翰周의 『지수염필智水拈筆』에 의하면, 심상규沈象奎의 장서가 4만 권에 육박하였다고 하며, 조병구趙秉龜와 윤치정尹致定의 장서 또한 3, 4만 권에 이른다고 하였다. 서울 도성 안에서 천 권이나 만 권 정도의 장서가는 일일이 손으로 꼽을 수 없다고 적은 것을 보면, 당시 장서량이 얼마나 대단했던가를 알 수 있다. 그러나 이들이 많은 장서를 바탕으로 광범위한 독서를 했다고 보기는 어렵다. 이들은 대대로 내려오는 책을 물려받거나 자기 당대에 다른 집의 장서가 매물賣物로 나오는 것, 중국으로부터 구득해 오는 것 등을 통해서 장서의 수를 늘려가기는 했지만, 단순히 수집가로서의 역할에 그쳤을 가능성도 없지 않다.10)

사정이 이렇다면, 16세기 말 17세기 초를 살았던 허균의 경우를 이와 비교하여 생각해 볼 수 있을 것이다. 그의 독서 편력은 문집 곳곳에서 단편적으로 드러나는 바, 그의 독서 범위는 대단히 넓고도 다양했다. 경서류에서부터 시선집과 소설에 이르기까지 그의 독서의 손길은 뻗치지 않는 곳이 없었다. 그의 장서가 얼마나 되는지 정확한 기록은 없다. 다만 여러 자료를 통해 볼 때 최소한 1, 2만 권대를 오가지 않았을까 싶다. 우리 시대에도 개인이 1만 권 이상의 장서를 보유하기가 쉽지 않았을 터인데, 당시에 이미 이러한 수준이었다면 허균의 독서는 다양하기 이를 데 없었을 것이다.

① 나의 장인 직장공直長公은 거기에 집을 짓고 사셨는데, 이름을 반곡서원盤谷書院이라고 했다. 공은 우뚝하여 남다른 기상을 지녔는데, 학문에 힘써 문장에 능했으나 누차 과거에 실패하였으므로, 항상 세상 밖에 노닐 뜻이 있었다.……(중략)…… 만년에 이 서원을 짓고 도서 1천 권을 진열한 뒤 그 안에서 노닐면서 시를 짓고 스스로 즐거워하였다. 연세 80에 병 없이 돌아가니 어떤 이는 신선이 되어 떠났다고도 했다.11)

② 마침 사신으로 가게 되어, 그것으로(강릉부사를 지낸 유인길이 청렴한 정치를 했다고 해서 지역의 주민들로부터 명삼明蔘 32냥을 받았는데, 임기가 만료되어 떠나면서 그것을 허균에게 주었으나 허균은 사사로이 쓸 수 없다고 해서 상자에 넣어두었던 것—필자 주) 육경六經, 사자四子, 『성리대전性理大全』, 『좌전左傳』, 『국어國語』, 『사기史記』, 문선文選, 이백李白, 두보杜甫, 한유韓愈, 구양수歐陽修의 문집과 사륙四六, 통감通鑑 등의 책을 연시燕市에서 구해 가지고 돌아왔는데, 이를 노새에 실어 그 고을(강릉—필자 주) 향교로 보냈다. 향교의 선비들은 의론에 참여하지 않았다고 해서 사양하므로 나는 호상湖上의 별장에 나아가 누각 하나를 비우고 수장하고서 고을의 여러 선비들

이 만약 빌어 읽고자 하면 나아가 읽게 하고 도로 수장하여……(중략)…… 나는 불의에 액을 당하여 관운도 더욱 삭막하니 장차 인끈印綬을 내던지고 동녘 지방으로 돌아가서 만 권 서책 중의 좀벌레나 되어 남은 생애를 마치고자 하는데, 이 책(향교에 기부한 책을 말함—필자 주)의 수장蒐藏이 또한 늙은 나의 노경을 즐길 수 있는 밑천이 되니, 기뻐할 따름이다.12)

허균의 독서는 일종의 집안 내력이었다. 부친인 초당草堂 허엽許曄은 당대의 대학자로서 명성을 떨쳤고, 그의 형이었던 허성許筬과 허봉許篈 역시 대단한 독서가들이었으니 허균 역시 자연스럽게 독서가로서의 길로 접어들 수 있었다. 더욱이 ①의 자료에 의하면 장인도 그 지역에서는 상당한 장서가로 알려졌던 듯하다. 그 책이 허균에게 전해졌는지의 여부는 알 수 없지만 어쨌든 허균이 그 장서를 접하고 읽었을 가능성은 충분히 짐작할 수 있다.

흥미로운 것은 자료 ②이다. 그는 사신으로 중국에 다녀오면서 다량의 책을 구득해 오는데, 그것을 가지고 지역의 선비들에게 자료로 제공할 수 있는 공간을 만들었다. 이러한 그의 태도는 일차적으로는 자신이 얻은 돈이 공적인 문제와 걸려서이기도 하지만, 책을 공적인 물건으로 취급하는 태도를 암묵적으로 드러내는 것이기도 하다. 더욱이 자신은 만년에 "만 권 서책 중의 좀벌레"가 되고 싶다는 희망을 피력하는 것을 보면 도서 수집가가 아닌 독서가로서

> *"허균의 삶에서 책은 생명과도 같은 존재였다.*
> *정치적으로 불우한 일을 겪었을 때에도 책만이 위로가 되었고,*
> *중국에 사신을 가도 책을 관심 있게 살펴보았다."*

의 삶을 즐기고 있었던 것이다.13) 여기에서 허균은 서책을 단순히 개인의 소유물로 바라보는 것이 아니라 많은 사람들이 읽고 이용하는 공기公器라는 입장을 전제하고 있다. 이 자료는 한 지역에서 많은 사람들이 자유롭게 이용할 수 있는 공공도서 자료실을 만든 최초의 경우가 아닐까 생각된다.

이 때문에 허균에게 이상적인 삶이란 거의 책과 관련된다. 예컨대 미인을 옆에 끼고 책을 읽는 모습을 그리는 허균의 태도14)에서 자유분방하면서도 독서광으로서의 방달한 성품을 그대로 읽을 수 있다. 또한 『한정록』에서도 그는 서책에 관한 부분을 별도로 두어서 서책과 관련된 내용을 모아 놓고 있다.15)

이처럼 허균의 삶에서 책은 생명과도 같은 존재였다. 정치적으로 불우한 일을 겪었을 때에도 책만이 위로가 되었고, 중국에 사신을 가도 책을 관심 있게 살펴보았다. 그의 다양한 독서 편력을 단선적으로 이해한다는 것은 허균의 다양한 여러 층위를 놓치고 마는 결과를 가져온다. 방대한 독서는 결국 허균이 다양한 시선집 및 주해서를 내는 기초를 형성하였다.

3. 맛보기와 책읽기, 그리고 섬세한 조화

책읽기의 즐거움에 빠져 있는 허균에게 책읽기란 무엇이었을까. 그렇게 다양하고 많은 책을 읽다보면 혼돈에 가까울 만큼 잡다한 내용 때문에 나름대로 조리를 잡기가 어려웠을 것이다. 그렇다면 그의 독서 방법은 어떤 것이었을까.

허균의 글 가운데서 우리는 『도문대작屠門大嚼』이라는 글에 관심을 가질 필요가 있다. '푸줏간 앞에서 크게 입맛을 다신다'는 뜻의 이 글은, 그가 함열咸悅에 유배를 갔을 때인 1611년(광해군 3)에 쓴 것이다.

내가 죄를 짓고 바닷가로 유배되었을 적에 쌀겨마저도 부족하여 밥상에 오르는 것은 상한 생선이나 감자 및 돌미나리 등이었고, 그것도 끼니마다 먹지 못하여 굶주린 배로 밤을 새울 때면 언제나 지난 날 산해진미도 물리도록 먹어 싫어하던 때를 생각하고 침을 삼키곤 하였다. 다시 한 번 먹고 싶었지만, 하늘 나라 서왕모西王母의 복숭아처럼 까마득하니, 천도복숭아를 훔쳐 먹은 동방삭東方朔이 아닌 바에야 어떻게 훔쳐 먹을 수 있겠는가. 마침내 종류별로 나열하여 기록해 놓고 가끔 보면서 한 점의 고기로 여기기로 하였다. 쓰기를 마치고 나서 『도문대작』이라는 이름을 붙이고, 먹는 것에 너무 사치하고 절약할 줄 모르는 세속의 현달

한 자들에게 부귀영화는 이처럼 무상할 뿐이라는 것을 경계하고자 한다.16)

서문에 해당하는 「도문대작인屠門大嚼引」을 제외하고는 나머지 부분의 내용이란 단편적인 목록처럼 이루어져 있다. 전체를 떡 종류, 과실 종류, 새나 짐승의 고기 종류, 수산물 종류, 채소 종류, 다담(茶啖) 종류 등으로 분류하고, 거기에 해당하는 맛있는 음식을 항목별로 기록했다. 각 항목에는 음식의 특징, 생산되는 곳, 생산 시기 등을 썼으며, 때에 따라서는 어느 지역에서 나오는 것이 맛있는가를 간단히 기록하여 놓았다. 그야말로 미식가의 메모라고 해도 과언이 아니다. 그가 평소에 얼마나 미식가였는가 하는 점을 유감없이 발휘하고 있는데, 이를 통해 허균은 자신의 고달픈 현실을 잊고자 한 것이다. 현실의 굶주림을 과거 자신이 경험했던 맛있는 음식을 상상함으로써 극복하는 방식, 이것이 허균 문학의 한 축을 이루기도 한다.

음식의 맛이란 다른 층위의 맛들이 어떻게 서로 조화를 이루며 공존하는가에 달려 있다. 그것은 각 양념들 간의 긴장 관계에서 발생하는 것이며, 그 긴장 관계를 잘 유지하는 것이 좋은 맛의 비결이다. 따라서 미식가가 맛을 감별하는 것은 그들 사이의 긴장감 넘치는 조화를 즐길 수 있는 섬세한 감각일 것이다.

이러한 태도는 허균의 독서 방식과 그 구조를 같이 한다. 전혀 다른 층위의 책을 잡다하게 읽어내지만, 그 속에서 나름대로의 심미안을 가지고 조화를 읽어내는 방식은 맛과 책의 동일한 구조를 제공한다.

문장이란 제각기 나름대로의 맛이 있는 법이니, 가령 어떤 사람이 대궐 푸줏간의 쇠고기며 표범의 태胎와 곰 발바닥 등을 맛보고 나서 스스로 천하의 좋은 음식을 다 먹었다고 생각하여, 마침내 메기장과 차기장, 회膾와 구운 고기를 그만두고 먹지 않는다면 굶어 죽지 않을 사람이 드물 것이다. 이것이 어찌 선진先秦과 성한盛漢을 으뜸으로 삼고 구양수와 소식을 가볍게 보는 사람과 다르겠는가. ……(중략)…… 전문적으로 한 가지 문집만 다 읽으면 혹시 너무 배가 불러 소화하지 못하고 부패해 버릴까 염려되기 때문에 나는, 그 중에 가장 간결하고 절실한 것으로 구양수의 문文 68편과 소식의 문 72편을 취하여 이것을 「문략文略」이라고 이름하였는데, 모두 8권이다.[17]

위의 글은 허균이 송나라 때의 문장가였던 구양수歐陽修와 소식蘇軾의 문장을 뽑아서 편찬한 책에 붙인 발문跋文이다. 조선중기 많은 사람들이 문장의 모범으로 진한秦漢 시기의 것을 추숭하였기 때문에 "문장은 반드시 선진양한先秦兩漢[18] 시기의 것을 배워야 하고, 시는 반드시 성당盛唐 시기의 것을 배워야 한다(文必秦漢, 詩必盛唐)"라는 말이 유행할 정도였다. 이러한 분위기는 자연히 후대, 특히 송나라의 문장가에 대한 경시 풍조를 낳았는데, 이에 대한 비판적인 입장을 위의 글에서 드러내고 있는 것이다. 당송팔대가唐宋八大家 중의 대표적인 문장가들인 두 사람의 문장을 뽑아서 엮는다는 것 자체가 허균에게는 이미 상징적인 것이 아닐 수 없다. 물론 허균은 그 전거를 명나라 왕원미王元美와 모곤茅坤 등에게서 찾고 있다. 이러한 태도는 명나라 문학에 대해 상당히 호의적인 시선으로 바라보면서 당대의 명나라 문학에 민감하게 반응했던 허균으로서는 당연한 태도였을 것이다. 그럼에도 불구하고 그의 논조는 당대 지식인들의 문장에 대한 편파적인 태도를 준열하게 비판하고 있다.[19]

명나라 의고문파擬古門派에 대해서 호의적이든 비판적이든, 우리나라 문인들의 이해는 상당한 수준이었다. 사신들을 통해 명나라 전후칠자前後七子의 문집을 비롯하여 주변 인물들의 문집을 대량으로 사들였고,[20] 이러한 문풍은 당시 조선 사회에 큰 반향을 불러 일으켰다. 김창협金昌協(1651~1708) 같은 인물은 이 같은 명나라 문풍에 대해 강하게 비판적인 어조를 드러낸 바 있지만, 조금 앞 세대인 허균이 의고문파의 문학론에 상당히 매력적으로 접근했던 것은 사실이다.

뿐만 아니라 사상사적으로도 이미 양명학이 지식인들 사이에서 읽히고 있었고, 도선적道仙的인 분위기 역시 팽배해 있었기 때문에 다종다기한 사상과 학술 서적 및 문학이 착종되고 있었다. 이런 시대에 허균은 방대한 양의 서책을 탐독하면서, 이들이 서로 만날 수 있는 지점이 어디인가를 찾으려고 시도했던 듯하다. 이렇게 해서 그의 조화로운 독서가 행해질 수 있었다. 조화는 동일성을 지향하는 것이 아니라 자신의 개성을 완전히 구현하면서 다른 존재들과 잘 어울리는 것이다. 그렇다면 허균이 하나만을 고집하는 것이야말로 비판의 대상이 된다. 하나에 고집하는 순간 진리의 이름을 빙자한 동일성의 원리로 탈바꿈하기 때문이다.

4. 중심의 해체 혹은 중심 없는 중심

시대를 이끌던 새로운 사상이라 하더라도 이론적 권위와 제도적 권력을 가지게 되면 쉽게 도그마화한다. 그것은 다른 생각에 눈을 돌리지 못하도록 장치들을 개발함으로써 새로운 사상의 맹아萌芽 자체를 거부하는 경향을 보인다. 때로는 전통이라는 이름으로, 때로는 보수라는 이름으로 불리는 이러한 경향들은 사람들의 생각을 통제하여 권력이 원하는 방향으로 모든 사람들을 동일화시킨다. 어느 시대이건 방외인方外人은 존재하기 마련인데, 이들은 시대의 폭압적 구조에 대항하여 끊임없이 탈주를 꿈꾼다. 하나의 절대적 중심을 신봉하는 시대의 추세에 대항하여 그 중심의 허구를 폭로하고 해체하려는 이들의 노력은 새로운 시대를 여는 중요한 지점이다. 이러

*"그는 서책에 대한 끊임없는 관심과
좋은 책을 소장하고 싶은 욕망이 강했고,
더 중요한 것은 그러한 것들을 통해 새로운 사상과의 대화를 모색하는
것이었다."*

한 사람들이 항상 새로운 시대를 열었는가의 여부는 논외로 하더라도, 이들의 탈주가 새로운 시대를 향하는 하나의 분기점이었음은 부정하기 어렵다. 그러한 역사적 또는 문학사적 의의를 가질 때에만이 명실상부한 방외인으로 불릴 수 있을 것이다.

 절대적 중심을 강조하는 사람들의 독서는 제한적일 수밖에 없다. 자신이 진리라고 생각하는 내용이 몇몇 서적에 모두 수록되어 있는데, 굳이 다른 글들을 읽을 필요가 없을 것이다. 심지어 세계에 대한 의문이 생길 때조차도 자신이 현실의 중심에 위치한 교조적인 서책들을 제대로 읽지 않아서 의문이 생겼다고 상정한다. 중심에 속하지 않은 것들은 모두 이단으로 치부되어 논의 자체가 부정한 것으로 취급된다. 설령 이단의 서책을 읽는다 해도 자신이 가진 시대의 중심적 시각이 형성한 편견으로부터 전혀 자유롭지 못하다. 오직 중심에 속한 책들만을 꾸준히 읽어내고, 이들에 대해 주석을 단다. 그들은 이전의 성현들이 발명해내지 못한 부분을 새롭게 밝혔다고 자부하기도 하지만, 대부분의 경우 그들의 언어를 중언부언한 것이기 십상이다. 그들은 시대를 달리한 에피고넨epigonen일 뿐

이다.

 허균의 독서가 주목을 받아야 하는 이유는 바로 이 지점이다. 그의 독서는 단순한 장서가나 독서 취미와는 구별된다. 그는 서책에 대한 끊임없는 관심과 좋은 책을 소장하고 싶은 욕망이 강했고, 더 중요한 것은 그러한 것들을 통해 새로운 사상과의 대화를 모색하는 것이었다. 독서의 즐거움이란 으레 그런 것이 아니겠는가. 방대한 독서는 이미 허균 당대에도 지식인들 사이에서 유명한 것이었다. 따라서 찾기 어려운 전거를 묻거나 희귀한 도서를 허균에게 부탁하는 일이 자주 있었다.

 ① 김주金澍의 일은 전에 낭중郎中 가유약賈維鑰에게서 『이문광독夷門廣牘』이라는 책 속에 실려 있고, 고중현高中玄이 쓴 「병탑유언病榻遺言」 1권에서 보았습니다. 하나는 종계宗系에 관한 일이었고, 하나는 기천사祁天使와 서사가徐四佳가 주고받은 시의 이야기였으며, 또 하나는 바로 김주에 관한 일이었습니다. 오래 된 일이라 문자文字를 잊었는데, 삼가 그 대략을 기억하여 별단別單에 적어서 올리니 양찰하시기 바랍니다.[21]

 ② 옛사람의 말에 '빌려간 책은 언제나 되돌려 주기는 더디다'했는데, '더디다'는 말은 1년이나 2년을 가리키는 것입니다. 『사강史綱』을 빌려드린 지가 10년이 훨씬 넘었습니다. 되돌려 주시

기 바랍니다. 나도 벼슬할 뜻을 끊고 강릉으로 돌아가 그 책이나 읽으면서 소일하려고 감히 말씀 드립니다.22)

자료 ①은 당대 최고의 문장가였던 월정月汀 윤근수尹根壽에게 보낸 편지의 한 부분이다. 윤근수는 명나라 문학에 대해 구체적인 관심을 표시한 초기의 대표적인 인물이다. 편지의 내용으로 보아 윤근수는 허균에게 김주와 관련한 전거를 찾아 주기를 부탁했고, 이에 대해 허균이 답장을 한 것으로 보인다. 당대의 최고 문장가조차도 허균의 박람博覽을 인정하고 서슴없이 질문을 하는 모습에서 대가다운 풍모와 함께 허균의 독서량의 대단함을 잘 보여주는 자료다.

또한 자료 ②에는 허균이 당대의 뛰어난 유학자였던 한강寒岡 정구鄭逑에게, 빌려주었던 책을 돌려달라고 보낸 편지 전문이다. 이는 정구가 강릉부사로 재직할 시절에 빌려갔던 것으로 추정된다. 그는 옛말을 인용하면서 돌려달라고 말하기 난처한 상황을 재치 있게 처리하고 있다. 이들 자료 외에도 전거를 묻는 것에 답하는 편지라든지, 빌려준 책을 돌려 달라고 요구하는 편지, 책을 빌려 달라고 부탁하는 편지들을 허균의 문집에서 찾아볼 수 있다.

이러한 자료를 통해 허균은 서책을 아끼고 사랑하되 자신의 사유私有로 여기면서 소장하기만 하는 수집가의 차원을 훨씬 넘어서 있었다는 것을 읽을 수 있다. 그는 책이란 공기公器이므로 필요한 사람들이 언제나 읽어야 한다고 여겼다.23)

광막한 서책의 세계에서 노닐면서 허균이 목표로 하는 것은 무엇이었을까. 그것은 어쩌면 중심의 해체가 아니었을까? 허균은, 중심으로 진입하는 일을 꿈꾸며, 그 일에 관한 책만을 읽는 사람들이 횡행하는 시절을 살아가고 있었다. 중심으로 진입하는 일을 위한 공부는 각 역사적 단계마다 꾸준히 비판의 대상이 되어 왔었음에도 불구하고 여전히 많은 사람들을 사로잡는 매력적인 것이었다. '장옥문자場屋文字' 혹은 '과거문자科擧文字'로 불리면서 출세를 위한 글공부의 핵심을 이루는 것들이었다. 이들은 '조충전각雕蟲篆刻(아로새기면서 꾸미기만 하는 글을 말함)'이라고 폄하되면서도 당대 사대부들의 손에서 결코 떠나지 않았다. 유학의 기본적인 토대가 '수기치인修己治人(나를 수양하고 다른 사람을 다스림)'이라면, 자신의 학문적 혹은 도덕적 수양을 바탕으로 진출하여 벼슬함으로써 다른 사람들을 다스려야 하는 의무적인 부분이 분명히 있었다. 이러한 점 때문에 사대부들은 벼슬에 나아가는 것에 명분을 둘 수 있었고, 결국 과거문자는 이들의 손에서 떨어지지 않았다.

허균 자신도 과거에 필요한 글을 잘 지었다는 자부심이 있었다. 말하자면 과거시험을 위해 그러한 공부를 상당 기간 동안 했으며, 일정한 성취를 보았다는 반증이기도 하다.[24] 심지어 중국의 사신이 와서 안남安南과 유구琉球 사람들이 빈공과賓貢科에 응시하여 주현(州縣)의 관리로 나가 있는 사람이 있다는 소식을 듣고 "힘이 솟구치는 기분"이 들었다고 술회한 바 있다.[25] 그만큼 허균은 과거시험에 대해 넘치는 자신감을 가지고 있었다. 그러나 이 역시 어떤 글이든 잘 지을 수 있다는 자신감에서 연원하는 것이다. 문장에 대한 허균의 자부는 이처럼 대단하였다. 그 이면에는 바로 앞에서 말한 바와 같은 광범한 독서 편력이 있었다.

하나의 진리에만 얽매이지 않는 자유로운 태도는, 오직 진리만을 찾아 헤맬 뿐 그것이 이단에 저촉되는지의 여부는 나중 문제였다. 그는 삼척부사를 지낼 때 숭불崇佛했다는 이유로 파직당한 적이 있다. 이에 대해서도 그가 그다지 부끄러워하지 않았던 것은, 나름대로의 이유가 명확했기 때문이었다. 그는 최천건崔天健에게 보낸 편지에서, 자신은 세상과 어긋나서 죽고 삶, 얻고 잃음을 마음속에 개의할 곳이 없다고 여겼다는 것, 그래서 노불老佛의 글에 빠지게 되었다는 것, 그들의 글을 읽고 나서 그 달견達見에 놀랐다는 것 등을 언급한 후 다음과 같이 말한다.

깊게 찾아내 연구하고 밑에 쌓인 것을 꿰뚫고 보니, 심성心性이 자연히 명료해져서 마치 깨달음이 있는 듯하였습니다. 때때로 젊은 시절에 배웠던 사자四子나 염락濂洛의 책을 꺼내어 불교에서 심성에 대하여 말했던 곳과 비교하였습니다. 이동異同의 견해와 진위眞僞가 서로 한계됨을 변석辨析하고 논변하니 제법 자신에게 얻는 것이 있었습니다. 그래서 저서著書하여 그 의미를 밝혔는데, 이른바 영불佞佛(부처에게 아부함―필자 주)이라고 했음은 반

> *"이단으로 몰려서 파직당하면서도 자신이 읽고 사유했던 세계를 부정하지 않는 정신이야말로 허균을 가장 허균답게 하는 요소일 것이다."*

드시 이것을 가리키는 것 같습니다.26)

임지에 도착한 지 13일 만에 파직된 허균의 심정이야 말할 것도 없지만, 그 와중에 자신이 파직된 이유가 '영불佞佛'이라는 것을 납득하기가 힘들었던 듯하다. 그것은 독서하는 과정에서 얻은 성과를 글로 쓴 것일 뿐이지 종교적인 문제와는 차원이 다르다는 것이다. 물론 허균이 불교에 대해 호의적으로 서술하고 행동한 점이 없지는 않지만, 그렇다고 해서 그가 불교에 완전히 귀의한 것은 아니다. 다만 왕성한 지식욕이 그를 그렇게 이끌었을 것이다.27)

바로 이곳이 허균이 중심을 거부하는 사유의 발생 지점이다. 그는 위의 인용문 바로 앞부분에서 노자나 불교의 달견達見을 보면 골짜기가 갈라지고 강이 터지며 문자가 황홀하고 아득하여 읽으면 읽을수록 정신이 방외方外에서 노니는 듯하였다고 말하면서, 이 책들을 읽지 않았더라면 아마 일생을 헛되게 보냈으리라고 말하곤 하였다는 언급을 한다.28) 이단으로 몰려서 파직당하면서도 자신이 읽고 사유했던 세계를 부정하지 않는 정신이야말로 허균을 가장 허균답게 하는 요소일 것이다. 그에게 불교 혹은 도가라고 하는 것은 진리로 통하는 여러 갈래의 길 가운데 하나였을 뿐이다. 그런 그에게 국가는 오직 하나의 방법만을 요구하였고, 이를 허균은 상당히 강한 몸짓으로 거부하였다. 중심을 사유하되 하나의 중심만을 주장하지 않는 태도, 이것이 허균 사유가 도달한 지점일 것이다. 그렇게 될 때 사유하는 주체가 존재하는 순간 그 주체는 이미 세계의 중심이 되어 버린다. 뒤집어 말하면, 인간이 사유하기를 멈추었을 때 그는 세계의 주변부의 한 점에 불과하게 되고, 끊임없이 절대적 중심을 향해 나아감으로써 스스로 고착되어 버린다. 그 순간 주체는 주체로서 기능하는 것이 아니라 자신의 의지를 가지지 못한 단순한 기계일 뿐이다.

5. 내 방식대로 글쓰기: "허균의 시라고 불리고 싶다"

허균의 기억력은 당대에 이미 정평이 나 있었다. 그 한 예로, 명나라에서 사신으로 왔던 주지번朱之蕃이 허균에게 조선 시인들의 시를 적어 달라고 부탁한 적이 있었다. 이에 허균은 7일 만에 최치원 이하 124명의 시 830편을 써서 4권으로 만들고 노란 표지로 꾸며 두 본을 만들어 준다.[29] 평안도 숙녕肅寧에서 한 부탁이었는데, 송도에 이르러서 바로 주었으니 허균의 능력을 짐작할 만하다. 원접사遠接使의 임무를 띠고 중국의 사신을 접대하는 와중에, 그것도 자료가 전혀 없는 여행길의 도중에 이런 방대한 시선집詩選集을 만들어냈다는 것은 참으로 놀라운 일이다. 이 기록에 의하면, 노상路上이라 글씨를 대신 써주는 서수書手도 없어서 허균 자신이 직접 써서 만들었으리라고 추정된다.

이렇게 뛰어난 기억력과 방대한 독서 이력을 가진 사람이라면 자연히 용사用事를 능란하게 구사할 수 있다. 이것은 허균 전시대까지 성행하면서 문단을 주도하던 강서시풍江西詩風의 입장에서는 상당한 우위를 점하는 것이다. 이 때문에 그는 당시唐詩를 배우기 전에는 아마 강서시풍 내지는 송시풍(예컨대 소동파나 구양수 등의 문장)을 익숙하게 구사하였을 것이다. 그의 시풍이 변화한 것은 아마도 손곡蓀谷 이달李達을 만나면서부터이다. 허균과 이달의 만남은 비교적 극적인 데가 있다. 이달의 초라하고 못생긴 행색을 보고 허균은 그를 깔본다. 그러나 그의 둘째 형인 하곡荷谷 허봉許篈의 소개와 이달의 작시 솜씨에 놀란 허균은 시를 배우게 되는데, 이것이 아마도 당시唐詩였을 것이다.

허균이 당시를 배우게 된 데에는 둘째 형인 허봉과 스승 이달의 영향이 절대적이었을 것이다. 그러나 후일 이러한 성향은 명나라 문학 사조와 관련하여 그 중요성이 훨씬 증폭된다. 명대 전후칠자前後七子들이 '문장은 선진先秦, 시는 성당盛唐'을 내세우면서 기존의 문학론을 비판하게 되는데, 여기서 허균은 상당한 영향을 받았다.[30] 전후칠자들에 비의하여 전후오자前後五子를 이야기한다든지, 이반룡

李攀龍이 『당시산唐詩刪』을 엮자 『국조시산國朝詩刪』을 엮는다든지, 왕세정王世貞의 문집 『사부고四部稿』를 본떠서 자신의 문집 『성소부부고』를 엮는 등, 허균이 명나라 전후칠자의 영향을 긍정적으로 받아들인 증거는 너무도 많다.

 그러나 허균에게는 이들이 절대적 규준이 되었던 것은 아니다. 사실 17세기는 명나라 의고문파를 비롯하여 이들을 지지하는 사람, 이들을 비판하는 사람, 다른 경향에의 추숭追崇을 보이는 사람 등 너무도 많은 문학적 경향들이 복잡하게 얽혀 있는 시기이다. 그만큼 다양한 시론과 작품들이 창작되었던 시기이다. 그 속에서 많은 사람들이 자신의 입장을 내세워 다른 사람들을 비판하였는데, 허균은 상당히 유연한 자세로 이러한 국면을 받아들였다는 점을 주목해야 한다. 그가 당시唐詩를 중시한다고 해서 송시宋詩를 극력 배척했다거나, 아니면 명나라 문단의 상황에 민감한 관심을 가졌다고 해서 당송 시기 문장가들의 문학적 성취를 무조건 비판했던 것은 아니었다.[31] 그에게 중요한 화두는 어떻게 자신만의 시를 쓰는가 하는 점이었다.

  옹翁께서는 저의 근체시近體詩가 순숙純熟하고 엄진嚴縝하여 성당盛唐의 시와는 관계가 없다고 하여 배척하고 돌보아 주지 않고, 오직 고시古詩만 좋다고 하여 남조南朝의 문장가인 안연지顔延之와 사영운謝靈運의 풍격이 있다고 하시니, 이는 옹께서 고집만 부리시고 변할 줄을 모르신 것입니다.

　고시古詩야 비록 예스러우나 이건 그대로 베낀 것이어서 옛것과 핍진逼眞할 따름이니, 그렇게 중첩된 것을 어찌 귀하다고 하겠습니까? 근체시는 비록 당시와 흡사하지는 않더라도 나름대로 나의 조화造化가 있습니다. 나는 나의 시가 당시나 송시宋詩와 유사해질까 두려워하며, 남들이 '허균의 시(許子之詩)'라고 말하는 것을 듣고 싶으니, 너무 건방진 생각이 아닐는지요.32)

　이 글은 허균이 자신의 시 스승이었던 손곡蓀谷 이달李達에게 보낸 편지 전문이다. 짧은 글이지만, 허균의 자부심과 야망이 한껏 돋보이는 글이다. 앞의 문단에서는 이달의 평을 되받은 것이고, 뒷부분에서는 자신의 마음을 드러낸다. 사실, 스승에게서 그러한 평가를 받았다면 듣기에 따라서 칭찬일 수 있다. 그러나 허균은 스승의 평을 재비판하면서 나름대로의 시적 목표를 진술한다. 다른 사람의 시와 비슷해지는 것을 두려워하는 마음, 이것이야말로 허균이 수많은 독서를 통해 자신만의 세계를 구축하려 했던 마지막 지점이었을 것이다.

　절대적 기준이나 권위 섞인 평론은 허균에게는 타파하고 넘어서야 할 것이었다. 그가 시를 배우면서 중요한 스승으로 여긴 사람은 이달 외에도 자신의 둘째 형인 하곡荷谷 허봉許篈이었다. 이달도 허봉의 소개로 만나게 된 것이다. 허균의 시화詩話 『학산초담鶴山樵談』

*"다른 사람의 시와 비슷해지는 것을 두려워하는 마음,
이것이야말로 허균이 수많은 독서를 통해 자신만의 세계를 구축하려
했던 마지막 지점이었을 것이다."*

이나 『성수시화惺叟詩話』, 『성옹지소록惺翁識小錄』의 부분들의 기록들을 살펴보면 허봉에 대하여 얼마나 존경의 마음을 가지고 있는지 쉽게 알 수 있다. 그는 자신의 둘째 형이 얼마나 좋은 시를 쓰는 시인이었는지를 극력 변호하고 있으며, 자신의 시에 대해 자주 언급하며 탄복한다. 그러나 자신의 의견과 다른 부분이 있으면 절대로 받아들이지 않는다. 그의 『학산초담』 앞부분에서 그러한 예를 발견할 수 있다. 그는 여기서 이달의 시가 처음에는 맹교孟郊(751~814)나 가도賈島(779~843)의 수준에서 벗어나지 못하다가 늘그막에야 좋아졌다고 평함으로써 장단점을 함께 이야기한다. 이는 자신의 입장에서 일정한 균형을 유지하면서 논의하는 방법이다. 거기에 다음과 같은 구절이 이어져 있다.

(삼당시인 중 최경창과 백광훈에 대한 평을 한 후) 이달은 늙어서야 문장이 크게 진보하여 자기 나름대로 일가를 이루어 그 기려綺麗를 거두고 평실平實로 돌아갔다. 나의 중형(허봉을 말함-필자 주)이 자주 칭찬하기를, "수주隨州(당나라 시인 유장경을 말함. 절구체의 대가로 평가됨-필자 주)와 어깨를 겨룬다고 하더라도 큰 손색이 없을

것이다." 내가 말하기를, "문장이란 세상의 흥망을 따르는 것이니 송宋은 당唐만 못하고 원元은 송만 못한 것은 형세상 어쩔 수 없는데, 어찌 이대二代를 뛰어넘어 당시의 작가와 우열을 다툴 이치가 있겠습니까?" 하였다. 중씨仲氏는, "한퇴지(한유를 말함―필자 주)는 당나라 사람인데 유자후柳子厚(유종원을 말함―필자 주)가 '곧장 자장子長(『史記』를 쓴 사마천을 말함―필자 주)과 함께 달린다'고 하였으니, 자후가 어찌 헛말을 할 사람인가? 이달도 또한 이와 같으니라" 하였다. 그러나 나는 끝내 그렇게 생각하지 않았다.33)

중형과 시 스승을 존경하되 그들을 맹목적으로 추숭하지 않는 태도야말로 허균다운 자세일 것이다. 이것은 과거 문학을 습득해야 할 고전으로 다루면서도 결코 거기에 머물러 답습하지 않겠다는 자유로운 시 정신의 발로이다. 이러한 자세는 그의 문학론에 그대로 이어져 있다.

내가 보건대, 비록 간결한 듯도 하고 웅혼한 듯도 하며, 심오한 듯도 하고 분방奔放한 듯도 하고 굳세고 기이한 듯도 하지만, 대체로 그 당시의 상용어常用語를 가지고 바꾸어서 고상하게 만든 것이니, 참으로 쇳덩이를 달구어서 황금을 만들었다고 이를 수 있다. 후세 사람들이 오늘날의 글을 볼 적에는 어찌 오늘날 사람이 그 옛날 몇 분들의 글을 보는 경우와 같지 않을 줄 알겠는가. 하물며 도도한 것 또한 나름대로 우뚝 솟고자 한 것인데 무슨 자만이 있겠는가. 그대는 그들 몇 분을 자세히 보았는가. 좌씨左氏(『춘추좌씨전』을 쓴 좌구명을 말함—필자 주)는 스스로 좌씨이고, 장자는 스스로 장자이며, 사마천과 반고(『漢書』의 저자)는 스스로 사마천과 반고이고, 한유, 유종원, 구양수, 소식 역시 스스로 한유, 유종원, 구양수, 소식이어서 서로 답습하지 않고 각각 일가를 이루었다. 내가 원하는 것은 이런 것을 배웠으면 하는 것이고, 지붕 밑에 거듭 지붕을 얹듯이 남의 문장을 답습하여, 표절했다는 꾸지람을 받을까 두려워한다.34)

이 발언은 어떤 사람이 허균에게, 당신의 글에는 너무 요즘의 언어가 들어 있어서 고문古文이 아니지 않은가, 그렇게 옛날의 뛰어난 문인들의 글을 본받지 않는 것은 너무 자만에 빠진 것이 아닌가 하는 의문을 제기한 것에 대한 답변이다. 이에 대해 허균은, 옛날 뛰어난 문인들도 당시에는 자기 시대의 언어로 시문을 지었으나 요즘 사람들이 보기에 시대가 멀어서 마치 옛날의 글로 볼 뿐이라는 것이다. 말하자면 그들도 그들의 시대에 비추어 보자면 당시의 상용어로 글을 지었다는 것이다. 그러니 허균 자신도 자기 시대의 언어로 시문을 짓는 것이며, 세월이 흐르면 후대 사람들도 자신의 글을 보고 우리가 지금 고문을 보듯이 대할 것이라는 말이다. 고문은 그것이 자기 시대의 문제의식을 충실히 담을 때 존재하는 것이므로,

옛것을 본받는 것이야말로 표절의 혐의를 받아야 한다는 것이다. 한 시대의 상어常語가 다음 시대에는 고풍古風으로 보이는 것이 당연하다고 하는 말은, 과거의 글을 이해하기 위해서 필요한 것이 아니고, 자기 시대의 글을 쓰기 위한 지침이며, 동시에 상어를 써야 할 근본적인 이유는 문학이 언제나 새로운 시대의 현실적 문제를 다루어야 한다는 데 있다는 점이다.35)

이러한 발언이 과거의 유산을 전적으로 거부하는 것은 아니다. 허균은 방대한 독서를 바탕으로 여러 종류의 시문선집을 편찬한 바 있다. '머리가 마르기 전'36)부터 즐겨 읽던 고시古詩들을 모아 『고시선古詩選』을 엮었고, 양사홍楊士弘의 『당음唐音』, 고병高棅의 『당시품휘唐詩品彙』, 이반룡李攀龍의 『당시산唐詩刪』을 읽고 그것을 자기 나름대로 추려서 총 60권에 2600여 편이나 되는 당시를 모아 『당시선唐詩選』을 엮었으며, 송나라 다섯 시인(왕안석, 소식, 황정견, 진사도, 진여의)의 시를 뽑아 『송오가시초宋五家詩鈔』를 엮었고, 명나라 네 명의 시인(이반룡, 왕세정, 하경명, 이몽양)의 시를 뽑아 『명사가시선明四家詩選』 26권에 1300여 편을 엮었다. 또한 우리나라 시인들의 시를 방대하게 모아 『국조시산國朝詩刪』을 엮었고, 명나라 사람들의 척독尺牘을 모아 『명척독明尺牘』을 엮었다. 구양수와 소식의 문장을 모은 『구소문략歐蘇文略』, 명나라 시인들의 시를 모은 『명시산보明詩刪補』 등 허균이 편찬한 책은 대단히 방대하면서도 다양하다. 그만큼 허균의 시문 창작 훈련은 어렸을 때부터 다양한 형태로 진행되어 왔다. 그것은 과거와 현재를 교차하면서 이루어진 것이고, 너무 많은 시문의 전범典範을 제시하기 때문에 전범을 세우는 것 자체가 의미 없는 일이 된다. 다른 사람들이 하나의 입장에 고착되어 좁은 시각을 가지고 생각을 고착화시키는 동안 허균은 다양하고 방대한 독서 편력을 통해 그러한 중심들을 해체하면서 새로운 세계를 꿈꾸었다.

  이런 점에서 보자면, 허균의 문학은 기존의 질서를 옹호하거나 행동의 규범을 탐구하는 문학이 아니고, 자기대로 세계와 부딪친 경험의 표현이다.37) 한 곳에 고착되기를 거부하고 끊임없이 새로운 것을 찾아 길을 떠나는 구도자와 같은 자세에서 허균의 자리가 발견된다. 이러한 문학적 자세가 더욱 극단적인 경향으로 흐르면 근본주의자적 입장을 견지하는 혁명가가 될 소지를 안고 있다. 그것은 문학이 단순한 도구 이상의 의미를 넘어서 새로운 세계를 꿈꾸기 위한 디딤돌로 작용하기 때문이다. 문학이 자신의 현실을 끊임없이 사유하는 한 그것은 모든 것을 고착화시키는 현실의 보수적 입장을 과감히 깨면서 새로운 세계, 전혀 다른 현실을 열어가려는 노력을 경주하기 때문이다. 이런 점에서 과거 시험을 위한 공부는 허균과 서로 다른 자리에 위치하고 있는 것이다.

6. 창조, 목숨을 건 모험

　허균은 자신의 삶을 당시의 주류적 사상에서 시작하고 관직 생활을 영위하였지만, 불교나 도교 및 민간신앙 등으로 관심 영역을 확장함으로써 자신의 사유를 넓혀 나간다. 성리학이라고 하는 확고부동한 위치를 점하고 있는 사상은, 허균의 시대에는 이미 강력한 통치 기계였다. 임금조차도 그 기계로부터 자유롭지 못하였다. 자신이 의식하든 하지 못하든 간에 주류적 사상인 성리학은 서서히 조선시대 양반들의 삶 속에 뿌리를 확고하게 내림으로써 그 활력을 잃어가고 있었다. 고려 말, 성리학의 세례를 처음 받았던 사람들의 시대에 대한 문제의식은 간 곳 없고, 거대한 통치 기계로서의 껍데기만 남은 것이다. 바로 이때, 허균은 이른바 이단異端으로 지목되어 사회의 중심에서 배제되던 불교나 도교 등에 관한 독서와 사유를 통해 자기 시대의 중심에 반기를 든 것이다. 인간의 자유로운 사상 감정을 강력하게 통제하며 맹위를 떨치던 시대에, 인간의 사상 감정, 특히 남녀의 정에 관한 발언은 자기 시대의 고착적인 주류 사상에 대해 반론으로서의 성격을 가진다.

　책벌레-독서광으로서의 허균은 다양한 책을 읽어내려 가는 순간 주류적 사상이 펼치는 거대한 음모를 알아채기 시작하였다. 인륜 도덕이라는 미묘한 내부적 기준으로 남이 보지 않는 곳에서조차 자신의 감정을 억눌러야 했던 사회의 분위기를, 인간의 감정이 얼마나 중요한가를 이야기함으로써 과감하게 전복을 기도하였다. 성현의 말이라는 강력한 권위를 가지고 인간의 자유로운 정신을 억압하는 형식, 그것이 바로 사회가 개인에게 요구하는 요점이었다. 그 점을 허균은 주목하였다. 그런 식으로 보자면, 허균에게는 중심이란 없는 것이다. 어떤 사상적 실체를 향해 구심력을 가지는 것은 소문이었을 뿐, 그 실체를 확인해 보니 없더라는 것이었다. 존재하는 것은 수많은 분자들뿐이고, 이들의 배치만이 존재할 뿐이었다. 이 분자들은 매 순간마다 배치를 달리하면서 끊임없이 새롭게 가지치기를 해 나간다. 이러한 것을 알아차리는 순간 허균은 세상을 달리 보기 시작했고, 사유 방식 역시 새로운 차원으로 나아간 것이다.

앞에서도 여러 차례 이야기한 것이지만, 몇 권의 책에 절대적 권위를 부여한다면 그것은 이미 그 자체로 독재이고 폭력이다. 그것을 알아차리는 순간 비로소 새로운 책읽기가 가능해지며, 책에서 보이지 않던 부분을 읽게 되는 법이다. 그것은 바로 중심이 가지고 있는 거대한 권력 혹은 폭력을 해체하는 작업이다. 해체 작업은 사유 속에서 마구 횡행하다가 결국 자신의 삶 속에서 행동으로 표현된다. 우리는 그의 행동을 보고 비로소 그의 사유가 진실로 바뀌었다는 것을 인정한다. 그것은 마치 어떤 구조물을 부술 때 그것이 창조를 위한 파괴인지, 아니면 파괴를 위한 파괴인지 판단하기 위해 그 이후의 행적을 살피는 것과 같은 이치이다. 파괴 이후에 아무런 행동이 따르지 않는다면 그것은 파괴일 뿐이지만, 파괴된 터 위에 새로운 구조물이 만들어지고 있다면 그것은 새로운 창조를 위한 파괴이다. 그것이 설령 건축에 실패를 한다 해도, 창조를 위한 새로운 시도였다고 말할 수 있다.

허균이 다양한 독서 경험을 통해 얻고 싶은 것은 무엇이었을까. 그가 역모죄에 걸려 저잣거리에서 사형을 당할 때, 그의 머릿속에 떠올랐던 생각은 무엇이었을까.

그의 역모가 기준격奇俊格의 모함이었는지 여부는 정확히 알 수 없다. 그러나 적어도 그의 삶이 새로운 세계를 꿈꾸었다면 결국 모반으로 나아갈 수밖에 없는 운명이었을 것이다. 세계를 개혁하는 것만으로는 결코 세계를 근본적으로 바꾸기는 어렵다는 점을 생각한다면, 결국 유일한 방법은 혁명뿐이다. 허균이 중심을 해체하는 사유를 밀고 나가서 극단까지 갔을 때, 그는 결국 근본주의자의 길을 걷게 될 것이었다. 그것은 세상의 부조리와 폭압으로부터 인간 정신의 자유로운 발현으로 나아가는 길이기도 했다. 이 때문에 허균은 시대의 어려움을 온몸으로 부딪치는 호걸적 풍모, 즉 절협節俠을 이상적인 인간형으로 제시하기도 하였다.[38] 그렇게 나아가는 길목에 시문詩文이, 문학이 위치해 있었다. 허균이 자기만의 글쓰기를 모색한 것은, 사회적으로 그 구조를 확대하면서 내 방식대로 사회를 바라보려는 데 대한 전투였다. 문학이 새로운 세계를 발견하는 것은, 사회적 의미를 획득할 때에만 가능하다는 것이 허균 문학론의 한 측면이었다.

*"허균의 책읽기는 대단히 불온한,
생명의 위협을 언제나 느껴야 하는, 위험한 글 읽기였다."*

현실과 혁명 사이에서 갈등하다가 결국은 역모죄로 처형을 당한 허균의 삶에서 우리는 새로운 사유를 향한 열정을 읽는다. 그러한 열정은 다양한 독서 체험에서 나오는 것이고, 이러한 체험은 분명 행동으로 옮겨졌으리라 생각된다. 자신의 사유를 현실 속에서 증명하기 위해 과감히 몸으로 맞서려 했던 허균의 자세에서 준열한 시대정신을 읽는다. 목숨을 건 창조 행위, 이것이 허균 문학을 읽는 중요한 논점일 것이다. 또한 그런 점에서 허균의 책읽기는 대단히 불온한, 생명의 위협을 언제나 느껴야 하는 위험한 글 읽기였다.

그러나 문제는 여전히 남는다. 현실과 혁명 사이를 부단히 서성거렸을 허균에게 과연 문학이란 무엇이었을까, 하고 다시 묻지 않을 수 없다. 그가 자기 당대의 문학, 즉 명나라의 문학적 경향에 대해 그토록 민감하게 반응한 것은, 공간을 뛰어넘어 중국의 문학이 조선의 문학적 전범典範이 된다고 생각했기 때문일까? 이반룡, 왕세정을 비롯한 전후칠자前後七子의 문학을 본떠서 여러 문집을 엮었다면, 거기에서 조선의 현실을 해명하고 새로운 세상을 열어나갈 실마리를 얻었다는 뜻일까?

허균이 당시唐詩를 매우 중시했다는 것은 이미 널리 알려진 사실이다. 그럼에도 불구하고, 그가 당시를 중시한 의도가 명나라 문인들이 당시를 중시했던 의도와 어떤 점에서 공통분모를 가지고 있고 어떤 점에서 차이를 보이는지 정확히 진단해 보아야 한다. 자신이 딛고 서 있는 현실이 다르다면, 똑같은 당시라 하더라도 서로 다른 층위에서 해석되기 때문이다.

이러한 점들이 해명되어야 비로소 허균 문학론의 본령을 두드렸다고 할 수 있다. 이 글은 본령으로 가기 위한 토대일 뿐이다. 허균 문학론에 대한 구체적인 탐구는 후고로 미룬다.

허균의 우정론과 그 의미

1. 장유유서와 붕우유신

　조선의 건국과 함께 유교에 의한 사회 구도를 만드는 작업은 오랜 기간 동안 치밀하게 진행되었다. 각 분야에 걸쳐서 전방위적으로 진행된 이 작업은 이념의 푯대를 세워서 왕조의 기틀을 튼튼히 하는 것은 물론 유학자 계층의 정치적 목표를 명확히 만드는 것이었다. 그 과정에서 행실도行實圖 계열의 『삼강행실도三綱行實圖』, 『오륜행실도五倫行實圖』, 『이륜행실도二倫行實圖』와 같은 책들이 출판되었다. 이들 책은 한문에 익숙하지 않은 독자들을 세심하게 배려하여 그림과 한글을 이용하여 쉽게 이해할 수 있도록 편집 간행되었다.[1]

　그 중에서도 『이륜행실도』의 편찬에 주목할 필요가 있다. '이륜二倫'은 '장유유서長幼有序'와 '붕우유신朋友有信'을 말한다. 두 가지 윤리를 따로 떼어서 책을 편찬했다는 것은 그와 관련한 윤리가 사회적으로 요청되고 있었다는 의미이기도 하다. 널리 알려진 것처럼 『이륜행실도』는 김안국金安國의 주도 아래 1517년(중종 12)에 편집 간행된 책으로, 사회 구도에 대한 16세기 사림士林들의 생각을 반영하고 있다. 삼강三綱에 대한 이전 시기의 강조와는 달리, 16세기는 향촌사회를 자신들의 권역 안으로 끌어들이기 위해 다양한 시도를 하던 시기였다. 향약鄕約으로 대표되는 그들의 사회 운동은 오륜 중에서도 '이륜'의 중요성을 새삼 강조할 필요가 있는 운동이었다.

이른바 '향당윤리鄕黨倫理'라 할 수 있는 이륜은 동일한 성격의 덕목은 아니었다. 이 중에서도 붕우유신은 전혀 혈연적이지 않은, 일종의 사회적 관계인 셈이었다. 다른 덕목에서도 혈연적이지 않은 것들이 포함되어 있기는 하지만, 붕우유신의 경우에는 학연이나 기타 다른 사회적 조건에 의해 형성되는 일종의 수평적 관계를 보이는 윤리였다. 물론 그 이면에는 사림들의 사회적 정치적 활동의 확대와 함께 학파나 학맥의 필요성이 대두했기 때문일 것이다.2) 유학의 기본적인 덕목인 오륜에 들어 있는 조목을 이용하여 자신들의 이념적 토대를 사회적으로 실현하면서 동시에 향촌사회의 구도를 유교적 방식으로 만들어 가기 위한 조건으로 '이륜'을 주목할 필요가 있었던 것이다.

붕우유신朋友有信이 성리학의 구도 속에서 모든 덕목의 선결 조건으로 대우받았던 적은 없다. 오상五常 중에 '신信'을 대표하는 다른 도리, 즉 인의예지仁義禮智와 비교할 때 그 존재감이 대단히 약했던 것처럼, 붕우유신 역시 다른 항목에 우선해서 강조되었던 적은 거의 없다. 그러나 사회적 차원에서 붕우유신에 주목했던 16세기 사

"다른 덕목에서도 혈연적이지 않은 것들이 포함되어 있기는 하지만, 붕우유신의 경우에는 학연이나 기타 다른 사회적 조건에 의해 형성되는 일종의 수평적 관계를 보이는 윤리였다."

림들은 그것을 통해 향촌의 사회 질서를 만들어 나감과 동시에 지역과 지역을 넘어 자신들과 뜻을 같이하는 사람들의 인적 연대를 이루기 위한 사상적 토대로 내세웠다.

이 논문에서 다루고자 하는 중심어인 '우정友情'은 오륜 중에서는 붕우유신에 연결되어 있고, 오상 중에서는 '신信'과 연결되는 단어이다. 그만큼 '우정'이라는 단어는 여러 층위에서 해석될 수 있는 글자이다. 글자는 같더라도 '붕우' 사이에서의 '신信'이 오상에서의 '신'과 다른 차원의 개념이므로, 이들을 어떻게 엮어서 우정의 다채로운 함의를 드러낼 것인가 하는 것도 문제이다. 그러나 적어도 '벗과의 사귐'이라는, 일견 범박해 보이는 인적 관계를 통해서 개인의 문학적 경향의 형성과 연관해서 논의하는 것은 흥미로운 일이다.

우정과 문학 및 우정과 철학 등의 문제는 그동안 18세기 지식인들을 중심으로 논의되어 왔다. 박지원의 윤리의식에서 우정의 중요성을 논의한 임형택의 글 이후, 여러 논자들이 그 시기의 우정론이 어떤 모습으로 나타나는지, 그 의미는 무엇인지를 추적하였다.[3] 우정론은 어느 시대에나 있는 것이지만 그것이 시대적 환경 내지는 개인의 사상적 문학적 취향과 관련하여 어떤 특이점을 만들어 낼 때 의미를 가진다는 점은 일견 당연한 말로 보인다. 우정과 관련하여 18세기를 주목하는 것도 그런 맥락에서일 것이다.

18세기 문인들이 주목하는 우정론의 맥락에서 그 선구자적 태도를 보이는 사람으로 우리는 허균(1569~1618)을 꼽을 수 있다. 그의 우정은 이전 시기의 지식인들이 보여주지 않았던 새로운 부면을 가지고 있으며, 그것이 허균의 사회적 문화적 취향과 일정하게 연결되어 있다. 이 논문은 그 점에 착안하여 허균의 우정론이 그에게 어떤 의미를 가졌으며 어떤 형태로 문학적 형상화를 성취하는지 살펴보려는 것이다.[4]

2. 허균 우정론의 문학적 형상화의 몇 가지 양상들

벗과의 사귐은 사회적 인간관계를 맺는 중요한 방식이다. 시간과 공간 및 신분과 사회적 처지를 넘어서 사람들은 다양한 관계망을 형성하는데, 그 중에서도 우정은 시대와 지역에 따라 여러 가지 강도affection를 가진다. 우정의 방식은 그 상대 항을 설정하는 것에 따라 몇 가지 유형으로 나누어 볼 수 있다. 즉 작가 또는 작품 내의 서술자라 할 수 있는 우정 형성의 주체를 중심에 두고 그가 관계를 맺는 사람들을 생각하면 고인古人과 금인今人으로 대별할 수 있고, 금인은 다시 신분에 따른 구분으로 이들의 관계를 설정할 수 있다.

물론 이 같은 분류는 개인이 다른 사람과 맺는 관계망을 다양하게 만들 수 있을 뿐만 아니라 친밀도의 정도 역시 천차만별이기 때문에 단순한 분류로는 우정의 유형을 포괄하기가 쉽지 않다.

그러나 우정을 논의하기 위해서는 기본적으로 마음에서 우러나오는 정을 전제로 해야 한다. 어떤 사람도 이익이나 권력을 위해서 형성된 관계를 우정으로 정의하지 않는다. 선현들의 우정론 속에서 우정의 대립 항으로 등장하는 교유 관계가 바로 이익과 권력으로 만들어진 관계라는 점을 생각할 때 이는 당연한 말처럼 들린다. 그러나 정작 현실 속에서 어떤 교유가 이익과 권력에 의해 만들어진 것인가 하는 질문을 던진다면 판단하기가 쉽지 않다. 자신의 교유는 언제나 명분이 있고 마음에서 우러나는 것이며 결코 외부적 조건 때문에 만들어진 것이 아니라고 생각하기 때문이다. 그 관계를 살피는 사람에 따라 다른 의견을 가질 수도 있고, 그들의 삶이 끝난 뒤에 후학들이나 후손들이 살펴볼 때에도 당연히 우정 여부에 대한 판단은 달라질 개연성을 충분히 가지고 있다.

이런 점을 전제로 하더라도 우리가 우정론의 기본을 잡는 방향은 크게 두 가지로 설정할 수 있을 것이다. 일찍이 임형택이 논의한 것처럼, 참다운 우정이란 "동인적 결합"에 의한 창조적 문학예술을 추구하거나, "동지적 결속"에 의한 창조적 행동을 추구한다는 점이다.[5] 이 논의는 박지원을 대상으로 우정의 윤리를 설파한 것이지만, 허균에게도 상당히 많은 부분이 적용될 수 있다. 다만 허균은 박지원처럼 사회적 관계망에 대한 명확한 인식을 드러내는 글이 흔치 않다는 점, 고인에 대한 사숙私淑의 의미로 읽히는 일종의 '상우의식 尙友意識'이 강하게 보인다는 점이 흥미롭게 다가온다. 여기에 덧붙여 허균이 다양한 신분의 사람들과 맺은 인간관계를 어떻게 해석할 것 인가에 대한 섬세한 배려를 해야 한다는 점 역시 이 논의를 할 때 주의해야 할 부분이다.

1) 상우의식: 현실 비판의 우회적 표출

고금을 막론하고 옛사람을 벗으로 삼는다는 이미지는 언제나 존재 했다. 지식인들 사이에서 스승으로부터 혹은 벗으로부터 직접 가르 침과 교우 관계를 형성하는 것 외에 한 번도 만나보지 못했거나 자 신과 다른 시대에 살았던 선인들의 글을 읽으면서, 마치 자신의 벗 을 만나서 담소를 나누는 듯한 느낌을 가지는 것은 대체로 상우의 식 속에 포함시킬 수 있다. 이미 『맹자』에서 이야기한 것처럼 천하 의 훌륭한 선비를 벗으로 삼는 것으로도 부족하여 옛사람과 벗으로 삼는 것[6]은 지금까지도 우정의 유력한 실천 방식으로 받아들여지 고 있다.

허균의 우정론에서 가장 분명하고 광범하게 나타나는 것도 상우 의식이다. 그의 독서광적 면모는 널리 알려져 있거니와, 독서 과정 에서 마음에 드는 선현들이나 책은 허균의 생각에 깊게 각인을 남긴다. 허균의 「사우재기四友齋記」에서 보이는 상우의식은 그의 우정론을 잘 드러내주는 하나의 경향이다.

집의 이름을 '사우四友'라고 지은 것은 무엇 때문인가. 허자許子가 벗하는 이가 셋이 있는데, 허자 자신을 거기에 넣어서 모두 넷이 되었다. 세 사람은 누구인가? 오늘날의 선비가 아니라 옛사람이다. 허자의 성품은 세상에 성글고 허황되어서 세상과 합치되지 아니하니, 사람들이 떼를 지어 욕하고 배척한다. 문에는 찾아오는 사람 없고 밖에 나가도 함께 갈 사람이 없으니, 한숨을 쉬며 말하였다.
"붕우朋友란 오륜五倫 중의 하나인데 나만 유독 빠졌다. 어찌 매우 부끄러운 일이 아니겠는가?"
나는 물러나 이렇게 생각했다.
"온 세상 사람들이 나를 비리하다면서 교제하지를 않으니 내가 어디 가서 벗을 구하겠는가? 어차피 그럴 수 없다면 옛 사람 중에서 교유할 만한 사람을 선택해서 그를 벗으로 삼으면 되겠다."7)

허균은 자신의 서재 이름을 '사우재四友齋'라고 명명하는 글에서 그 계기를 위와 같이 말했다. '사우재'란 자신이 좋아하는 옛 선비 세 사람과 자기 자신을 합쳐서 네 사람이 서로 벗이 되어 노니는 공간이라는 것이다. 이 부분에 이어진 글에 의하면 허균 자신을 제외한 나머지 세 사람은 도연명陶淵明과 이태백李太白과 소동파蘇東坡이다. 시대에 따라 약간의 부침이 있기는 했지만, 이들은 고려 후기 이래 꾸준히 이 땅의 지식인들에게 문학적 모델로 그 역할을 해왔다. 허균 역시 이들을 자신의 벗으로 여기면서 노닐고 싶다는 것이다.

그런데 흥미롭게도 허균이 세 사람에게 주목하는 부분은 결코 문장이 아니다. 그의 언술처럼 이들에게서 문장은 천고에 빛나는 부분이기는 하지만 자신에게는 부차적인 것에 불과하다. 중요한 것은 그들이 속세를 벗어나 대자연 속에서 유유자적하는 삶을 누렸고 빼어난 인품을 지니고 있다는 점이다.

그렇다면 그가 '상우尙友'를 내세우는 현실적 이유는 무엇일까. 허균은 자신의 성품을 "세상에 성글고 허황되어 세상과 합치되지 않는다"고 말했다. 결국은 가슴에 품고 있는 이상을 현실 속에서 펼치지 못하는 상황에 대한 그 나름의 불만인 셈이다. 현재 살아가고 있는 시공간 속에서 벗을 찾지 않는다는 것부터 이미 현실에 대한 불만족 상태를 우회적으로 드러내고 있는 것이라면, 상우의식은 기본적으로 현실을 바라보는 비판적 시선을 그 바탕에 깔고 있다 해도 과언이 아니다. 그러나 허균은 그러한 시선을 굳이 감추려 하지 않는다. "사람들이 떼 지어 욕하고 배척하는" 현실을 노골적으로 발언함으로써 자신의 처지가 얼마나 외톨이 신세인지를 강조한다. "문에는 찾아오는 사람이 없고 밖에 나가도 함께 갈 사람이 없다"는 현실은 자신의 선택이 아니라 세상에 의해서 그렇게 형성된 것이다.

세상 누구도 알아주는 이 없는 상황에서 고독한 삶을 누릴 수밖에 없는 처지이므로 그의 교유는 당연히 과거로 올라가게 된다. 그런데 교유하는 벗이 과거의 인물로만 끝났다면 이는 일반적인 상우의 모습에서 전혀 벗어나지 못했을 것이다. 허균의 이 글이 나름의 독특한 면모를 보이는 것은 「사우재기」의 뒷부분이다.

세 명의 벗을 왜 선정했는지 각각 이유를 나열한 뒤 허균은 세 사람의 초상을 만든 뒤 각각에 찬贊을 지어서 화제畫題로 이용한다. 그는 속세의 삶을 벗어나 감호鑑湖 가에 은거하면서 초상화를 방에 걸어두고 한가롭고 조촐하게 지낼 요량으로 세 사람의 초상을 마련한 것이다.[8]

> 내가 우거하는 집은 한적하고 외져서 찾아오는 사람도 없는 데다가 뜨락엔 오동나무가 그늘을 드리우고 대숲과 야생 매화나무가 집 뒤란으로 줄지어 심어져 있다. 그윽하고 고요함을 즐기면서 북쪽 들창에 세 분의 초상을 펼쳐놓고 분향하면서 읍을 한다. 그리고는 편액을 '사우재四友齋'라고 이름하고, 그 연유를 위와 같이 기록해 둔다.[9]

이렇게 자신의 이상적인 삶의 모습을 묘사하는 과정에서 우리가 주목해야 할 점은 초상화를 만드는 데 참여한 두 사람의 존재다. 바

> *"옛사람의 인품을 본받고 싶었던 허균은 지식인들의 보편적 태도라 할 수 있는 '상우'라는 개념을 매개로 하여 현실 속에서의 교유의 접점을 만들고 있다."*

로 허균의 벗인 이정李楨(1554~1626)과 한호韓濩(1543~1605)이다. 널리 알려진 것처럼 이정은 호가 탄은灘隱으로 당대 최고의 화가이자 묵죽墨竹의 대가였으며, 한호는 호가 석봉石峰으로 최고의 명필이었다. 허균은 이들보다 여러 살 어린 사람이었지만, 예술적 유대 관계로 맺어지면서 최고의 벗으로 지냈다.10) 당대 최고 수준의 시인이었던 허균이 이들과 어울리면서 시詩, 서書, 화畵 세 분야에 걸쳐 최고의 인물들이 참여한 작품이 탄생하게 된다. 허균은 「사우재기」뿐만 아니라 다른 글과 척독尺牘에서도 이정과 한호와의 교류 기록을 남기고 있다. 이로 미루어 보건대 허균은 정치적으로나 사상적으로는 세상 사람들의 비판에 직면해서 교유 관계에서 일정한 제약을 받았지만, 예술적 차원에서는 이들과 교감하면서 새로운 예술의 세계를 만들어갔음을 알 수 있다.11)

옛사람의 인품을 본받고 싶었던 허균은 지식인들의 보편적 태도라 할 수 있는 '상우'라는 개념을 매개로 하여 현실 속에서의 교유의 접점을 만들고 있다. 온갖 비난 속에서도 이정 및 한호와 맺는 교유는 허균 우정론이 가지는 중요한 부면이라 하겠다.

2) 예술적 취향: 우정론 구축의 기본 요소

상우의식을 나타내는 허균의 글에서 공통적으로 나타나는 요소는 인품의 강조와 함께 빼어난 문장이다. 앞서 언급한 것처럼 허균의 관심사가 시문詩文에 집중되어 있기 때문에 그의 친밀도는 시문을 매개로 하여 우정의 강도가 형성되는 것으로 보인다. 학문적 공유에서 시작하여 깊은 우정을 나누는 단계로 간다기보다는 문학적 취향의 공유에서 시작된 우정이 더 자주 보인다는 것이다. 임형택의 글에서 동인적同人的 결합과 동지적同志的 결속을 우정론의 두 가지 요소로 언급한 바 있거니와, 그런 맥락에서 보면 허균의 예술에 대한 경도傾度는 벗을 사귀는 중요한 도구였던 셈이다. 그 용어를 빌리면 동인적 결합에서 동지적 결합으로 나아가는 것이라고 말할 수 있다.

동인적 결합이라 할 수 있는 예술적 취향의 공유 역시 단순한 동인 수준에서 끝나는 것이 아니라 동지적 결속을 통한 생각의 공유로 나아간다. 망년우忘年友의 개념은 후술하게 될 의기義氣에 의한 교유에서도 나타나는 것이지만, 예술적 동지를 만드는 단계에서도 보인다. 예컨대 이규보가 오세재吳世才(1133~?)와 망년우를 맺었던 사실이 지식인들 사이에 널리 알려져 있거니와, 허균 역시 연배를 넘어서 문학적 취향의 공유를 매개로 망년우의 관계를 맺는 경우가 더러 있었다.

명시적으로 망년우의 관계를 맺은 것은 아니었지만, 허균과 이춘영李春英(1563~1606) 사이의 관계에서 우리는 문학적 취향이 중심이 되어 새로운 교유를 가지는 경우를 발견한다.

> 실지實之가 친구에게 버림받고, 뜻이 맞지 않는 이에게 미움을 받아 이로 인해서 뜻을 펴지 못하게 되자, 드디어 세상에 스스로 방종하여 술꾼들과 어울려 마을 사이에서 떠들고 즐기되, 그럴수록 더욱 그 문장은 크고 분방해 갔다. 그의 문장은 양한兩漢 이하를 추종했고, 시는 두보杜甫, 한유韓愈, 소식蘇軾 세 사람을 본받아서, 호한하고 뛰어나 스스로 일가를 이루었다. 다만 그 사람됨이 자중하지 않아서 날림을 면치 못하여 남에게 크게 꾸지람을 들었다. 그러므로 남들이 그의 안목을 천히 여김으로써 명성과 지위가 당대에 진동할 수 없었다. 마침내 그를 추천하고 뽑아 쓰는 이가 없어서 끝내 세상에 쓰이지 못하고 뜻만 품은 채로 죽었으니 가엾다.12)

이춘영의 뇌사誄詞를 쓰면서 허균은 뛰어난 능력에도 불구하고 높이 등용되지 못한 그의 불우함을 가련하게 여긴다. 이춘영은 원래 성혼成渾의 문인으로 건저문제建儲問題 때문에 정철이 유배를 당할 때 함께 피해를 입었던 인물이다. 허균이 이 글에서 언급한 바 삼수로 귀양을 갔다는 것이 바로 이 사건이다. 당색黨色으로 보면 그는 전형적인 서인에 속한다. 처음에는 서인 그룹과 어울려서 함께 지냈는데 서인 그룹에서는 모든 죄를 이춘영에게 씌우면서 핍박을 했다는 것이 허균의 생각이었다. 믿었던 사람들에게서 버림을 받은 이춘영은 결국 여기저기 떠돌아다니면서 술이나 마셨는데, 역설적이게도 이 때문에 그의 문장이 한층 성숙하게 되는 계기가 되었다. 이춘영이 추종했던 문인으로 두보, 한유, 소식 세 사람을 들었는데, 이 중에서 소식은 허균이 초상으로 만들어서 자신의 모범으로 삼아 방에 걸어둘 정도로 좋아하던 문인이다.

그러나 허균이 바라보는 이춘영의 모습은 소식과는 사뭇 달랐다. 그의 문장을 본받아서 일가를 이루기는 했지만 그의 행실은 스스로 자중하지 않았기 때문에 사람들에게 쉽게 용납되지 못했다는 것이다. 인품과 문장의 불일치 문제가 바로 사람들의 신망을 잃고 따돌림을 받게 된 원인이라고 파악한 것이다. 그렇다면 허균이 이춘영을 만나서 벗으로 종유하게 된 계기는 무엇일까. 허균은 위의 인용문 다음 구절에서 "문자로 교유 관계를 맺어서 나이 들도록 늘 따라다녔다(不佞締交以文字, 晚歲常數過從)"고 하였다. 자중하지 않고 방달한 듯 행동하는 두 사람의 행실이 비슷해서 오래도록 친하게 지냈다는 것이 그 이면의 사정이라 하더라도, 이 글에서 허균이 내세우고 있는 이유는 이춘영의 문장이 빼어나서 충분히 평가할 만하기 때문에 벗으로 삼아 종유할 만하다는 것이었다.

문학적 취향을 교유의 중심으로 삼았던 예는 역시 권필權韠(1569~

1612)과의 관계에서 잘 나타난다. 허균은 일찍이 명나라의 문인들을 본떠 「전오자시前五子詩」와 「후오자시後五子詩」를 쓴 바 있다. 전오자前五子는 권필, 이안눌李安訥, 조위한趙緯韓, 허체許禘, 이재영李再榮 등을 지칭하고, 후오자後五子는 정응운鄭應運, 조찬한趙纘韓, 기윤헌奇允獻, 임숙영任叔英 등이다.13) 「전오자시」에는 서문이 달려 있는데, 여기서 허균은 세상과 틀어져서 고관대작들에게는 평가를 받지 못했지만 자신의 문학적 능력을 통해서 몇몇 문단의 벗들과 사귀게 되었다고 하였다.14) 이들 중 조위한은 조찬한과 형제 간으로, 『최척전』을 써서 17세기 소설사에 이름을 올리는 인물이다. 그의 소설적 취향은 허균의 다섯 전傳과 문화적 토대를 공유하는 것으로 여겨진다.

이처럼 허균의 문학적 취향에 따른 교유로 맺어지는 우정은 그가 평생 교유 관계를 유지하는 중요한 거점이 되었다. 그의 우정이 각별하게 문장으로 묘사된 것으로 예를 들 수 있는 것은 권필權韠을 위해 조위한趙緯韓에게 보낸 척독이다. 아주 짧은 척독 속에 권필의 가계를 걱정하는 허균의 마음이 잘 드러나 있다.

> 이조판서를 뵈었더니 동몽교관童蒙敎官 벼슬로 여장汝章을 굴복시키고 싶어 하시더군요. 그가 벼슬길에 나올까요? 형께서 한 번 물어봐 주십시오. 벼슬이란 때때로 가난 때문에 하기도 하는 법입니다.15)

당시 권필은 강화도에서 가난하게 지낼 때였다. 이따금씩 서울에 오면 만나서 시를 주고받던 허균으로서는 권필의 능력으로 가난하게 살아가는 것이 마음 아팠을 것이다. 더욱이 이 편지는 '전오자'로 병칭된 조위한에게 보내는 것이어서, 문학적 취향을 함께 하는 사람들 사이에 여러 가지 방면에서 서로 도움을 주고받았던 분위기를 짐작하게 한다.16)

글을 통해서 벗이 되는 경우는 허균을 굳이 지목하지 않아도 많이 발견된다. 그러나 허균의 글에서 특히 강조되는 것은 벗으로 지칭된 이들이 대부분 세상 사람들의 비난과 미움을 받는 사람들이라는 점이다. 허균 자신도 그러한 처지를 강조하지만, 그가 벗으로 오랫동안 지내는 사람들 역시 비슷한 처지에 있다. 일종의 동병상련이 작용하는 것이지만, 거기에 문학적 취향과 그 성취 수준이 서로에게 강렬한 인상을 남김으로써 깊은 우정을 나누는 관계로 발전한다. 그런 점에서 그의 우정론에서 동인적 결합은 동지적 결속으로 나아갈 수 있는 계기를 내포하게 된다.

3) 의기義氣: 신체적 우정의 발현 근거

우정은 핏줄이 다른 사람들 사이의 관계망 위에서 형성된다. 그러므로 관계를 맺는 방식은 혈육과는 다른 선을 그린다. 상하의 철저한 위계가 강조되는 가문 내의 질서가 국가로 확대되면서 군신

> *"많은 사람들은 그런 경우(지키지 못할 경우) 자신에게 유리한 방식으로 당면 과제를 해결하지만, 어떤 경우에는 자신의 심각한 손해나 죽음을 무릅쓰고서라도 신의를 지키는 사람이 있다. 그럴 경우 우리는 그 사이에 개재한 덕목을 천고의 우정으로 칭송한다. 그 우정을 만드는 근원적인 힘이 바로 의기義氣다."*

간의 질서로 유비類比되는 것이 유교적 윤리가 보이는 일반적 형태라는 점은 이미 널리 알려진 바 있다. 그에 비하면 붕우유신과 같이 벗과의 사이에 믿음을 강조하는 것은 일종의 사회적 계약 관계인 것처럼 느껴진다. 친구가 나에게 해로움을 끼치는 한이 있더라도 나는 친구를 향해 위해를 가하지 않으리라는 맹세가 더러 있기는 하지만, 그것이 현실 속에서 얼마나 실행되었을지는 장담하기 어렵다. 적어도 신의는 상대방이 나에게 보여주는 강도만큼 나 역시 신의를 보이는 것이 상례이기 때문에, 우정의 이면에는 대체로 상대방에 대한 개인적 기대 심리 같은 것이 존재한다.

현실 속에서 개인의 존재는 다양한 상황에 직면하게 되고, 그에 따라 개인의 반응 역시 천차만별로 나타난다. 벗이 나에게 보여준 신의만큼 내가 상대방에게 신의를 지키고 싶어도 제대로 지키지 못하는 경우가 많다. 많은 사람들은 그런 경우 자신에게 유리한 방식으로 당면 과제를 해결하지만, 어떤 경우에는 자신의 심각한 손해나 죽음을 무릅쓰고서라도 신의를 지키는 사람이 있다. 그럴 경우 우리는 그 사이에 개재한 덕목을 천고의 우정으로 칭송한다. 그 우정을 만드는 근원적인 힘이 바로 의기義氣다.

비슷한 또래 집단 사이에 형성되는 우정은 신의라는 덕목에 의해 주목 받을 때 나이나 사회적 신분이나 계층을 넘어설 수 있는 계기를 만든다. 물론 성리학자들이 말하는 것처럼 인의예지 각 항목의 기본적인 덕목으로 '신信'을 거론한다면, 그리하여 마치 오행론의 '토土'처럼 중앙의 방위를 담당하면서 다른 모든 요소들의 토대로 작용하는 것과 같은 논리를 펼치게 된다면 어떤 덕목도 신의를 기반으로 성립한다고 할 수 있다.17) 부자父子, 군신君臣, 부부夫婦, 장유長幼, 붕우朋友 등의 관계에서 신의를 필요로 하지 않는 것은 없다. 그럼에도 불구하고 우리가 신의를 언급하는 것은 우정이 가지는 비혈연적, 비가문적 관계 때문일 것이다.

16세기 성리학자들의 우정론은 대체로 학문적 지향이나 윤리적 견결성을 공유할 때 맺어지는 사회적 관계망을 지칭하면서 관념적 성향을 띠었다. 앞서 언급한 상우의식 역시 이와 같은 맥락에서 형성된 것이라고 할 수 있다. 문학 작품 속에서도 이러한 사정을 상당히 반영한다. 예컨대 오륜가五倫歌 계열의 노래에서 붕우유신을 다루는 작품들은 인간과 인간 사이의 신체적이고 현실적 구체성을 가진 우정을 노래한다기보다는 다분히 윤리적 관념성을 띤 언술로 이루어진다. 이 경향은 17세기 들어서면서 다른 양상을 보이기 시작하는데, 그 변화의 출발점에 위치하는 사람이 바로 허균이다.

허균은 협사(俠士)로서의 기질이 다분한 사람이다. 실제로 그는 어렸을 때 유협들과 어울려서 돌아다녔음을 고백한 바 있는데,18) 이러한 태도는 그의 삶에 일정 부분 영향을 끼쳤을 것으로 보인다. 예컨대 그가 둘째형인 허봉의 소개로 손곡 이달을 만났을 때 처음에는 거만하게 굴다가 이달이 지은 시를 보는 순간 바로 인정했다는 일화에서, 허균이 상대방의 사회적 처지보다는 그의 실력이나 인품에 따라 인간 관계를 맺었음을 짐작할 수 있다. 이 태도는 일견 유협들이 자신보다 고수라는 점을 깨닫는 순간 모든 것을 버리고 복종의 자세를 취하는 것과 일맥상통한다. 어떻든 의기를 내세우는 인간 관계는 세속적 명리에 우선하여 인간적인 면모를 부각시킴으로써 일종의 신체적 우정의 형태를 띠는 경향을 보인다.
　앞서 언급한 것처럼, 16세기 성리학자들의 우정론은 그 관념성을 강조하면 할수록 신체적 우정의 정도는 약해진다. 그들의 우정론이 상우의식으로 나아갈 수 있는 소지를 다분히 지니고 있다는 말이다. 그렇지만 우정론이 관념을 벗어나 신체적 행동이나 사회적 실천의 문제로 나아가면 문제는 달라진다. 상우의식이 가지는 관념론이 문자 혹은 서책의 범주에서 형성되는 모습을 보이면서 일종의 위계질서를 배태하는 데 비해, 신체적이고 사회적 차원의 실천 속에서 형성된 우정은 즉물적이고 구체적인 모습을 보이면서 위계를 넘어서려는 노력을 함유한다. 그런 점에서 허균의 우정론 중에서 의기를 중시하는 경우는 대체로 사회적 신분이나 지위를 넘어서서 각

"세리(勢利)로 사귄 친구는 반드시 변할 때가 있지만, 우리 사귐은 변하지 않으니 돌인가 무쇠인가라고 감탄하면서 덕으로 벗을 사귈 것을 권유한다. 세속적 권력과 이익에 의해 만들어지는 교유보다는 인품으로 인간관계가 맺어지기를 원하는 것이다. 허균이 우정론에서 중시하는 것은 인품이며, 관직이 높은 것이 인품의 드높음을 보장하지 않는다는 것이다."

인물들의 인품을 강조하는 특징을 보인다.

> 현달한 사람 오는 일 없고, 기이한 사람과 함께 하네.
> 얼굴 검은 이도 있고, 수염 붉은 이도 있네.
> 수염 붉은 이는 익살부리고, 얼굴 검은 이는 술병을 찼네.
> 키가 작은 한 사내는, 그 코가 여우 같구나.
> 애꾸눈 가진 이도 있고, 눈썹이 붉은 이도 있어,
> 날마다 마루에서 떠들며, 큰 소리로 노래 부르고,
> 만상을 아로새기면서, 이것으로 자오하누나.
> 미워하는 자 즐비하고, 뭇 선비 등 돌리네.
> 당연도 하다 그대 몸, 진흙탕에 허덕이는 것.
> 어찌하여 이들과 사귐 끊고,
> 요로(要路)와 인연 맺지 않느뇨?[19]

이 작품에서 허균은 가상의 질문자를 내세워서 왜 요로의 고관대작과 친하게 지내지 않고 보잘것없는 사람들과 지냄으로써 뭇 선비들의 미움을 받느냐고 질문을 던진다. 힐난하는 사람의 질문 부분이 바로 위의 인용문이다. 그 내용에 의하면 허균이 교유하는 인물은 너무도 다양해서, 그의 표현처럼 "진흙탕에서 허덕이는 것"이라 할 만하다. 그러나 이에 대한 허균이 대답은 간단명료하다. "세리勢利로 사귄 친구는 반드시 변할 때가 있지만, 우리 사귐은 변하지 않으니 돌인가 무쇠인가"[20]라고 감탄하면서 덕으로 벗을 사귈 것을 권유한다. 세속적 권력과 이익에 의해 만들어지는 교유보다는 인품으로 인간관계가 맺어지기를 원하는 것이다. 허균이 우정론에서 중시하는 것은 인품이며, 관직이 높은 것이 인품의 드높음을 보장하지 않는다는 것이다.[21]

인품을 우정론의 척도로 삼을 때 당연히 '세리'에서 소외된 사람들의 삶에 주목하게 된다. 그 자신이 이미 서얼 출신의 시인 이달을 스승처럼 모셨거니와, 많은 서류庶類들과 스스럼없이 교유한 사실은 널리 알려진 바와 같다. 이른바 '강변칠우江邊七友'에 속한 인물들과 교유하다가 자칫 그들의 역모에 연루될 뻔했던 것[22]도 그의 자유분방한 교유와 관련이 깊다.

그렇다고 해서 허균의 우정론이 자유분방한 교유를 끝까지 밀고 나갔던 것은 아니다. 사회적 약자 혹은 소외자들과 상당 부분 생각과 생활을 공유하고 있기는 했지만, 사회적 실천을 완전히 공유하는 것을 기대하기란 어려운 일이었다. 사회적 약자에 대한 허균의 시선은 사회적 규범과 허균의 사유 사이에서 흔들리기 일쑤였고, 그러한 점은 시문 속에 반영되었다.

> 나는 큰 고을의 수령이 되었는데, 마침 자네가 사는 곳과 가까우니 어머니를 모시고 이곳으로 오시게. 내가 의당 절반의 봉급으로 대접하리니 결코 양식이 떨어지는 지경에는 이르지 않을 것이네. 자네와 나는 처지야 비록 다르지만 취향은 같네. 자네의 재주는 진실로 나보다 열 배나 뛰어나지만 세상에서 버림받기는 나보다도 심하니, 이 점이 내가 언제나 기가 막혀 하는 일일세. 나는 비록 운수가 기박하기는 해도 이천 석짜리 벼슬을 여러 차례 하여, 오히려 달팽이가 침 바르듯 스스로 적실 수 있지만 자네는 입에 풀칠도 면하지 못하는구려. 세상의 불우한 사람은 모두 우리들의 책임이네. 밥상을 대할 때마다 부끄러워 문득 땀이 나며, 음식을 먹어도 목에 넘어가지 않으니 빨리빨리 오시게. 비록 이 일로 비방을 받는다 해도 나는 전혀 개의치 않겠네.23)

이 척독은 이재영에게 보낸 것이다. 이재영은 원래 선조 32년(1599) 무과에 급제하였으나 천창賤倡의 자식이라는 이유로 삭과削科해야 한다는 논의에 올랐던 인물이다.24) 그의 급제 사실은 당시 조야에 상당한 문제를 일으켰고, 이를 두고 사헌부를 비롯하여 많은

> *"이재영과 같은 세상의 모든 불우한 사람들이 존재하는 것은, 결국 자신과 같은 당대 지식인들의 책임이라는 발언 속에는 벗에 대한 의분과 세상의 폭압에 어떤 것도 할 수 없는 아픔 등이 동시에 표현되어 있다."*

인물들이 문제를 제기했었다. 결국 상소가 올라간 며칠 뒤 삭과 처분을 당하고 평생을 불우하게 살다가 비극적인 죽음을 맞이한 인물이 바로 이재영이다. 허균은 그와 상당히 깊은 교분을 나누었는데, 그의 삶에 대한 깊은 연민과 안타까움을 여러 곳에서 드러내었다.

허균은 지방관으로 발령이 나자 자신의 벗 이재영에게 함께 가자고 권유를 한다. 자신의 월급이면 두 집안이 충분히 살 수 있으니, 이재영의 노모를 함께 모시고 가자는 것이다. 그 글 안에서 허균은 여러 가지 사건으로 파직을 당한 자신의 경험을 이재영의 불운에 빗대면서 일종의 동병상련의 정을 표한다. 그 발언이 수사적 차원의 것인지는 확인하기 어렵지만, 적어도 이재영의 처지를 깊이 이해하고 공감했던 것만은 분명해 보인다.

짧은 이 글에서 주목하는 것은 바로 "세상의 불우한 사람은 모두 우리의 책임"이라는 발언이다. 자신보다 열 배나 뛰어난 재주를 가지고서도 세상에 소외된 벗의 모습을 보면서, 그는 매번 기운이 막히는 느낌을 받는다. 이재영과 같은 세상의 모든 불우한 사람들이 존재하는 것은 결국 자신과 같은 당대 지식인들의 책임이라는 발언

속에는 벗에 대한 의분과 세상의 폭압에 어떤 것도 할 수 없는 아픔 등이 동시에 표현되어 있다.

그렇다면 허균의 의기는 언제나 그의 우정론에서 수위를 차지하는 것이었을까. 이 문제를 세심하게 관찰하면 그의 우정론이 18세기에 유행하던 우정론과 얼마나 차이가 나는지를 확인할 수 있다. 예컨대 박지원이나 조수삼趙秀三 및 이옥李鈺 등이 주목했던 광문廣文(혹은 達文)을 비롯한 18세기의 이름난 협객들의 우정이 계층과 시대를 초월해서 사람들의 감동을 자아내는 것은 분명하지만, 사람과 사람의 관계를 맺는 우정의 출발점은 다분히 신체적 차원에서 비롯된다. 그들의 일화는 대체로 매우 서사적인 것이어서, 우정이 어떻게 형성되고 발현되는가에 주목하면서 사건 중심의 진술로 구성된다. 벗을 위해서 누명을 마다 않거나, 어려운 사람을 위해서 돈을 마련해 주었다가 어려움에 처하거나, 목숨을 담보로 우정을 지키기까지 한다. 감동적인 일화는 대체로 등장인물들의 신체적 교유에 의해 우정의 감정이 발현되는 것이다. 그런 점에서 18세기 지식인들의 주목을 받았던 우정론에는 상당 부분 신체적 차원이 개재해 있다는 것이다.

이에 비해 허균의 우정론은 신체적 차원의 정도가 약하다. 그의 우정론에서 반드시 강조되는 조건은 바로 예술적 재능이다. 세상에서 버림받은 사람들의 처지를 보면서 그것에 깊은 슬픔과 연민, 좌절감, 의분 등의 감정을 허균은 대체로 시문을 통해 드러낸다. 그것

> *"예컨대 박지원의 작품에서 보여주는 바 우정론이 튼튼한 이론적 근거를 확보한 자리에서 다양한 인물 군상과 격의 없는 교유를 보여주고 있다면, 허균의 경우에는 인품을 중시하는 우정론의 기준을 내세우면서도 결국은 문학적 차원으로 그 범위가 좁혀지고 있다는 점을 주목할 필요가 있다."*

이 일부 행동으로 연결되어 사회적으로 지탄의 대상이 되기도 했지만, 여전히 그것을 분출하는 본령은 글쓰기였다. 이 점이 바로 허균의 우정론이 18세기 우정론과 일정한 차이를 보이는 지점이라 할 수 있다.

예컨대 박지원의 작품에서 보여주는 바 우정론이 튼튼한 이론적 근거를 확보한 자리에서 다양한 인물 군상과 격의 없는 교유를 보여주고 있다면, 허균의 경우에는 인품을 중시하는 우정론의 기준을 내세우면서도 결국은 문학적 차원으로 그 범위가 좁혀지고 있다는 점을 주목할 필요가 있다. 그것은 허균이 이재영의 일을 생각할 때마다 "기가 막히는" 정도에서 비분강개함 또는 의분을 드러내는 것에 머무르는 원인으로 작동하는 것이 아닌가 생각된다. 이 지점이 좀 더 깊은 사유와 논리 속에서 현실과 연결될 때 비로소 18세기 우정론의 다양한 모습이 나타날 수 있다. 바로 그런 맥락에서 허균의 우정론은 18세기 우정론의 초기적 모습을 일정 부분 지니고 있다 하겠다.

3. 허균 우정론의 성격과 의의

　조선시대 유학자들의 우정론에서 중요한 것은 동지적 결속이었다. 학문적 이념의 공유가 우정을 형성하는 큰 기준이었다. 한 번도 만나본 적이 없어도 공부하는 방향이 같고 이념적 지향이 같다면 그는 언제든지 벗이 될 수 있었다. 예술적 취향이나 시문 창작 경향의 공유는 그리 크게 고려되지 않았다. 오히려 그러한 방식의 교유는 자칫 완물상지玩物喪志로 흐르기 쉽다는 이유 때문에 호의적으로 취급되지 못했다. 그러나 현실 속에서 뜻을 함께하는 벗을 만난다는 것은 그리 쉬운 일이 아니었다. 성리학적 수양에 의한 인성 도야는 이상적 목표로 제시될 수는 있었지만, 현실 속에서 그러한 덕목을 실천하는 사람을 찾기 어려웠으므로 자연히 과거의 현인으로 시선을 옮겼다. 독서를 통해서 과거의 현인들과 소통하는 방식이 선호될 수밖에 없었고, 그것은 상우의식을 부추기는 문화적 토대로 작동했다.

　다른 한편 그들은 정신적 차원에서의 상우천고尙友千古를 이야기하면서도 현실 속에서는 철저히 위계에 의한 사회 질서에 순응함으로써 우정이 가지는 횡적 윤리에 깊은 관심을 두지 않았다. 현실적 구체성을 상실한 우정론이 필경 관념 속으로 들어가 옛사람들과 깊은 우정을 나누는 동안, 현실에서의 위계화된 질서 혹은 예교는 당시 지식인들의 삶을 지배했다. 그런 점에서 보면 상우의식은 정신적 만족감을 줄 수는 있어도 사람과 사람 사이의 관계 설정의 방식을 새롭게 바꾸기는 어려웠다.

이에 비하면 허균의 경우는 조금 다른 면모를 보인다. 그는 정신적 차원에서의 상우론을 말하면서도 동시에 현실적으로 신분을 넘어서서 우정을 나눈다. 그는 서류庶類나 기녀妓女와 같은 사회적 약자 또는 소외된 사람들과 스스럼없이 교유하는 모습을 통해 그의 새로운 관계 맺음을 보여준다. 이처럼 신분의 제약이나 사회적 처지에 차이가 있음에도 불구하고 동등한 벗으로 대하려는 모습은 그가 인간을 인격적인 존재로 인식하려 했다는 데에 그 의미가 있다. 어떤 외부적 조건에도 불구하고 누구나 한 인간으로서의 대접을 받아야 하며, 자기 자신 그렇게 대하는 태도는 우정론의 논의에서는 매우 중요한 출발점이다. 그 이면에 일종의 동정심이 개재해 있는지 여부는 좀 더 섬세하게 따져보아야 할 문제이긴 하지만, 허균이 인간 발견으로서의 우정론 혹은 새로운 관계 설정의 방식으로서의 우정론을 제기하고 있다는 것은 분명해 보인다.

나이, 사회적 신분, 처지, 경제적 차이 등에도 불구하고 벗이나 우정이라는 이름 속으로 다양한 사람들을 포괄할 수 있다면, 허균의 인간 관계 설정에 대한 새로운 시도는 충분히 의의가 있다. 그런데 이 같은 시도의 이면에는 언제나 문예 취향의 공유라는 요소가 개재해 있다. 심지어 인품을 일차적 요소로 중시하는 상우의식을 드러내는 글에서조차 문필 능력은 중요한 또 하나의 요소로 등장한다. 그것은 임형택이 말한 '동인적 결합'의 차원에 비견될 수 있다.

그렇지만 '동인적 결합'으로만 해명될 수 없는 부분이 있다. 대부분의 경우 이들은 인품과 문예 취향의 공유를 통한 '동인적 결합'이 동시에 나타나면서도 '의기'를 중시하는 경향을 포함한다. 말하자면 허균의 글에서는 여러 이질적 요소들이 동시다발적으로 드러난다는 것이다. 또한 '의기'의 경우도 조선의 지식인들, 특히 성리학자들이 내세우는 '동지적 결속', 즉 학문적 뜻을 함께 하는 사람으로서의 척도와는 그 지향점이 다르다. 허균이 보여주는 의기義氣는 협사적 견결성에 경도되어 있는 것으로 보인다. 뛰어난 능력에도 불구하고 불우한 삶을 살아가는 사람들에게 연민과 안타까움의 정을 표출하는 데에 그들의 의기가 스며 있는 것이다. 그 의기는 결국 사회의 문제점에 대한 비판적 목소리로 표현된다. 물론 의기가 가지는 협사적 이미지를 실천 방면에서 끝까지 밀고 나갔던 것은 아니다. 현실 속에서는 일정 부분 포기하면서 의분義憤의 방식으로 의기를 표현하는 경우가 많다. 이 때문에 그의 의기는 학문적이고 사상적인 이념의 공유에 이르지 못한다. 허균 자신이 마음먹었던 부분이 실천과 연결되지 못할 경우, 그가 탈출구로 삼았던 것은 문예 부문이었다. 글 속에서 다양한 생각과 연민의 정을 표현함으로써 허균은 그 속에 사회 비판적 목소리를 담는다.

허균은 문예 취향의 공유를 기본 축으로 삼아서 상우의식과 의기라는 요소를 가지고 우정론의 얼개를 삼았다. 그러나 이들 요소는

> *"허균 우정론은 앞 시대의 성과를 계승하기도 하고 비판적으로 수용하기도 하면서 자신만의 입지를 마련한다. 그의 입지가 바로 조선후기의 새로운 우정론으로 나아가게 하는 일종의 문턱과 같은 역할을 한다."*

좀 더 섬세하게 구분되지 못하고 같은 글에서 2~3가지 요소가 혼효되어 나타남으로써 그의 우정론이 지니는 논리적 선명함을 확보하지 못한다. 이러한 사정은 허균이 조선전기 성리학자들의 우정론이 가지는 관념적 성향 내지는 동지적 결속의 차원을 포함하면서 그 방향을 다른 곳으로 틀어가는 과정에서 생겨난 현상으로 보인다. 즉 조선전기의 관념적 우정론은 허균에게 와서 다분히 현실적이고 구체적인 우정론의 성격을 띠면서 신체적 차원을 확보하면서 생겨났다는 것이다. 또한 조선전기 성리학자들의 동지적 결속은 허균에게 와서 문예 취향의 공유라는 방식으로 방향을 선회한다. 이렇게 허균 우정론은 앞 시대의 성과를 계승하기도 하고 비판적으로 수용하기도 하면서 자신만의 입지를 마련한다. 그의 입지가 바로 조선후기의 새로운 우정론으로 나아가게 하는 일종의 문턱과 같은 역할을 한다.

4. 관념적 차원의 우정에서 신체적 차원의 우정으로

어느 시대에나 우정은 혈육 간의 관계를 넘어 사회적 관계로 나아가는 중요한 지점 중의 하나였다. 오륜 중에서 사회적 관계를 반영하는 두 가지 덕목이 있지만, 각각의 역할에서는 차이를 보인다.

국가가 요구하는 덕목은, 대체로 수직적 윤리를 기반으로 하여 횡적 윤리를 조직하고 어떤 외부적 조건에도 윤리의식이 흔들리지 않는 체제를 구축하는 것을 중요한 요소로 삼는다. 그런 점에서 붕우유신은 사람 사이의 신의를 통해서 사회의 안정을 도모하는 덕목이다. 그러나 조선 건국 초기에는 국가의 수직적 상하관계를 중시하는 차원에서 군신과 부자 관계가 강조되다가, 국가의 안정이 확보되면서 사회적 관계를 중시하는 분위기가 형성된다. 조선전기에 우정이 지식인 사회에서 중요한 덕목으로 중시되지는 못했지만, 그럼에도 불구하고 학문적 지향을 함께하는 동지적 결속이 성리학의 심화 과정에서 필수적으로 요청되었기 때문에 전혀 없었던 것은 아니다.

이러한 맥락에서 허균이 보여준 우정에 대한 생각은 우리의 주목을 요한다. 그가 우정에 대하여 본격적으로 글을 써서 생각을 피력한 것은 없다. 그러나 문집 전편에 산재해 있는 우정에 대한 생각을 모아보면 그의 우정론이 가지는 전반적인 구도를 파악할 수 있다. 그의 우정론에는 대체로 두 가지 큰 흐름이 있다. 고인들과의 관계

맺음을 대표하는 상우의식과 금인今人들과의 관계맺음을 대표하는 우정이 그것이다. 상우의식은 어느 시대에나 지식인들에게 널리 나타나는 것이지만, 허균은 그 속에서 현실에 대한 자신의 비판적 생각을 우회적으로 담았다. 현실 속에서 실현하기 어려운 자신의 생각을 과거로 가지고 감으로써 자신이 처한 시대와 사회에 대한 문제점을 함축적으로 드러낸 것이다.

그러나 허균에게서 가장 중요한 것은 역시 금인今人들과의 관계맺음이다. 이전 시기의 지식인들이 학문적 사상적 지향의 공유에서 우정의 근거를 찾았다면, 허균은 예술적 혹은 문학적 취향의 공유에서 찾았다. 사회적 신분이나 처지에도 불구하고 예술적 취향을 공유할 수만 있다면 언제든지 벗으로 관계를 맺을 준비가 되어 있었던 것이다. 그의 주변에는 당대 최고의 양반 문인들과 예술인들이 드나들었을 뿐만 아니라, 재능이 있는 서류庶類나 기녀들까지도 교유에 참여했다. 사회적 폄시貶視를 무릅쓰면서 이루어졌던 그의 우정은 예술적 취향의 공유라는 조건 때문에 시작되거나 유지된 것이다.

우정의 시작은 예술적 취향의 공유에서 시작되었지만, 그것만으로는 우정의 튼실한 토대를 구축하기가 어려웠다. 이 토대가 탄탄해지는 데에는 의기의 발현이 필요하였다. 이 점이 허균 우정론에서 특히 중요한 요소다. 조선의 성리학자들의 우정이 대체로 관념적인 측면을 강하게 보였다면, 예술적 취향이나 의기의 발현을 중시한 허균의 우정론은 기본적으로 신체적 측면이 강하다. 예술적 취향은 신체적 감각의 감응에 결부되고, 의기는 신체적 접촉의 승화와 관련이 된다. 물론 허균의 사유 구조 속에서 이들이 얼마 정도의 신체적 감응력을 가지는지는 더 꼼꼼히 따져보아야 할 문제이다. 그러나 적어도 이전 시기의 지식인들에 비해 신체적 감응과 접촉은 분명히 강화되었다. 그런 점에서 그의 우정론을 '신체적 우정'이 발현되는 초기 모습으로 비정할 수 있다.

허균의 신체적 우정이 18세기 우정론에 비할 때 강도가 약하게 보이는 것은 사실이다. 그런 점에서 그의 우정론은 조선전기에서 조선후기로 넘어가는 과도기적 형태를 가지며, 그만큼 다양한 요소들이 착종되어 있기도 하다. 학문적 차원에서 문예 취향적 차원으로, 관념적 차원에서 신체적 차원으로 나아가는 과도기적 모습을 우리는 허균의 우정론에서 발견할 수 있는 것이다. '우정론'이라는 이름으로 부르기에는 편린에 불과한 글들이지만, 허균의 여러 글에서 보이는 형태를 모아보면 조선후기가 보여주는 새로운 우정론의 초기 형태가 이미 침윤되어 있음을 알 수 있다. 그 과도기적 모습이 허균의 한계이자 조선후기 우정론을 만들어내기 위한 출발점으로서의 위상을 가지는 이유이다.

조선중기 고문의 소품문적 성향과 허균의 척독

1. 조선중기 고문 창작의 새로운 변화와 허균

 허균은, 방달한 삶의 태도와 함께 도불道佛에의 경도, 말년에 북인 정권의 영수였던 이이첨李爾瞻과의 관계 등 넓은 편폭을 보이는 행적 때문에 다양한 평가를 들었다. 조선시대에는 패륜아적 모습으로 비판을 많이 받았지만, 20세기 이후 연구자들은 그에게서 주자학에 반기를 들었던 혁명가적 초상을 발견했다. '반反' 주자학적이라는 용어를 사용할 만큼 그의 생각은 당대 사대부들의 일반적인 모습에서 상당히 비켜나 있었다는 점은 연구자들의 시선을 끌 만한 것이었다. 더욱이 소설사, 문학이론의 역사, 한시를 품평하는 뛰어난 감식안鑑識眼, 당시唐詩에 대한 그의 태도 등은 우리 문학 연구의 여러 방면에 좋은 자료를 제공하였다.
 조선의 문풍은 16세기 말에서 17세기 초에 일변한다. 특히 고문과 관련하여 이 시기는 윤근수尹根壽, 최립崔岦, 허목許穆, 장유張維, 조위한趙緯韓, 이식李植, 신유한申維翰 등을 중심으로 고문古文 창작이 새로운 전기를 맞으면서 조선의 문풍을 변화시켜 나갔던 시기로 여겨진다. 물론 이들 면면이 동일한 생각을 가지고 고문 창작에 임했던 것은 아니다. 그러나 그들은 이전의 문인들이 보여준 평탄한 문풍에 반기를 들고 자신이 추구하는 문장의 모범을 직접 실현하려고 애를 썼으며, 그 결과 1600년을 전후한 시기가 우리 문학사에서 고문이 한 시기를 풍미하기 시작한 시기로 기억되도록 한 것이다. 허균許筠의 글쓰기 역시 이러한 지형도 속에 위치한다.

그의 글이 순정고문醇正古文인가 아닌가에 대해서는 이론異論이 있을 수 있다. 그러나 적어도 허균 자신은 고문가古文家로 자처했다.[1] 그는 「문설文說」에서 객客의 질문에 대답하는 과정에서 고문의 개념을 드러낸다. 편법篇法, 장법章法, 자법字法 등을 고문에서 제대로 배우기만 한다면 옛사람들의 글을 본뜨지 말고 자신만의 글을 써야 하며, 그것은 평이하고 유창해야 한다는 것이다. 이러한 태도는 객客으로 대표되는 당대의 고문에 대한 일반적인 생각을 비판적으로 기술한 것으로 보인다. 허균의 문집 곳곳에 드러나는 글에 대한 그의 생각은 대체로 지나친 수식을 피하고 남의 것을 본뜨는 글을 짓지 않으며, 자신만의 개성을 드러내는 글을 짓는 것이 중요하다는 점으로 귀결된다.

한편, 허균의 시기는 명나라의 문학적 경향이 조선에 유입되어 새로운 기풍을 보여주던 때였다. 16세기 말에서 17세기 초반, 명나라의 전후칠자前後七子의 문학이 널리 소개되는 것은 윤근수와 허균의 선구적 역할 덕분이다. 윤근수는 이몽양李夢陽의 시만을 간추려 뽑은 『공동집空同集』을 1580년 개성에서 간행한 바 있고, 왕세정王世貞의 문집인 『사부고四部稿』를 수입하였다. 허균은 명나라 전후칠자의 문집을 두루 읽고 독후감을 상당히 남겼으며, 명나라 문장을 모범으로 이용하는 데에 앞장을 섰다.2)

당시 여러 대가들은 문장의 모범을 고민하고 있었던 터라 서로 다른 입장의 문장론을 제시하였다. 예컨대 최립과 윤근수가 한유의 문장에 현토를 하는 작업을 하거나 『사기』와 『한서』를 중시함으로써 문장의 모범이 되는 글을 널리 알리고자 하였다면, 한 세대 뒤의 고문가였던 신유한은 한유와 구양수 및 소식 3부자 때문에 고문이 망하였다고 주장했다. 마찬가지로 당송팔대가의 글을 중시한다 해도 주안점을 어디에 두는가에 따라 입장을 달리하기도 하였다. 윤근수나 최립이 문장의 형식미를 중시하였다면, 이식은 고문의 범주를 형식의 차원이 아닌 내용의 측면에서 파악하였다. 이식은 당송 이하의 고문이 당대의 문장과 사령詞令에 적합하다는 이유로 받아들이고 의고문擬古文은 배격하는 한편, 『사기』와 『한서』에 대해서는 문장의 정종正宗이 아니라고 하여 배격하였다.3)

사람마다 고문에 대한 생각이 달랐기 때문에 어느 한 사람의 주장만을 들어 당시의 고문관을 논의하는 것은 그다지 중요하지 않다. 똑같은 주장을 한다고 해도 그가 처한 문단의 상황이 어떤 배치 속에 있었는가를 살피는 것이 중요하다. 당송팔대가의 글을 중시하는

"허균의 척독은 당대 지형도 속에서 독특한 풍치를 가진다. 서신書信은 누구나 주고받았음에도 불구하고 허균처럼 서신을 문학 작품처럼 생각하고 창작한 사람은 거의 없다. 어떤 글은 조선후기 소품체를 읽는 듯한 느낌을 줄 정도로 그의 척독은 간결하면서도 여운이 있다."

사람은 조선 말기까지 많았지만, 이들의 논점이 한결같은 것은 아니었던 것과 같다. 자신이 처한 당대 현실 속에서 문장의 이상적인 경지를 당송팔대가에서 찾은 것은 동일하지만, 이상적인 경지에 도달하는 과정을 방해하는 상대편을 무엇으로 설정하는가 하는 점은 시대마다 혹은 개인마다 달랐기 때문이다. 앞서 언급한 것처럼, 허균은 자기 시대의 문장, 개성이 축조한 글이야말로 진정한 고문이라고 생각했던 것이다. 이러한 태도는 다른 사람들과의 비교 속에서 그 의미가 명확히 드러날 것이다.

  허균의 척독은 당대 지형도 속에서 독특한 풍치를 가진다. 서신書信은 누구나 주고받았음에도 불구하고 허균처럼 서신을 문학 작품처럼 생각하고 창작한 사람은 거의 없다. 어떤 글은 조선후기 소품체를 읽는 듯한 느낌을 줄 정도로 그의 척독은 간결하면서도 여운이 있다. 본고에서는 허균 척독의 특징을 살펴보고, 이것이 당대 문단의 지형도 속에서 어디에 위치하는 것인가를 논의하고자 한다.

2. 척독의 소품문적 성향에 대한 허균의 인식

허균의 척독 역시 당대의 문학적 배치 속에서 읽어야 할 것이다. 서신체書信體 글은 위진남북조 시대에 예술적 색채를 농후하게 띠기 시작하였으며, 특히 당송대唐宋代에 이르러 제재의 광범위함, 문장 기교의 융통성, 다양한 풍격과 작자층의 두터움 등으로 인해 비약적인 발전을 이룩하였다. 이렇게 됨으로써 서신체 산문 역시 하나의 예술적 갈래로 여겨지면서 감상의 대상이 된다.4) 척독은 원래 실용성이 매우 강한 글이었지만, 문인들의 손에 들어오자 성령性靈을 펼쳐내고 개성을 표현하는 도구가 되었다. 그것은 통속적이면서 고아했고, 실용적이면서 심미적 가치를 풍부하게 지닌 것이었다.5)

허균이 척독에 기울인 관심은 창작 행위에서도 드러나지만, 그 이전에 명나라 여러 사람들의 척독을 모아 책으로 엮었던 것에서도 드러난다.

허균이 편찬한 『명척독明尺牘』은 명나라 여러 사람들의 척독을 뽑아서 편찬한 책이다. 이 책의 뒷부분에는 장윤張潤이 편찬한 『고척독古尺牘』을 부록으로 실어놓은 것으로 보인다. 장윤의 『고척독』은 명나라 양신楊愼의 『척독청재尺牘淸裁』를 왕세정王世貞이 증광增廣한 책이다. 명나라 제가들의 척독은 여러 사람에 의해 편찬된 바 있는데, 허균은 이 글들을 보면 마치 병기 창고에 창이며 투구나 갑옷 등이 삼엄하게 벌여 있는 듯하고, 보물 창고에 대패大貝와 목난木難

이 진열되어 있는 듯하며, 거대한 파도가 치솟는 모습과 같으니 참으로 장관이라고 하였다. 그러나 "다만 안타까운 점은, 단사單詞와 척언隻言으로 이치의 근원을 곧바로 깨뜨리고 다른 사람의 뜻을 굴복시켜 뜻이 말 밖에 있도록 한 점에서는 『고척독』에 비하여 약간의 차이가 있는 것이다"고 하였다. 허균이 척독에서 주목한 것은, "단사와 척언으로 이치의 근원을 바로 깨뜨리고 사람의 뜻을 설득하여 뜻이 말 밖에 있도록 하는" 척독의 집필 목적이다. 척독이라는 말 자체에 이미 짧은 글이라는 뜻이 포함되어 있듯이, 허균은 척독에 대한 분명한 인식을 가지고 썼음을 알 수 있다.6)

허균은 자신이 유배 생활을 하는 도중에 『성소부부고』의 기본적인 체재를 마련한다. 그렇다면 서書와 척독尺牘을 구분하여 편찬한 것에는 일정한 의도가 개재해 있을 것이다. 표면적으로 볼 때 서書와 척독의 차이는 글의 장단長短에서 생긴다. 서에 비해 척독의 길이는 매우 짧다. 일반적으로 척독은 '단소短小하면서도 서정적인 사신私信'을 말하는데, 만명晩明에 이르러 문인들이 척독을 짓는 풍기風氣가 보편화된 데다 점차 수식修飾보다 의경意境을 중시하게 되면서 문장 분류의 명칭으로 굳어지게 된 것이다.7)

현재 허균의 문집에 남아 있는 서의 내용들은 상대방에게 자신의 입장을 충분히 설명하고 양해를 구한다거나, 비교적 긴 글로 자신의 회포를 전달하는 내용이 많다. 반면 척독에서는 시간에 쫓겨서 요점을 정확하고 간결하게 전달할 필요가 있거나 혹은 그리 긴 글이 필요치 않는 사안에 대하여 사용한다. 그러나 서와는 달리 척독은 대단히 서정적인 문장부터 해학적인 글, 정중한 부탁의 글 등 다양한 편폭으로 남아 있다.

허균의 척독에는 많은 사람들이 등장하는 만큼 그 내용의 편폭도 대단히 넓다. 누이와 형님의 문집에 서문을 지어 주십사 하는 정중한 부탁으로부터, 주변 사람들이나 자신을 위한 관직 청탁, 독서 중에 생긴 의문에 대한 문답, 시 이야기, 편찬 중인 시선집 속에 누이나 형님의 시를 많이 선록選錄해 달라는 부탁, 빌려준 책을 돌려 달라는 이야기, 술을 마시다가 친구를 초청하는 글에 이르기까지 참으로 다양하다. 그만큼 서보다는 훨씬 인간적인 흥취를 강하게 내포하고 있다.

허균 이전의 인물들도 척독 형태의 편지를 써서 주고받았을 것이며, 그와 같은 형태가 문집에서 발견될 수도 있다. 그러나 허균 이전에는 서와 척독을 구분하여 문집을 편찬한 예가 드물다는 점, 더욱이 서와 척독 사이의 차이를 인식하지 않고 있었다는 점을 주목할 필요가 있다.

척독에 대한 허균의 생각은 『명척독明尺牘』의 편찬에서 잘 드러난다. 이 책을 편찬하기 위해 이미 상당한 분량의 척독을 읽었던 것으로 보인다. 그가 읽은 척독 작품 관련 책으로는 앞서 언급된 『척독청재』나 『고척독』과 같은 책을 비롯하여 전예형田藝衡의 『유청일찰留靑日札』, 가유약賈維鑰에게 빌린 『이문광독夷門廣牘』, 도륭屠隆, 왕치등王穉登, 서위徐渭 등의 척독을 읽었던 것으로 보인다. 「사우총설발四友叢說跋」에 의하면, 허균은 하준량何俊良의 『어림語林』을 본 후 그의 글에 반해서 문집을 구하다가 보지 못했는데, 여러 사람들의 척독을 모아놓은 글을 보다가 그의 글을 읽고 마음속으로 은근히 사모하였다고 한다.[8]

허균이 명나라의 척독 작품집을 편찬할 정도로 이 분야의 글에 상당한 관심을 가지고 있었던 것은, 자신의 문집을 편찬하면서 서와 척독을 구분하여 수록한 것에서도 잘 보인다. 더욱이 명나라 문인들의 글에 경도되어 있던 허균으로서는 당시 하나의 소품 양식으로 굳어진 척독의 미적 측면을 인식했을 것이다. 그의 척독이 만명晚明 시기에 한창 왕성하게 창작되던 소품문적 성향을 강하게 띠게 된 것도 이러한 영향일 것이다.

허균은 중국의 척독을 우리나라에 소개한 첫 인물이 되는 셈이다. 척독에 대한 관심은 조선후기 문단, 특히 소품문을 즐겨 짓던 문인들에 상당한 영향을 끼치게 되어, 18세기 이후에는 척독 선집이 여러 종 간행되어 읽히기까지 하였다. 이는 서간문이 가지는 인사일용지문人事日用之文이라는 실용적인 성격에서 벗어나 문예적인 산문으로 탈바꿈하면서, 서간문 짓는 것 그 자체를 문학 행위로 인식하는 경향이 강해졌기 때문이다.[9]

허균은 기존의 서書에서 척독을 따로 분리하여 하나의 영역을 만듦으로써 일종의 구별 짓기를 시도한다. 이것은 기존의 문학적 영

> *"허균의 척독은 기존의 문학적 지형도를 분할하면서 새롭게 만들어진 영토이다."*

토-지형도 내에 굳어진 채로 있던 것들을 새로운 시각으로 분리하여 바라보는 것인데, 허균의 이러한 행위는 그의 문예적 글쓰기와 연결되면서 척독이 새로운 문학 갈래로 인정받을 수 있도록 기초를 세우는 일이었다. 작품 하나만을 떼어서 볼 때에는 기존의 것과 차이가 없어 보여도, 배치가 바뀌는 순간 기존의 문학 관습과 다른 시선과 방식을 획득하면서 다른 층위를 가지게 된다. 허균의 척독은 기존의 문학적 지형도를 분할하면서 새롭게 만들어진 영토이다.

3. 허균 척독의 서술 특징과 그 의미

1) 간결함 속의 핵실覈實 추구

허균이 『명척독』을 편찬하면서 특히 주목한 요소는 "단사와 척언으로 이치의 근원을 곧바로 깨뜨리고 다른 사람의 뜻을 굴복시켜 뜻이 말 밖에 있도록 한 것"이다. 이것은 허균이 생각하는 가장 이상적인 척독 창작 규준이다. 자신의 의도를 정확하고 간결하게 전달하는 것이 척독을 쓰는 중요한 기준이라는 것이다. 짧은 말 속에 이치의 근원을 깨뜨린다는 것은 소품문이 지향하는 지점과 상당히 닮아 있다. 소품문 역시 짧은 분량 속에서 사람의 의표를 찌르는 날카로움이 특징적으로 지적될 수 있기 때문이다.10)

짧은 글 속에 담긴 내용이 오랜 여운으로 남아 있도록 하는 것이 언외지의言外之意의 일차적인 목표겠지만, 허균은 척독에서 짧은 글로 세상의 이치를 단박에 꿰뚫는 시선을 중시한다.

> 벌 한 통을 오동나무 그늘에 두고 벌떼들이 아침저녁으로 모이고 흩어지는 질서를 살펴보니 법도가 무척 엄격하였네. 나라가 벌들에게도 미치지 못하니, 사람으로 하여금 매우 실망이 되게 하네.11)

남궁생에게 보낸 척독의 전문이다. 24자에 불과한 것으로, 칠언절구보다도 짧은 글이다. 그렇지만 허균은 이 척독 속에서 벌의 법도와 세상의 법도를 병치시키면서 세상에 대해 비판적인 시선을 드러낸다. 이것은 남궁생의 처지와 관련한 내용이라고 생각되는데,12) 상대방을 특별히 적시하지 않는 것에서 제3의 독자를 염두에 두지 않고 개인과 개인이 얼굴을 마주하고 대화하는 형식을 취하였음을 알 수 있다.

척독은 기본적으로 사신私信이기 때문에 자연히 자신의 심정을 반영시킨다. 위의 글에서도 국가의 법도가 엄정하지 못하다는 것에 대한 실망스러운 생각을 숨기지 않는다. 그러나 자신의 생각을 직설적으로 표현한다면 이는 이전의 척독과 차별성을 확보할 수 없다. 세상에 대한 자신의 시선을 드러내는 방식에 있어서도 여러 층위를 배치한다.

> 나는 불교를 믿지 않네. 그 글을 좋아하여 읽으면서 한가한 시간을 메울 뿐이네. 몇 천 호 정도의 고을을 도모하는 것도 오히려 할 수 없는데, 이에 부처가 되기를 도모한단 말인가. 이건 전혀 그렇지 않네. 그러나 권력에 아부하여 떠들어대기만을 잘하는 무식배에 비한다면 사실 조금은 우월하다고 할 것이네.[13]

허균이 숭불崇佛 혐의로 관직에서 파직되었던 사건은 이미 널리 알려져 있다. 정작 그의 문집에서는 자신이 도불道佛을 숭상하는 사람이 아니라는 말을 여러 차례 남긴다. 그렇지만, 이 같은 발언을 그대로 받아들이기에는 중층적인 문장으로 되어 있음을 발견한다.
위의 글은 허균 자신이 불교를 믿지 않는다는 선언적인 진술로 시작된다. 그런데 다음에서는 몇 천 호의 고을살이도 얻지 못하는 것이 현실인데, 부처 되기를 바라는 것은 어불성설이라는 느낌으로 글을 쓴다. 말하자면 숭불하지는 않지만 불교 자체를 부정한다는 뜻은 아닌 듯하다. 더욱이 권력자들에게 아부나 해서 벼슬살이를 구차하게 하는 무식한 사람들에 비하면 차라리 불경을 읽는 것이 얼마나 깨끗한 일이냐는 말이다. 이것은 자신에게 쏟아지는 숭불에 대한 비난을 의식하면서도 숭불행위를 우회적으로 옹호하고 있다.

허균의 글 속에는 자신의 행적이나 글 쓸 당시의 입장이 잘 드러난다. 전달해야 할 내용이 결정되면 어떻게 쓰는 것이 가장 적합하고 효과적인 방식인가를 정하고, 이에 따라 다양한 글쓰기를 해나간 듯하다. 자신의 생각을 담으면서도 개성을 반영하는 문체를 선호했고, 이러한 생각은 널리 알려진 이달李達에게 보내는 척독에서 단적으로 드러난다.

> 옹翁께서는 저의 근체시近體詩가 순숙純熟하고 엄진嚴縝하여 성당盛唐의 시와는 관계가 없다고 배척하고는 돌보아 주지 않고, 오직 고시古詩만 좋다고 하여 남조南朝의 문장가인 안연지顔延之와 사령운謝靈運의 풍격이 있다고 하니, 이는 옹께서 고집만 부리시고 변할 줄을 모르는 것입니다. 고시야 비록 예스러우나 이건 그대로 베낀 것이어서 옛것과 핍진逼眞할 따름이니, 그렇게 중첩된 것을 어떻게 귀하다고 하겠습니까. 근체시는 비록 당시唐詩와 흡사하지는 않더라도 나름대로 나의 조화造化가 있습니다. 나는 나의 시가 당시나 송시宋詩와 유사해질까 두려워하며, 남들이 '허균의 시'라고 말하는 것을 듣고 싶으니, 너무 건방진 생각이 아닐는지요.14)

짧은 내용 속에 자신의 생각을 집약적으로 드러내는 방식을 잘 보여주는 척독이다. 이달이 자신의 시에 대해 비판적으로 바라보는 것을 되받는 전반부와, 자신의 생각을 강하게 보여주는 후반부로 나누어 그 주장을 대비하고 있다. 과거의 문학적 전통과 형식 및 평가를 그대로 답습하는 이달의 태도를 고집만 부리고 변할 줄을 모른다고 몰아붙이는 한편, 자신은 당시와 핍진해지지 않더라도 사람들이 시를 읽으면서 허균이 지은 시라고 단박에 알아볼 수 있도록 쓰겠노라는 의지를 강하게 천명한다. 유사한 것을 거부하는 태도에서 우리는 개성적인 문학을 지향하는 허균 문학론의 기본 노선을 확인할 수 있다.

2) 서정성과 일상성의 조화

허균의 섬세하면서도 정감 넘치는 시선은 그의 글에 짙은 서정적 흥취를 불어넣는다. 이는 사물을 이성적 논리에 의해 파악하기보다는 감성적 직관에 의해 파악하는 태도에 경도되어 있음을 의미한다. 성리학의 발전 심화와 함께 단정하면서도 도학의 사상적 기반을 전제로 한 글이 16세기 후반 상당히 많이 지어졌지만, 동시에 문장의 형식미에 눈을 뜨는 사람들도 있었다. 윤근수와 최립을 중심으로 하는 복고적 의고주의적 문장관을 가진 일련의 인물들이 그런 예이다. 이들 역시 문장의 내용을 전적으로 무시한 것은 아니었지만, 적어도 문장의 독자적인 가치를 내세우며 논리를 전개하기 시작하였다. 허균의 문장관과 일치하는 것은 아니지만, 이들은 도학을 문장의 이면에 배치하고 절제된 표현을 중시하는 사람들과 입장을 달리한다는 점에서도 다음 세대의 문장가들에게 큰 영향을 끼쳤다.[15]

사물을 보면서 이면의 법칙을 생각하는 것이 아니라 표면을 사유하고 무상함을 인식하는 것은 허균 척독이 보여주는 한 특징이다. 명확하게 구획되지 않는 세계는 문장 속에서는 서정적인 진술로 드러난다. 물론 서정적 진술이 세계의 불명확성에 대한 깊이 있는 사유의 소산이라고 보기에는 무리가 있다. 그러나 적어도 그의 서정성은 대체로 무상함이나 그리움 등과 같이 획정될 수 없는 대상, 혹은 흐릿한 경계를 지니고 있는 것에 집중되어 있다.

그럼에도 그의 글이 애매모호한 감각을 마구 드러낸다는 느낌을 주지 않는 것은, 그 글 속에 스며 있는 일상성 때문일 것이다. 서정적 진술로만 이루어진 글의 경우, 그것은 감정의 과도한 표출로 인하여 세계인식의 흐릿함을 확산시키거나 자신의 감정에 대한 지나친 강조로 이어지기 쉽다. 그 문제를 허균은 일상성을 끌어들임으로써 해결하려 한다.

실제로 일상성은 척독이라는 갈래가 가진 기본적인 요소이기도 하다. 일상성이 사라진 서독書牘은 있을 수 없다. 그러나 이전의 척독류에서는 그 일상성이 글의 전편에 넘쳐흘러서 메마른 문장이 되거나, 일상성과 서정성 사이의 적절한 접속이 없었다. 허균의 척독

> *"허균의 척독에서 조선후기 소품문적 성향을 읽을 수 있는 것은, 일상성과 서정성이 적절한 긴장을 유지하여 독서의 즐거움을 배가시킨다는 점 때문일 것이다."*

에서 조선후기 소품문적 성향을 읽을 수 있는 것은, 일상성과 서정성이 적절한 긴장을 유지하여 독서의 즐거움을 배가시킨다는 점 때문일 것이다. 그의 척독을 읽으면 한 편의 짧고 아름다운 소품을 읽는 듯한 느낌은 여기에서 연유한다.16)

형이 강도江都에 계실 때에는, 1년에 두어 차례 서울에 오시면 곧 저의 집에 계속 머무르면서 술을 마시고 시를 읊었으니 인간 세상에 매우 즐거웠던 일이네. 그러나 온 가족을 이끌고 서울에 오셔서는, 10여 일도 한가롭게 어울린 적이 없어서 강도에 계시던 때보다도 못하니 도대체 무슨 까닭인가? 못에는 물결이 출렁이고 버들 빛은 한창 푸르르며, 연꽃은 붉은 꽃잎이 반쯤 피었고 녹음은 푸른 일산에 은은히 비치는데, 이 가운데 마침 동동주를 빚어서 젖빛처럼 하얀 술이 동이에 넘실대니, 곧 오셔서 맛보시기 바라네. 바람 잘 드는 마루를 벌써 쓸어놓고 기다리네.17)

권필에게 보낸 이 척독은 서울 땅에 같이 지내면서도 자주 만나지 못하는 현실을 말하면서 그를 초대하는 내용의 글이다. 이 글 앞에는 허균이 조위한趙緯韓에게 권필의 벼슬을 부탁하면서 보냈던 척독이 수록되어 있다.[18] 그 척독이 1610년 1월에 보낸 것이니, 위에 인용된 척독은 아마 권필이 그 이후 서울로 이주해 온 후에 보낸 것으로 추정된다. "벼슬은 가난 때문에 하기도 한다"는 표현이 돋보이는 이 척독에는 권필을 걱정하는 벗의 마음이 잘 드러나 있다.

이 부탁 때문에 권필이 벼슬길로 나왔는지는 확인하지 못했지만, 어쨌든 권필은 서울로 솔가率家하여 왔다. 그런데도 강도江都에 있을 때보다도 자주 만나지 못하니 그립다는 것이다. 그를 초대하는 글이 한 편의 소품을 연상시킬 만큼 서정적이다. 앞 부분에서는 한 번 만나 여러 날씩 시주詩酒로 화답하던 예전을 상기시키면서 자주 만나지 못하는 데서 오는 아쉬움과 그리움을 담고 있다. 그 정감은 뒷부분에서 주변 풍경의 서정적 서술로 이어지면서 글의 전체 분위기를 따뜻한 인정이 넘치는 공간으로 만든다. 현실의 어려움이나 곤핍함은 벗 사이의 다정함에 묻혀 버리고, 이 글을 마주하는 순간 둘 사이에는 "인간 세상에 매우 즐거운 일"만이 존재하는 공간으로 변화한다.

일상성과 서정성을 병치하는 방식의 작품 구조는 그의 척독에서 자주 사용되는 방식이다. 자신이 현실 속에서 하고 싶었던 이야기를 먼저 건넨 후 서정성이 강조된 글을 배치함으로써 자신이 상대방에게 의도하는 바를 우회적으로 부드럽게 전달하려는 의도가 엿보인다.

적막한 겨울밤에 눈 녹은 물을 부어 새로 만든 차를 끓이는데 불이 활활 타고 물맛이 좋으니, 이 차 맛은 제호醍醐나 다름이 없습니다. 공께서 어떻게 이러한 맛을 알겠습니까?19)

이 글만 읽으면 참으로 아름다운 풍경이 펼쳐진다. 허균의 조촐한 생활이 차가운 눈과 따뜻한 차 사이에서 정겹게 그려진다. 그러나 이 글의 앞부분은 상당히 다른 분위기의 내용이다.

가림加林(부여의 古號)은 얻지 못하고 반대로 공주를 맡았으니 이것 역시 어찌 공을 탓하겠습니까. 내가 벼슬을 하는 것은 가난 때문이니 처자를 보호하여 기한飢寒을 면하게 했으면 족하지 달리 무엇을 더 말하겠습니까. 그러나 또한 방자히 노닐기만 하고 일을 하지 않아서 공이 천거하여 주신 뜻을 져버리지는 않을 것입니다. 대관臺官의 서경署經이 끝나면 의당 찾아가 사례를 하겠습니다.20)

그가 최천건崔天健에게 척독을 보낸 원래 의도는 자신의 거취 문제와 연관하여 그의 도움에 감사를 표하면서 인사를 하는 것이었다. 이 척독이 이전의 다른 글과 차별성을 가지는 부분은, 일상적으로 누구에게나 있을 수 있는 일을 이야기하면서 전혀 분위기가 다른 글을 덧붙인다는 점이다. 자칫 의례적인 감사 인사로 끝날 수 있는 척독이 두 사람만의 아름답고 정겨운 공간으로 변화할 수 있는 것은 바로 다음에 붙은 서정성 강한 문장들 덕분이다.

이러한 문장은 사상적 기반을 특정하지 않고서도 가능한 것들이다. 정신의 수양을 통해 표출되는 절제된 감성이 아니라, 자신이 세계와 마주한 순간 우러나오는, 혹은 흘러넘치는 직관적 감흥을 그대로 표현하는 것이다. 허균은 이를 통해 이전의 도학자들의 글과 일정한 차별성을 확보하게 되는 것이며, 다른 한편으로는 글의 형식이나 글자의 형식적 운용을 배제하면서 쉽고 다채로운 표현을 통해 의고주의자들의 고문과도 다른 차이를 드러낸다.

3) 구어체의 수용과 해학적 요소

중세의 엄숙함을 파괴하는 중요한 요소 중의 하나는 웃음이다. 조선전기부터 웃음은 공무생활에서 오는 긴장감을 푸는 중요한 부분을 담당해왔다. 서거정, 성현, 채수蔡壽(1449~1515) 등을 비롯한 관학파 문인들에 의한 골계전류의 찬집은 대체로 이장론弛張論을 바탕에 깔면서 긴장감을 해소하는 약으로서의 웃음을 명분으로 삼았다.[21] 이들의 웃음은 주로 민간에 떠도는 재미있는 이야기들을 주고받으며 시작되었다. 그렇지만 이 같은 웃음은 사대부들의 심성 수양에 도움이 되지 않는다는 비판의 목소리가 거세졌고, 급기야는 사대부들이 골계전류의 책을 찬집하는 풍조가 사라지게 된다. 문장

> "허균의 척독은 다양하고 자유분방하며, 글의 곳곳에 웃음이 스며 있다. 그 웃음은 상대방을 비웃거나 풍자하려는 목적이 아니라 호의적 색채를 강하게 담고 서로의 현실적 거리를 좁히는 역할을 한다."

은 단정하고 도덕적인 것을 지향했고, 이들의 궁극적인 목적은 이 법理法의 세계를 파악하는 것이었다. 이들은 척독 형태의 짧은 편지를 쓸 때조차도 자신의 감정을 자유롭게 드러내기보다는 절제된 표현과 심성의 표현을 주로 삼았다.

이와 비교할 때 허균의 척독은 다양하고 자유분방하며, 글의 곳곳에 웃음이 스며 있다. 그 웃음은 상대방을 비웃거나 풍자하려는 목적이 아니라 호의적 색채를 강하게 담고 서로의 현실적 거리를 좁히는 역할을 한다. 말하자면 현실적 거리는 멀리 떨어져 있지만 심리적 거리는 지척咫尺에 있다는 느낌을 주게 하는 요소로 기능한 것이다.

독서광이며 장서가이기도 했던 허균에게 많은 사람들이 책을 빌려갔던 듯하다. 책이 귀하던 시절, 그것을 등사謄寫해 놓지 않으면 달리 소장할 길이 없었으므로 오랫동안 돌려받지 못하는 경우가 있었다. 이럴 때 허균은 자신에게 그 책이 필요하니 돌려달라는 내용의 척독을 보낸다.

옛 사람의 말에 '빌려간 책은 언제나 되돌려주기는 더디다' 하였는데, 더디다는 말은 1년이나 2년을 가리키는 것입니다. 『사강史綱』을 빌려드린 지가 10년이 훨씬 넘었습니다. 되돌려 주시기 바랍니다. 나도 벼슬할 뜻을 끊고 강릉으로 돌아가 그 책이나 읽으면서 소일하려고 감히 말씀 드립니다.22)

한강寒岡 정구鄭逑(1543~1620)와는 26년이나 나이 차이가 있고, 게다가 빌려준 지 10년이나 된 책을 돌려 달라고 요구하는 내용이므로 말을 꺼내기가 쉽지는 않았을 것이다. 이 상황을 부드럽게 하는 요소는 문장의 첫머리에 인용된 속언俗諺 때문이다. 일상생활에서 자주 사용하는 속담류를 이용함으로써 문자로 인한 긴장감을 상당 부분 해소하는 것이다. 이 밖에도 "바삐 먹다 체한다"(忙食噎喉: 「與林子昇」, 경자2월, 권21), "열 번 찍어 안 넘어가는 나무 없다"(十斫木無不顚: 「與李汝仁」, 무신4월, 권21, 3-107), "나는 놈 위에 올라타는 놈"(飛者上有跨者: 「與李汝仁」, 무신4월, 1608년, 권21: 3-107) 등 여러 속담이 인용된다.

같은 내용의 이야기를 다른 방식으로 자연스럽게 이야기하는 경우도 있다.

오랫동안 신선 같은 그대의 모습을 뵙지 못하오니 더러운 것들이 쌓여 갑니다. 누대樓臺에 기대어 지은 시는 왜 정묘교丁卯橋 주인에게 보여주어 한바탕 졸음에서 깨어나게 하지 않는 겁니까. 『세설世說』은 빌려간 지가 오래인데 돌려주지 않으시니 다

읽지 않으셨는지요. 나는 천 년 뒤에 태어나 진晉나라 사람들의 청담설淸談說을 듣지 못했는데, 한 번 읽어보고서 자세한 내용을 연구해 보고 싶습니다. 찾아간 중에게 부쳐 주시면 어떨는지요?23)

이는 빌려준 책의 내용을 염두에 두고 쓴 글이다. 『세설』은 이인일사異人逸士들의 일화를 많이 수록한 책이므로, 자연히 그 책을 보지 못해서 마음속에 더러움이 쌓인다고 말을 꺼낸다. 그래서 내 마음의 더러움을 씻어줄 청담淸談을 읽고 싶으니 마침 찾아간 중 편에 돌려달라는 것이다. 정한강鄭寒岡에게 보낸 척독이 속언俗諺을 인용하여 분위기를 누그러뜨렸다면, 이 글은 책의 내용을 이용하여 썼다. 오랫동안 세설을 읽었을 터이니 이미 신선 같은 모습[紫芝眉宇]으로 변했을 것이라고 첫머리를 쓴 후, 세설을 읽지 못한 자신은 나날이 더러움만 쌓인다는 점을 대비한다. 상대방을 높이고 자신을 낮춤으로써 책을 돌려 달라는 이야기를 자연스럽게 할 수 있었다.

그 밖에도 허균의 척독을 친근하게 만들어주는 요소는 생동감 넘치는 표현과 명나라 구어체 문학의 인용이다.

해양海陽(光州의 古號)의 모임에 감히 즐겁게 달려 나가지 않을 수 있겠습니까마는 다만 부사가 있어 참견할 수 없는 형편이니 공께서 알아서 처리하시기 바랍니다. 사람들이 혹은 저의 이번

행차를 소상瀟湘의 만남이라고 비웃는데, 이것을 충분히 피할 수는 있으니 역시 꼭 피할 필요는 없습니다. 대장부가 세상에 태어나 젊은 시절은 번개처럼 빠른데, 한 차례의 환락은 충분히 만종萬鍾의 녹봉에 해당합니다. 참으로 그러한 즐거움을 얻을 수 있다면 욕하는 사람이 아무리 많은들 어찌 나의 털구멍 하나라도 움직일 수가 있겠습니까. 더구나 꼭 의리에 해롭지도 않은 데야 말할 나위가 있겠습니까. 공께서 음식을 드시다가 이것을 보시면 웃음이 나서 밥상 가득히 입 속의 밥을 뿜고 말 것입니다. 다 갖추지 못합니다.24)

이 척독은 모임에 나가지 못하는 것을 두고 양해를 구하는 글이다. 즐거움을 누릴 수만 있다면 아무리 높은 벼슬이라도 자신의 뜻을 조금도 굴복시키지 못한다는 것이다. 더욱이 그 즐거움이 의리에 해롭지 않은데, 자신이 어찌 피할 필요가 있겠느냐며 모임에 참여하지 못하는 것에 양해를 구한다. 그러고서는 마지막에 웃음 가득한 구절을 배치하여 오해의 여지가 있는 문제를 부드럽게 표현한다. 그 속에서의 긴장감을 상당히 해소하는 것이다. 그 과정에서 소상의 만남(元 楊顯之의 曲「瀟湘雨」를 말함)을 용사하는데, 이처럼 전거를 경사자집經史子集 이외의 책에서 끌어들이는 것 역시 독자에게 한층 편안한 느낌을 준다.

위 글의 마지막 문장도 생동감 넘치지만, 용산의 원님이 물고기를 보내준 것에 감사하면서 쓴 척독에서 "젓가락으로 집어 입에 넣으니 국수나 먹던 창자가 깜짝 놀라 천둥소리를 냈습니다. 감사의 마음으로 감히 아홉 번이나 머리를 조아리지 않았겠습니까"25)라고 쓴 글 역시 흥미롭다. 더욱이 이 글은 유배 생활을 시작한 지 2개월 가량 되었을 때 쓰여진 것이므로, 그의 표현은 한층 빛을 발한다.

그러나 허균 척독의 매력은 서정성과 일상성이 웃음 속에 구성되어 있다는 점이다.

처마의 빗물은 쓸쓸히 떨어지고, 향로의 내음은 살살 풍기는데, 지금 친구 두엇과 함께 소매 걷고 맨발 벗은 채, 방석에 기대어 하얀 연꽃 옆에서 참외를 쪼개 먹으며 번다한 생각들을 씻어 볼까 하네. 이런 때 우리 여인汝仁(허균의 지우 李再榮의 자)이 없어서는 안 될 테지. 자네의 사자 같은 늙은 아내가 반드시 으르렁거리면서 자네 얼굴을 고양이 면상으로 만들 것이겠지만, 늙었다고 해서 움츠러들어서는 아니 될 것이야. 문에 우산을 가지고 대기시켜 놓았으니, 가랑비쯤이야 피할 수 있으리. 빨리빨리 오시게나. 모이고 흩어짐도 늘상 있는 일이 아니니, 이런 모임이 어찌 자주 있겠는가. 흩어진 뒤에는 후회해도 돌이킬 수 없으렷다.26)

비오는 여름밤, 친구 몇 사람과 술을 마시다가 문득 친한 벗 한

"다른 사람이 글을 읽으면 즉시 허균 자신의 글이라고 알아볼 만큼 개성적인 글을 추구하되, 현실 속에서 가장 이상적인 것으로 상정된 세계가 무한히 펼쳐질 수 있는 척독을 중시하였다. 그러므로 그의 글은 비록 짧지만 그 속에는 무한히 넓은 세계가 담겨져 있는 것이다."

사람이 빠진 것을 깨닫는다. 앞 부분에서는 현재 허균과 벗들이 마주앉아 있는 술자리의 풍경을 흥취 넘치는 문장으로 표현하였다. 이렇게 편안하고 아름다운 공간에 그대가 없다면 되겠느냐며 그를 부른다. 특히 사자 같은 아내의 모습과 고양이 면상으로 변해 있는 벗의 모습을 대비시키면서 초청하는 부분에서는 웃음과 함께 거절하기 어려운 상황을 연출하고 있다.

현재 자신이 마주한 현실 세계를 즉흥적으로 그려내는 솜씨에서, 허균이 지향하는 척독 창작 방향을 짐작한다. 다른 사람이 글을 읽으면 즉시 허균 자신의 글이라고 알아볼 만큼 개성적인 글을 추구하되, 현실 속에서 가장 이상적인 것으로 상정된 세계가 무한히 펼쳐질 수 있는 척독을 중시하였다. 그러므로 그의 글은 비록 짧지만 그 속에는 무한히 넓은 세계가 담겨져 있는 것이다.

4) 벗을 통한 새로운 사회적 관계 정립

『성소부부고』에서 가족에 관한 진술을 찾아보면 대부분 둘째 형인 허봉許篈과 누이 허난설헌許蘭雪軒에 집중되어 있고, 첫번째 부인에 대한 행장이 남아 있다. 특히 첫번째 부인 김씨金氏는 임진왜란을 맞아 강릉 외가로 피난을 가던 중 첫아들을 낳은 후 산후조리를 잘못하여 죽었으나 왜군에게 쫓기는 바람에 제대로 매장해 주지도 못했으며, 그때 얻은 아들도 뒤따라 죽었던 기억 때문에 허균에게는 평생을 두고 가슴 아픈 기억을 남긴 인물이다. 큰형 허성許筬에 대한 기록은 시화류詩話類에 더러 등장하지만 허봉만큼 절친한 관계는 아니었던 듯하다. 여기에는 배다른 형제라는 점도 있었겠지만, 나이 차이가 많았던 탓도 있었을 것이다. 부친 허엽이 죽은 뒤 큰형 허성은 아버지와 같은 존재였다. 가족들 사이에 행복했던 기억은 거의 허봉이나 허난설헌과 함께 시를 주고받았던 것에 한정되어 있을 뿐, 다른 기억은 중요하게 거론되지 않는다.

허균에게 벗이란 스승이며 동지였다. 널리 알려진 것처럼, 자신의 시詩 스승 중의 한 사람이 이달李達이었으므로, 평생 신분 때문에 불우한 삶을 살아가는 사람에게 관심을 가졌다. 나아가 이들과 함께 다니면서 그들의 재주가 세상에 버려지는 현실에 대해 분노하기도 하였다. 후일 칠서지옥七庶之獄 사건과 관련하여 허균이 거론되었던 것 역시 그가 세상에서 버려진 사람들과 신분을 넘어선 교유를 했다는 사실을 반증한다.

허균의 서書 및 척독尺牘은 그 자신이 얼마나 다양하고 넓은 감정의 편폭을 지녔는가를 여실히 보여준다. 자신에 대해 비난하는 소리가 들리면 그것을 변명하기 위해 감정이 잔뜩 담긴 장편의 편지[書]를 보내기도 했고, 자신의 행동이 세상의 법도에 맞지 않으니 고치라고 하는 죽마지우의 충고에 대해 은근히 비꼬는 투의 편지를 보내기도 한다. 자신을 칭찬하는 사람이 있으면 그에게 무한한 감사를 드리는 편지를 쓰기도 하고, 흥이 올라 친구를 초청하는 글을 쓰기도 하며, 스님이 도달한 경계에 의문을 제기하는 편지를 쓰기도 한다.

허균의 척독은 1598년부터 1611년 사이에 지어진 글들 속에 휘집되어 있다. 특히 1601년 이후의 글들이 대부분이다. 허균은 1610년 11월, 전시殿試의 시독관이 되었는데, 여기서 자신의 조카를 합격시켰다는 혐의를 받고 다른 시관試官과 함께 탄핵을 받는다. 이 일로 인하여 결국 12월에 유배가 결정되었으며, 이듬해인 1611년 1월 유배지인 함열咸悅에 도착한다. 이 시기에 그는 현전하는 자신의 문집 『성소부부고惺所覆瓿藁』 편찬의 기초를 다진다. 따라서 문집에 수록된 척독들은 주로 10년 이내의 것들이 그 대부분을 차지한다. 이는 허균 자신이 귀양을 가 있는 현실에서 자신이 구할 수 있거나 혹은 암송하고 있는 것들을 중심으로 편찬하였기 때문으로 추정된다.

이런 상황에서 편찬된 것임에도 불구하고 편지에 등장하는 인물들은 매우 다양해서, 당대 최고의 문장가나 관료로부터 신분이 낮은 무명의 인물이나 기생에 이르기까지 감정의 편폭만큼이나 넓은 교유 관계를 보여준다. 이것은 허균이 소수자들에 대한 관심을 계속 가지고 있으면서 이들과의 접속을 통해 자신의 사유를 넓혀 나 갔으리라는 추정을 가능케 한다.

　나는 큰 고을의 원님이 되었고, 마침 자네가 사는 곳과 가까우니 어머니를 모시고 이곳으로 오게. 내가 의당 절반의 봉급으로 대접하리니 결코 양식이 떨어지는 지경에는 이르지 않을 것이네. 자네와 나는 처지야 다르지만 취향은 같으며, 자네의 재주는 나보다 열 배나 뛰어나지만 세상에서 버림 받기는 나보다도 심하니, 이 점이 내가 언제나 기가 막히는 일일세. 나는 비록 운수가 기박하기는 해도 몇 차례 고을의 원님이 되어 자급자족할 수 있지만 자네는 입에 풀칠도 면하지 못하는구려. 세상의 불우한 사람은 모두 우리의 책임인 것이네. 밥상을 대할 때마다 몹시 부끄러워 음식을 먹어도 목에 넘어가지 않으니 빨리 오시게. 오기만 한다면 비록 이 일로 비방을 받는다 해도 나는 전혀 개의치 않겠네.27)

　봉래산蓬萊山의 가을이 한창 무르익었으리니, 돌아가려는 흥취가 도도하오. 아가씨는 반드시 성성옹惺惺翁이 시골로 돌아오겠다는 약속을 어겼다고 웃을 걸세. 그 시절에 만약 한 생각이 잘못되었더라면 나와 아가씨의 사귐이 어떻게 10년 동안이나 그토록 다정할 수 있었겠는가. 이제 와서야 풍류객 진회해秦淮海(宋 秦

觀)는 진정한 사내가 아니고 망상妄想을 끊는 것이 몸과 마음에 유익한 줄을 알았을 것이오. 어느 때나 만나서 하고픈 말을 다 할는지. 종이를 대하니 마음이 서글프오.28)

멀리 떨어져 있지만 이 글을 읽는 사람은 얼굴을 마주하고 이야기를 주고받는 듯한 느낌이 들 만큼 다정다감한 어조이다. 두 편의 글은 각각 신분이 낮아서 뛰어난 재주에도 불구하고 불우하게 살아가는 이재영李再榮과, 부안에서 만난 기생 계랑桂娘에게 보내는 척독이다. 특히 이재영에게 보내는 척독은 뛰어난 서정성이 일상성과 조화를 이루면서 척독의 명편을 만들어낸다. 그는 누구보다도 이재영에 대해서 깊은 애정과 연민을 보이고 있다. 그는 지식인으로서 당대 사회의 불합리한 구조를 인식하고, 그 속에서 희생당하는 여러 인물들에 대해 심히 안타까워하고 있다.

마찬가지로 기생 계랑에게 보내는 척독 역시 상당히 다정한 느낌을 준다. 계랑에게 보내는 편지는 이 밖에도 한 편이 더 있는데, 그 역시 요즘 참선은 잘 하고 있느냐며 관심을 표하고 있다. 이들 척독은 그가 사회적으로 대우 받기 어려운 소수자들의 능력을 알아보고, 사회적으로는 마땅한 대우를 받지는 못하지만 그러한 처지를 안타까워하면서 자신만은 그에 걸맞게 대우하려는 노력의 일단을 보여주는 것이다.

허균이 벗에 대해 깊은 관심과 애정을 보인 것은 주목할 만한 일이다. 그는 책에서 이상세계를 발견하고, 그곳에 도달하는 데 가장 큰 조력자–동지로 벗을 상정한 것이다. 엄숙함과 수직적 위계질서가 강조되는 중세의 질서 속에서, 이를 전복하려는, 전혀 다른 차원의 사유를 생각하는 허균에게, 벗이란 가장 큰 힘이었을 것이다. 그리고 어떤 사회적 신분이나 외적 기준에 의한 평가보다는 개개인의 인간 자체 혹은 그의 능력을 기준으로 사람을 사귀는 자세는 형식적이고 한정된 시각을 넘어 넓은 사유의 신천지를 꿈꾸게 하는 출발점이기도 했다.

4. 허균의 척독: 조선후기 산문의 새로운 전개

명明나라의 문학 경향에 민감한 촉수를 세우고 있었던 허균이었지만, 그들의 문학적 지향에 완전히 찬성하기만 한 것은 아니었다. 워낙 다양하고 방대한 독서 이력을 지닌 허균에게 하나의 문학적 지향을 상정한다는 것 자체가 어려운 일이었을 것이다. 이반룡이나 왕세정의 문학을 극구 칭찬하면서도 다른 한편 그들의 문제점을 비판하기도 하는 등 추수적인 모습을 보인 것은 아니었다. 다만 그가 접반사接伴使로 활동하거나 사행使行길에 올라서 가장 섬세하고 광범위하게 관찰한 것은 명나라 문단의 동향이었다.

이런 점을 고려한다면 척독에 대한 허균의 각별한 관심은 만명晩

明 시기의 문단 동향에서 시사 받은 점이 있을 것이다.29) 좀 더 면밀한 고찰이 필요하겠지만, 그의 척독이 만명 시기에 고조된 소품문의 영향을 받지 않았겠는가고 조심스럽게 추정해 볼 수 있다. 더욱이 허균 자신도 이미 언급한 바 있는 서위徐渭(1521~1593)나 도륭屠隆(1541~1605)의 척독은 주변에서 쉽게 볼 수 있는 자잘한 일상들을 통해 생활 속의 정취를 섬세하게 포착하는 장점을 가지고 있거나,30) 뛰어난 서정성으로 청초하게 사물을 묘사한, 정감 짙은 작품들이었다.31) 명나라 문인들의 글에 경도되어 다양한 독서 경험을 쌓은 허균은 이 같은 문학적 경향에 영향을 받았을 것이다.

다른 한편, 허균 시대는 사회적으로 문풍의 변화를 요구 받고 있었다. 윤근수나 최립의 경우처럼 이전과는 다른 형식과 내용의 문장이 많은 이들의 호응을 받으며 창작되었다는 사실은 조선사회 내부의 변화와 요구에 직접 연결된다. 이 시기는 고문이 본격적으로 지어지는 시기임과 동시에 고문이란 무엇인가를 다양하게 고민하던 시기였던 것이다.

허균은 고문을 쉽고 일상적인 언어를 사용하여 진솔한 자신의 생각을 표현하는 것이라고 생각했다.32) 이전의 문장들이 경서나 당송팔대가의 문장을 모범으로 삼아 간결하고 평이한 표현을 써야 한다고 생각하면서도 그 이면에는 유교적 도덕관념이나 수양론적 전제를 깔고 있었지만, 허균의 글에서는 그러한 측면이 상당히 약화되어 나타난다. 그는 문장을 하나의 창작 행위로 보면서, 글 속의 심미적 요소를 인지하기 시작한 것이다.

특히 척독의 경우, 짧은 형식 속에 심원한 흥취를 불어넣을 수 있었으므로 허균이 깊은 관심을 보였던 분야이다. 특별한 형식을 고집하지 않으므로 다양한 형태의 척독이 파생되었고, 얼굴을 마주하고 이야기하는 듯한 글에서 자신의 감정을 비교적 진솔하고 다정다감하게 전달할 수 있었다. 이를 통해 허균은 일상성이 서정성과 만나서 어떻게 깊은 흥취를 획득할 수 있는가를 보여주었다. 나아가 우리의 삶이 곤핍하기만 한 것이 아니라 삶의 매 순간마다 뛰어난 예술적 계기가 내포되어 있다는 사실을 섬세하게 포착하여 드러냈다.

그것은 신분이나 사회적 지위를 넘어서 전혀 다른 차원의 벗[朋友]을 형성하는 기초가 되었다. 상하질서가 가지는 엄숙함을 벗어나서 벗의 수평적 질서가 삶을 지배하게 되자 허균의 문장 역시 자유분방하고 발랄한 느낌을 획득한다. 스승 같은 벗, 벗 같은 스승의 모습이 바로 허균의 목표였다. 이 지점에서 우리는 그의 척독이 실천의 문제와 연관되어 있다는 사실을 발견한다. 모든 사회적 제약을 넘어서서 좋은 벗과의 교류는 사유 세계를 발전적으로 넓히는 힘이 되었다. 그리고 그것에 기반을 둔 실천은 새로운 차원의 사회를 만들기 위한 치열한 싸움이었다.

허균 척독의 이 같은 경향은 이후 산문문학의 전개에 영향을 끼치면서 소품문적 경향이 확대되는 첫 교차점을 만들어낸다. 그가 보여주는 내용적 특징이 어떤 구조 형식과 연관되어 있는지, 조선후기의 소품문적 창작 경향의 확대에 구체적으로 어떻게 연결되어 있는지 하는 문제는 여전히 제기되는 중요한 질문이다. 그럼에도 불구하고 소품문적 경향의 척독을 창작하고 감상한 허균의 입장은 조선후기 산문문학의 새로운 방향을 제시하는 선편을 잡은 것이라 할 수 있다.

제2부

허균 네트워크

17세기 전반 북인계 지식인들의 학문 경향
허균 학맥 탐구를 위한 예비적 고찰

1. 허균 학맥 學脈 연구와 그 동안의 사정

　한 인간의 사유는 단순하게 구성되지 않는다. 탄생의 순간부터 죽음에 이르기까지, 인간의 사유는 부단히 움직이면서 세계의 변화에 대응한다. 매 순간마다 변화에 대응하지만 거기에는 일정한 형식과 방식, 즉 사유의 패러다임이라 할 수 있는 하나의 틀이 존재한다. 그 틀은 개인이 세계를 파악하고 받아들이는 유용한 도구이다.
　사유의 틀은 성장 과정에서 다양한 방식으로 만들어진다. 가정교육을 통해서 만들어지기도 하고, 독서나 강학講學 활동을 통한 교육으로 만들어지기도 하며, 스승과 친인척 및 존장尊長에 의해 훈도되기도 하며, 정치적 사회적 활동을 하면서 만들어지기도 한다. 복잡하게 형성된 관계 속에서 개인은 스스로 자신의 사유를 넓히고 세계를 인식하는 하나의 틀을 만들어나간다. 학문적 흐름은 그 과정에서 자연스럽게 나타나게 된다. 정치적 또는 사회적 교유는 무작위로 진행되기보다는 섬세한 그물들의 얽힘처럼 하나의 흐름을 가진다. 그 흐름이 대체로 학문적 관계에 상당 부분 의존하는 것이 조선시대 지식인들의 삶이었다고 한다면, 우리는 개인의 사유가 하나의 틀을 갖추어 나갈 때 '학맥'이 중요한 계기를 던져준다고 할 수 있을 것이다.

동서고금을 막론하고 학맥이 없는 지식인이 어디 있겠는가. 다만 많은 지식인들이 학맥 논의에서 비교적 자유로운 것은 전해지는 자료가 부족하거나 후대의 연구자들이 주목하는 바가 달랐기 때문일 것이다. 그런 점에서 허균의 학맥 연구는 연구자들이 주로 그의 문학적 성과에 집중했던 탓에 지금까지 부족한 점을 보이지 않았나 생각한다.

근대적 학문 연구가 시작된 이래 허균은 『홍길동전』의 작자로서 주목을 받았다. 그 작품이 보여주는 진보적 사유는 근대 사회가 지향하는 가치와 상통하는 점이 많았고, 그 때문에 우리는 허균이 시대를 앞서간 선각자였다고 생각했다. 그러한 시각은 당연히 타당성을 가진다. 나아가 그의 문학론과 비평안批評眼을 논의하면서 연구자들은 성리학자들의 재도론적載道論的 시각에서 벗어나 인간 성정性情의 자유로운 표출을 중시하는 허균의 생각에 강한 동의를 표했다.

허균의 서사문학과 한문학의 성과를 중요하게 취급하면서, 많은 사람들은 그 기원을 궁금하게 생각했다. 널리 알려진 것처럼, 허균

> *"그가 탈주자학적이든 성리학 범주 안에서 개혁을 하고 싶어 했던 실학자였든, 또는 양명좌파의 급진적 사상을 받아들여서 자신의 삶을 계획했든, 도대체 왜 그는 그러한 생각을 하게 되었을까 하는 점을 해명해야 한다. 그러기 위해서는 한 사람의 독서 경험과 함께 생각의 근저를 형성하고 있는 '틀'을 살펴야 한다."*

의 부친 허엽許曄이나 백형伯兄인 허성許筬은 16세기 후반 성리학의 발전에 한 부분을 담당했던 지식인이다. 그와 같은 가문의 학문적 분위기 속에서 허균과 같은 자유분방한 인간이 출현했다는 것은 특별한 주목을 받을 만했다. 그러한 허균의 입장을 연구자들은 '탈주자학적 입장에서 규정한 이래 실학의 선구자로 해명하려 하거나, 양명학 특히 양명좌파陽明左派의 주요 인물인 이탁오李卓吾와의 관련성을 탐색하였다.

그러나 학맥에 대한 관심이 뒷받침되지 않는다면 허균 사유의 기원을 논의할 때 중요한 부분을 놓칠 가능성이 높아 보인다. 그가 탈주자학적이든 성리학 범주 안에서 개혁을 하고 싶어 했던 실학자였든, 또는 양명좌파의 급진적 사상을 받아들여서 자신의 삶을 계획했든, 도대체 왜 그는 그러한 생각을 하게 되었을까 하는 점을 해명해야 한다. 그러기 위해서는 한 사람의 독서 경험과 함께 생각의 근저를 형성하고 있는 '틀'을 살펴야 한다. 바로 이런 맥락에서 허균의 '학맥'은 주목되어야 한다.

허균의 학맥에 대한 연구가 거의 없었던 것은 아마도 철학적 성격의 글이 거의 없기 때문으로 보인다. 16세기 후반 사칠논쟁四七論爭을 비롯하여 성리학의 중요한 성과가 쌓여가던 시기에, 철학적 저술이 없다는 것은 기본적으로 허균에게 이론으로서의 사상은 관심사가 아니었을 가능성을 점쳐볼 수 있다.[1] 더욱이 현재 전하는 문집 『성소부부고惺所覆瓿藁』는 직접 자신이 편찬한 것이라는 점을 감안할 때, 철학적 관심의 농도는 대단히 엷다고 할 수 있다. 그런 중에서도 허균이 「학론學論」을 언급한 점을 주목하면서, 학문적으로는 우탁禹倬과 정몽주鄭夢周의 도통道統으로서 길재吉再의 충忠을 말하며, 서경덕徐敬德의 자득自得과 이이李珥의 학문적 성과를 칭송하고 있음을 적시한 연구도 있다.[2] 허균의 부친인 허엽이 서경덕의 제자라는 점에 주목하여 허균의 도가적 학문 풍모를 지니게 되었다는 점을 언급한 연구도 있다.[3] 또한 양명학과의 관련성을 지적한 연구들이 잇따라 제출되었다.[4]

철학적 성과에 비해 허균 자신이 "문장은 서애西厓 류성룡柳成龍을 따르고 시는 손곡蓀谷 이달李達을 따랐다(文從崖相學 詩從蓀谷學)"[5]고 언급한 것 외에도 시문 학습과 관련한 기록은 자주 보인다. 이런 사정 때문에 연구자들은 학맥에 대한 언급을 하기가 어려웠을 것이다.

그렇다면 과연 허균의 학맥을 확정하는 것은 불가능할 일인가. 허균 학맥에 관한 본격적인 연구는 정호훈에 의해 처음으로 제출되었다. 그는 허균이 보여주는 국가공법國家公法 중시의 정치 이념과 부국강병론富國强兵論을 북인北人 학맥의 중요한 특징으로 보고, 허균이 어떻게 북인 학맥을 계승하여 드러내는가를 논의했다.6) 이 글은 허균 집안 사람들의 학맥을 추적함으로써 허균이 위치한 사상사적 입장을 보여준다는 점에서 허균 학맥 규명의 열쇠를 제공한다. 그러나 그의 정치적 이념이 중요한 만큼 문화적 인식과 사유 방식이 중요한 점을 생각할 때 이 점이 어떻게 북인의 학맥에 닿아 있고 어떻게 변주되는가 하는 문제가 논의되어야 할 것이다.

이 논문은 바로 그러한 문제의식에 대한 시도이다. 허균의 문제의식이 학맥의 흐름 속에서 어떻게 형성되었는지, 어떻게 북인 학맥에 연결되어 문화적 인식 틀을 만들어 나갔으며, 어떻게 드러내고 있는지를 논의하기 위한 예비적 고찰이다. 이를 위해서 필자는 허균이 주로 활동했던 17세기 전반의 북인계 지식인들을 살피면서 그들이 만들었던 문화적 지형도의 대강을 그려본 후, 이들이 어떻게 조선 후기 사상적 문턱을 넘어가는가 하는 문제에 대한 필자의 구상을 제시해 보고자 한다.

2. 17세기 전반 북인계北人系 지식인의 지형도

재도론을 중심으로 16세기 문학론이 정리되고 난 뒤, 그 논의는 오랫동안 조선을 장악했다. 임진란을 겪으면서 조선은 이전 시기와는 다른 문화적 지형도를 그리기 시작했다. 흔히 천기론天機論으로 대표되는 새로운 문학론은, 17세기와 함께 조선 후기 문학론을 여는 중요한 화두로 여겨졌다.7) 천기론의 실체가 있는가의 여부에 관계없이, 천기론은 성리학적 사유의 억압 아래쪽에 자리하고 있던 영감을 일깨우는 계기로 작동했다. 그것은 '성정性情'을 어떻게 다룰 것인가에 대한 담론의 변화와 궤를 같이 하는 것이기도 했다. 흔히 '성정지정性情之正'과 '성정지진性情之眞'으로 요약되는 이 변화는, 조선 문학론의 지형도가 새롭게 그려지는 신호탄으로 여겨지기도 했다.

그 과정에서 우리는 많은 문학(이론)가들을 연상하곤 한다. 퇴계退溪와 율곡栗谷을 비롯한 일군의 성리학자들, 윤근수尹根壽, 허균許筠, 한문사대가漢文四大家, 김창협金昌協과 그 주변 사람들 등이 활동했던 16세기 후반에서 17세기 중반에 이르는 한 세기 남짓한 기간은 흥미로운 논의거리를 제공하였다. 문학사적으로는 당시풍唐詩風의 확대라든지 문장론의 새로운 변화 등이 논의되었고, 이와 함께 명대明代 문학의 성과가 조선에 일정한 영향을 끼치기 시작하였다. 이 시기 지식인들은 명대에 생산된 저작들을 읽으면서 자신의 사유에 새로운 길을 만들었다.

문학사의 전개와 함께 정치사적으로는 당파의 형성이 본격적으로 이루어졌다. 동인東人과 서인西人이 나누어지고, 다시 남인南人과 북인北人으로, 노론老論과 소론少論으로 분화되었다. 이들은 혈연적 혹은 지역적 연고, 사승관계師承關係, 정치적 이해 등을 중심으로 복잡하게 얽혔다. 이러한 사정이 당시의 문학론 전개에 어떤 영향을 끼쳤을 것으로 추정되지만, 구체적인 내용은 쉽게 밝히기 어렵다. 그 동안의 연구 성과가 주로 서인西人의 문학론을 하나의 줄기로 삼고, 다른 한쪽에 동인에서 시작되어 남인南人으로 연결되는 선을 그리면서 진행되는 경향을 보였다.

여기서 새로운 문제가 생긴다. 그렇게 문학(이론)사의 맥락을 만들어가는 동안에 소외되는 계열이 있다는 것이다. 바로 북인北人 계열의 지식인들이다. 흔히 16세기 말 기축옥사己丑獄事에서 많은 사람들이 피해를 입었지만, 임진왜란 시기의 의병 활동과 광해군의 등극으로 그들은 다시 정권을 잡는다. 17세기에 들어서면서 정인홍을 중심으로 회퇴변척론晦退辨斥論 문제로 조선의 많은 유림儒林들과 등을 돌리더니, 결국 왕비를 폐위시키고 동생을 죽였다는 비난[廢母殺弟]을 받아 인조반정의 계기를 제공했던 계열이 바로 북인들이었다. 이들의 면면을 살펴보면 뜻밖에도 당대 최고의 지식인들이 선을 대고 있었다는 사실을 발견할 수 있다. 광해군 연간에 입장을 달리하기는 했지만, 이산해李山海, 이지함李之菡, 정인홍鄭仁弘, 허봉許篈, 허균許筠, 유몽인柳夢寅, 이수광李睟光 등 16세기 말에서 17세기 중반에 활약했던 뛰어난 문인과 철학자들이 북인계 지식인들이다. 이들의 문학(이론)적 성과를 제대로 평가하지 않는다면 우리가 17세기 전반의 문화적 지형도를 제대로 그려내기가 힘들다.

북인계 지식인들은 남명南溟 조식曺植과 화담花潭 서경덕徐敬德의 제

"또한 그들은 성리학에만 매몰되지 않고 다양한 분야의 책을 읽었으며, 그에 따라 사유의 진폭 역시 컸다. 허균이나 이수광 등이 다양한 책을 읽고 복잡한 사상적 이력을 보여준 것도 북인계 지식인들의 사유 방식과 관련이 있다. 명나라를 통해서이기는 하지만, 세계를 넓게 보면서 서양의 새로운 문물을 흥미롭게 수용하여 세계 인식의 틀을 넓힌 것도 이들이다."

자들이 중심이 되어 이루어진 정치 집단이다.8) 이들은 스승의 학풍을 이어받아서 자득自得을 강조하는 공부를 했다. 또한 그들은 성리학에만 매몰되지 않고 다양한 분야의 책을 읽었으며, 그에 따라 사유의 진폭 역시 컸다. 허균이나 이수광 등이 다양한 책을 읽고 복잡한 사상적 이력을 보여준 것도 북인계 지식인들의 사유 방식과 관련이 있다. 명나라를 통해서이기는 하지만, 세계를 넓게 보면서 서양의 새로운 문물을 흥미롭게 수용하여 세계 인식의 틀을 넓힌 것도 이들이다. 이러한 학문적 태도가 바로 그들의 중국 인식에도 커다란 지각 변동을 가져왔다. 북인계 지식인들에 관한 연구가 심화되어야 비로소 17세기 후반 근기남인계近畿南人系 지식인들의 학문적 계보를 정확하게 그려낼 수 있을 것이다. 이 논문은 바로 이러한 문제의식을 제기하고자 하는 시론試論인 셈이다.

3. 박학풍의 학문 경향과 새로운 학문에 대한 호기심

17세기는 성리학에 의해 이단異端이 탄생하는 첫 시기일 것이다. 16세기 후반에 지식인들 사이에서 읽히기 시작했던 양명학은 17세기 들어서 이단으로 부각되었다. 물론 여말선초 성리학적 지식인들 사이에서 불교는 이미 이단의 이미지를 분명히 가지고 있었지만, 성리학과 같이 유교적 지식에 맥을 잇고 있는 새로운 사상이 이단으로 치부되기 시작한 것은 아마 이 시기가 처음으로 보인다.9)

이단의 탄생은 성리학 연구 수준이 상당한 수준에 올랐다는 반증이기도 하지만, 동시에 그것이 국가학으로서의 자리를 완전히 갖추었다는 것을 의미하기도 한다. 그것은 불교에 대한 이단적 이미지와는 분명히 다른 지점에 위치한다. 물론 때에 따라서는 이단의 대명사로서 불교가 거론되기도 하지만, 17세기의 양명학이나 18세기 후반 이후 서학西學을 이단으로 비난하는 성리학의 입장은 거리가 있는 것처럼 보인다. 이 지점의 거리를 확인하는 데에는 상당한 증거와 연구가 필요하다. 다만 우리는 16세기 후반 양명학의 문제점을 논의하면서 그것이 선학禪學에 빠질 위험성을 경고하는 수준에 그쳤던 것10)이, 17세기에 들어서면서 그 위험성을 상당한 수준에서 경고하고, 마침내는 사문난적斯文亂賊으로 몰아붙이려는 경향을 보이는 것은 주목을 요한다.

그동안 이 시기 이단에 몰두하여 사회적 문제를 야기한 인물로 우리는 허균을 떠올릴 수 있다. 불교적 행위로 인하여 파직과 복직을 반복했고, 양명좌파의 영향 관계를 의심케 할 정도로 흥미로운 일련의 발언들[11]을 쏟아낸 그는, 엄청난 양의 책을 소장했을 뿐만 아니라 독서광이었으며,[12] 동시대 중국문학에 민감한 촉수를 드리우고 있었던 인물이기도 했다.[13] 지금까지 허균 연구에서 그의 학맥은 중요한 고려 사항이 아니었다. 그의 문학사적 업적은 개인적 천재성에 초점이 맞추어져서 설명되거나, 몇몇 스승들(예컨대 蓀谷 李達이나 仲兄 許篈 등)의 영향권으로부터 확장된 성과로 취급되어 왔다. 이런 방식으로 허균의 문학을 해명해 왔던 탓에 그의 불교적 태도와 도선적道仙的 경향은 평지돌출적인 것으로 이해되는 경향을 보여 왔다.

학문적 경향은 전적으로 개인의 역량에 근거하는 것이기는 하지만, 그 역량을 키워 온 전제 조건을 충분히 고려함으로써 그의 시대가 가진 함의와 관계망들을 꼼꼼히 살필 수 있다. 누구도 그 관계망의 범주에서 자유로울 수는 없는 일이다. 관계망 안에서 역량을 키웠지만 종국에는 그것들 사이를 유영하면서 새로운 사유의 흐름을 만들어 나가는 사람만이 문학사에 기록되는 것이겠지만, 연구자 입장에서는 우선 그 관계망 속에서 연구 대상-허균-의 위치를 확인하는 것이 중요하다. 이런 점에서 허균의 학맥을 살피는 것이 중요하다고 생각한다.

많은 연구자들이 허균의 박학博學에 주목하여 그 학문 경향을 논의하였다. 이는 관료로서의 다양한 독서 및 문장 구사 능력 문제와 맞물려서 사장학적詞章學的 기풍을 드러내기도 한다. 그런 점에서라면 이 같은 논점이 허균의 태도에서 아주 떨어진 것은 아닐 것이다. 그러나 허균을 어떤 시각에서 바라보든 개인의 문학적, 학문적 성과를 단독으로 해명하는 것은 여전히 문제가 있다. 이는 북인계 지식인들의 학문 경향을 고려하지 않은 탓으로 보인다.

앞서 언급한 것처럼 북인의 학문적 연원을 조식과 서경덕으로 볼 때, 이들 문도들의 학문적 경향이 성리학 한쪽으로만 편향되지 않았다는 사실을 확인할 수 있다. 북송오자北宋五子의 학문적 기풍을 강하게 보인다든지, 다른 학문에 대해 상대적으로 포괄적인 시선을 보인다든지, 다양한 독서를 통해 현실 문제를 생각한다든지 하는 경향이 확인되는 점은 17세기 전반기 북인 지식인들의 학문적 성과가 이후 실학 시기 지식인들의 학문과 연결되는 하나의 지점을 만들어내는 것은 아닌가 생각된다. 이런 점에서 17세기 전반기의 북인 지식인들을 주목해야 할 것으로 보인다.

4. 중국 인식의 새로운 변화

광해군의 실리외교에 대해서는 이미 상식이 되었을 정도로 널리 알려진 사실이다. 명明과 청淸 사이를 교묘하게 오가면서 조선의 입지를 지켜내는 그의 외교적 감각은, 인조와 비교할 때 탁월한 능력으로 보인다.14) 이것은 광해군 자신의 역량이 뛰어나다는 점을 전제로 하는 것이겠지만, 동시에 그를 보필했던 주변의 막료들을 당연히 고려해야 한다. 알려진 것처럼, 광해군은 북인, 그 중에서도 대북大北 정권의 절대적인 지지와 협력으로 권력을 행사했다. 그런 점에서 광해군의 중국 인식, 나아가 그 시대의 대중국정책對中國政策은 대북인들의 중국 인식을 그대로 반영하는 것이라고 해도 과언이 아니다.

17세기 전반의 동아시아는 격변의 공간이었다. 명明의 몰락과 청淸의 부상浮上은 조선의 선택을 요구했다. 물론 많은 지식인들은 임진왜란에서 받았던 명나라의 도움을 생각하면서 대명의리를 명분으로 내세웠지만, 동아시아의 권력은 새롭게 부상하는 청나라로 기울어지고 있었다. 명분과 실리 사이에서 조선은 자신만의 활로를 찾아야만 했다. 광해군은 새로운 길을 모색하기 위한 여러 가지 시도를 했다.

조식과 서경덕 시기부터 이미 외국에 대한 이들의 입장은 다른 유학자들과 차별성을 보였다. 일본에 대해서는 강경하게 대응해야 한다고 주장했으며, 북방 변경 수비를 강화해야 할 필요성을 자주 역설했다. 그 입장이 결국 임진왜란에서 활발한 의병 활동으로 표현된 것이다. 그 문도門徒들은 스승의 입장을 이어받아 외국에 많은 관심을 기울였다. 허균이 중국 사신을 접대하면서 꾸준히 중국에 대해 지대한 관심을 표명하면서 기록을 남긴 것 역시 그 연장선상에 있는 것으로 보인다. 그렇지만 이 시대에 중국을 포함한 외국 전반에 대한 관심을 잘 보여준 사람은 지봉芝峰 이수광李晬光이다.

그는 『지봉유설芝峰類說』에서 '제국부諸國部'를 만들어서 중국, 일본, 베트남, 유구琉球 등을 비롯하여 동남아시아와 동구권의 여러 나라에 관한 정보를 수록하였다. 이 같은 인식은 중국이 천하의 중심이라는 생각에서 벗어나게 하는 계기로 작동할 수 있었다. 중국 너머에 존재하는 광대한 대륙과 수많은 나라들을 기록하면서, 그는 중화적 세계 인식과는 다른 세계관을 구상한 것으로 보인다. 국제 정세를 읽어내는 시각은 이러한 인식 기반 위에서 만들어진 것이다.15)

인조반정 이후 삼전도三田度의 굴욕을 겪은 조선은 청나라에 대한 반감을 극대화하였다. 효종 이후 북벌론은 조선 전역을 지배했고, 지식인들 역시 긍정적이든 부정적이든 그 자장磁場에서 벗어나기 어려웠다. 이는 광해군대에 형성되었던 중국 인식이 오히려 경화硬化되어 표출된 것이지만, 광해군 시기의 인식은 남인南人 일부 지식인들에게 계승된 것으로 보인다. 특히 인조반정 이후 정권에 참여했던 소북小北 지식인들이 남인과 연계하거나 남인화南人化되어 훗날 근기남인近畿南人을 형성하는데, 이들 학맥에서 청나라에 대한 흥미로운 인식이 발견된다. 이러한 인식은 중화주의적 세계관을 넘어서는 토대를 마련하는 지점으로 검토해 볼 만하다.

5. 조선후기로 넘어가는 문턱들

　독서 경향의 다양화는 그 이면에 사유의 다양화를 내포한다. 공부가 종국에는 사회적 실천으로 연결되는 것이라면, 그것은 단순히 취미로서의 다양한 독서를 넘어서 사회의 사유 형태를 변화시키는 계기를 마련한다. 한편에서는 국가학으로서의 성리학이 자신만의 견고한 성을 만들고 있는 가운데에, 다른 한편에서는 사유의 다양성을 추구하는 독서 경향 및 학문 경향이 표출되고 있었다. 그러한 경향을 집단적으로 드러낸 사람들이 북인계 지식인으로 보인다. 인조반정과 함께 대북大北 세력의 몰락은 조선 역사의 표면에서 이러한 경향을 사라지게 만들었지만, 일부 남인계 지식인들에게 계승되면서 새로운 사유의 길을 만들어 나갔다.

　허균은 바로 새로운 사유의 길을 열었던 선구자 격에 해당한다. 많은 독서 경험과 사행使行 경험, 뛰어난 문학적 재능, 자유로운 정신 등은 허균 개인의 특징이기도 하면서 동시에 북인계 지식인들의 학문적 맥락과 이어지는 부분이기도 하다. 그러한 학맥의 흐름 속에서 허균은 자신만의 사유를 만들어 나갔다. 그렇게 만들어진 길이 17세기에 하나의 문턱을 형성하면서 조선후기 다양한 목소리를 만드는 신호탄을 쏘아 올렸다.

　문턱은 기존 공간과의 차이를 만들어 냄으로써 새로운 공간을 생성한다. 그런 차이는 여러 분야에서 전방위에 걸쳐 생성되기 마련이며, 이들은 하나의 경향을 만들어 냄으로써 자신들을 기존의 것과 구별한다. '이단異端' 시비는 그 과정에서 표출된다. 문학론에서 혹은 사상사의 지평에서 새로운 경향을 비난하는 목소리가 높아지면 질수록 문턱은 역사의 전면으로 부상하기 마련이다. 그런 점에서 북인계 지식인들은 자신들의 정치적 실패 때문에 그동안 제대로 주목을 받지 못한 것으로 보인다. 이들이 남긴 성공과 실패의 흔적을 꼼꼼히 되짚어 보는 것이야말로 17세기 전반의 문화적 지형도를 상세하게 그리는 작업이 될 것이고, 나아가 조선후기로 넘어가는 하나의 문턱을 발견하는 길이 될 것이다.

허균의 문화적 토대와 독서 경향

1. 허균의 독서 문화와 서음書淫

　허균(1569~1618)의 독서 이력은 너무 다양해서 계열화하기 힘들다. 경서經書부터 소설류까지, 시에서 문장까지, 그의 독서광적 면모는 어디에나 강하게 스며들어 있다. 스스로를 '서음書淫'이라고 지칭한 데서 알 수 있듯이,[1] 책에 관한 한 그의 관심사는 끝이 없었다.
　허균에게 '책'은 어떤 의미가 있었을까. 평생 동안 책을 모으고 읽고 초록하고 저술하면서 책과 함께 살았으며, 그것을 통해 자신의 생각을 드러내면서도 정작 그 자신은 책 자체에 대해 논의한 적이 없다. 물론 유학 자체가 이미 '책'을 중심으로 전통을 만들어 갔고,[2] 허균 역시 그러한 전통에서 자유롭지 못했다는 점을 생각하면, 굳이 책에 대한 자신의 생각을 별도로 표현할 필요를 느끼지 못했을 가능성이 농후하다. 그렇지만 그의 독서광적 면모(독자로서의 광적인 모습과 함께 수집벽을 가진 독서광의 모습을 포함해서)는, 책에 대한 그의 생각을 궁금하게 한다.

성현의 말씀을 기록한 서물書物을 책의 핵심 개념으로 삼던 중세 지식인들에게, 오락 내지는 정서적 차원의 기록물로서의 책 개념은 언제부터였을까. 문자의 일차적인 목적이 정보 전달에 있고, 이것을 중시하던 시대에 많은 유학자들이 '글은 전달하는 것일 뿐(辭, 達而已)'이라는 『논어』의 경구警句를 문학론의 줄가리로 삼았다. 그 논의의 끝자락에 재도론載道論이 위치한다. 전달하고자 하는 내용이 도道와 수양에서 벗어나지 말아야 한다고 생각한 것이다.

 책에 대한 허균의 태도는 그 이전의 지식인들과는 상당한 차이가 있다. 우선 장서가적 면모를 꼽을 수 있다. 근대 이전에는 개인이 방대한 장서를 보유하기 위해서는 적어도 2대 이상의 노력이 필요했다. 대부분 필사筆寫에 의존하는 것이었기 때문에 장서 숫자가 급격하게 증가하는 일은 기대하기가 쉽지 않았다. 물론 거기에는 책의 생산과 관련된 여러 측면, 예컨대 종이 생산량이나 판각板刻의 어려움 등 장서藏書의 증가를 가로막는 요인들이 곳곳에 산재해 있었다. 그럼에도 불구하고 조선 전기 이전의 지식인들은 다양한 방식으로 책을 구해 읽었고 필사를 하였다. 이 같은 사회 환경 탓에 도서圖書를 보유하는 집안은 대대로 벌열가문閥閱家門이거나 고위 관료를 지낸 경험이 있는 집안이라야 어느 정도 가능했다. 이들은 왕으로부터 하사받는 책을 비롯하여 궁궐을 드나들면서 궐내에 소장된 도서를 읽거나 필사를 한다든지,[3] 교유 인물들에게서 자신에게 없는 책을 빌려서 필사를 한다든지 하는 방식으로 장서를 넓혀 나갔다. 중국에서 수입되어 읽히는 책 역시 장서의 증가에 한몫 했을 것은 분명하다.

16세기 후반이 되면 중국 문단에 대한 관심이 높아지면서 독서의 폭이 넓어진다. 이러한 경향은 고문古文에 대한 논의를 촉발시키면서 창작에 대한 관심을 높이는 계기로 작용한다. 최립崔岦, 윤근수尹根壽, 장유張維, 김창협金昌協 등과 그 주변 인물들의 이 같은 경향은 이후 시대에도 영향을 끼치면서, 17세기 문단에 지각 변동을 일으키는 직접적이면서도 중요한 원인을 제공한다.4) 허균도 기본적으로는 그 맥락 속에 위치하는 것으로 보인다.5) 그의 독서 이력은 당연히 가학家學과 함께 집안의 많은 장서와 교유 인물에서 비롯된 것이겠지만, 그것만으로는 해명될 수 없는 점이 있다. 거기에는 분명 임진란을 겪으면서 조선과 중국 사이의 활발한 지식 교류가 추동력을 제공한 측면도 있을 것이고, 허균이라는 한 인물의 왕성한 지식욕도 작용했을 것이다.

많은 책을 읽고 수장收藏한 것은 무엇 때문이었을까. 허균의 책읽기는 어떤 의미를 가지는 것이며, 그에게 책이란 어떤 것이었을까. 이 같은 문제는 임진왜란 직후 조선의 지식인들의 내면 풍경을 살피는 단서이다. 특히 허균은 무엇 때문에 중국의 책에 침잠하게 되었으며, 그것을 통해서 그가 목표로 삼은 것은 무엇이었을까.

2. 사장파의 학문적 연원과 허균의 문화적 토대

허균의 학문적 경향을 살필 때 가장 먼저 눈에 띄는 것은 그 분야가 광범위하다는 점이다. 유학은 물론이고 불교와 도교, 시와 문장, 잡록雜錄과 소설류에 이르기까지 그의 관심이 뻗치지 않은 곳을 찾기가 힘들 정도이다. 학문적 잡식성이라 해도 과언이 아닐 정도의 그의 학문적 호기심의 근원은 어디일까.

여기서 우리는 '사장詞章'이라는 문제를 생각하지 않을 수가 없다. 조윤제의『한국문학사』(1948) 이래로 한국 고전문학 연구자들에게 조선전기의 사장파(혹은 관학파)와 도학파道學派(혹은 사림파) 사이의 대립적 구도는 널리 알려져 있다. 그러나 도학파에 대한 연구와는 달리, 사장파의 경우에는 그 실질적 내용이 무엇인지 정확히 보여주는 연구 성과가 없는 것이 실정이다. 사장파는 문예미文藝美를 중시하고 시문 창작에 열을 올리며 과문科文 중심의 공부를 하면서 도학 공부에 대해서는 상대적으로 경시한다는 것이 막연하게 제시되어 있을 뿐이다. 그러나 이마저도 사장파, 관학파, 훈구파勳舊派, 관인문학官人文學, 도학파, 처사문학 處士文學, 사림파 등 혼재되어 사용되는 각 용어들 사이에 정확한 개념 규정이 없는 상태이므로, 오히려 진전된 논의를 펴는 데 장애 요소가 되었다.[6]

그럼에도 불구하고 당시의 문단을 양분하는 것에 대해서는 대체로 동의하는 것으로 보인다. 어느 쪽에 속하는가, 혹은 그들 두 측면 중에서 어느 쪽에 경도되어 있는 인물인가 하는 세부적인 차원에서는 이견을 보이기도 하지만, 결국은 두 경향의 존재를 거부하는 것은 아니다. 그랬을 때 우리가 다시 점검해야 하는 것은 사장파라 할 수 있는 집단의 학문 연원이다. 도학파를 논의할 때는 사승관계師承關係나 사숙私淑의 대상을 따져서 사상 형성의 과정을 고찰하고 그 영향 관계를 확인한다. 그러나 사장파에 대해서는 단순히 그들의 이문화국以文華國 논리나 문예미학적 측면을 중시하는 정도에서 그칠 뿐, 그들의 학문 연원이 무엇인지에 대해서는 문제를 삼지 않는다는 것이다. 설령 그들의 사승관계나 문학적 영향을 분석하는 경우도 있지만, 대부분 그 논의는 문인 개인적 차원에서 그의 문학적 빛깔이 어떻게 형성되었는가에 맞추어진다. 말하자면 큰 틀에서 그들의 학문 연원을 논의하지 않기 때문에 무의식 중에 그들이 받는 문화적 영향 내지는 토대가 무엇인지 간과하게 된다는 점이다.

이렇게 그동안 소홀하게 다루어 온 데에는 두 가지 이유가 있을 것으로 보인다. 하나는 사장파 문인들이 실제로 학문 연원이라고 할 만한 토대가 없을 가능성이다. 그렇게 된다면 논의거리가 없어지니 자연히 언급할 필요가 없게 된다. 다른 하나는 우리가 아직 사장파의 학문 연원을 분석하고 따질 정도로 나아가지 못했을 가능성이다.

그렇다면 이 문제를 어떻게 풀어나가야 할 것인가. 우리는 사장파 문인들 역시 상당한 학문적 연원을 가지고 있었으리라 생각한다.

> "세조는 '잡학雜學'으로 지목되어 온 학문 분야를 정책적으로 상당히 중시했다. 이 경향은 자연히 이 시대 지식인들의 독서와 저술에 영향을 끼친다. 다양한 책을 읽고 그것을 자신의 학문적 토대로 삼아 시문 창작은 물론 자신의 사유를 만들어나간 것이다. 이러한 학문 연원 속에서 독서와 창작을 했던 부류를 사장파라 할 수 있을 것이다."

다만 도학파의 그것과는 달랐고, 16세기 이후 전개될 문학사에서 도외시되거나 배제되었기 때문에 주목을 받지 못했을 뿐이라는 것이다.

16세기 전반까지의 독서 경향을 살펴보면 다양하고 그 폭이 넓었음을 알 수 있다. 당시 도학파(사림파)는 형성 초기였으므로 그들의 독서 수준은 16세기 후반의 성리학자들이 보여주는 것과는 상당히 차이가 있었다. 그렇다면 사장파들의 독서는 어떤 모습을 하고 있었는가.7)

서거정徐居正(1420~1488)은 15세기 후반의 대표적인 사장파 문인이다. 그는 자신의 스승인 태재泰齋 류방선柳方善의 문집에 서문을 쓰면서 그 독서 범위를 제시하고 있다. 스승을 기리기 위한 과장이 혼재해 있는 글이기는 하지만, 그 범위가 대단히 넓었다는 사실을 짐작할 수 있다. 사장파 문인들이 경술經術의 문제를 도외시만 한 것은 아니다. 성현成俔(1439~1504)의 경우처럼 사장파 문인들도 경술을 중시했고, 김종직金宗直(1431~1491)의 경우처럼 도학파 문인으로 분류되

는 경우에도 사장을 무시하지 않았다. 이들은 상보적인 관계를 유지하는 것으로 인식되었던 것이다.[8]

어떻든 류방선의 독서 범위는 경서와 역사서 및 제자백가서는 물론이거니와 의약, 복서, 음양, 지리 등에 이르기까지 상당한 범위에 미쳤다. 이는 세조가 천명한 학문관의 전형적인 모습이기도 하다. 세조는 '잡학雜學'으로 지목되어 온 학문 분야를 정책적으로 상당히 중시했다.[9] 이 경향은 자연히 이 시대 지식인들의 독서와 저술에 영향을 끼친다. 다양한 책을 읽고 그것을 자신의 학문적 토대로 삼아 시문 창작은 물론 자신의 사유를 만들어나간 것이다. 이러한 학문 연원 속에서 독서와 창작을 했던 부류를 사장파라 할 수 있을 것이다. 말하자면 그 이후에 본격적으로 역사의 전면에 등장하는 도학파 내지는 사림파는 이들 사장파를 대타적으로 인식하면서 자신의 모습을 만들어 나간 측면을 부분적으로 가지게 된다.[10] 이러한 맥락 속에 허균의 독서와 학문적 경향이 위치하는 것이다.

3. 허균의 독서 경향과 사장파의 변모

허균의 시가 중형仲兄 허봉許篈과 이달李達의 영향으로 당시풍을 따르게 된 것은 널리 알려진 바와 같다. 송시풍宋詩風을 배우던 그의 안목이 주변 인물에 의해 완전히 바뀌었다는 것이다. 문장은 어떤

가. 고문에 대한 허균의 태도는 대체로 형식적이고 절대적인 고문의 규범을 벗어나 자기 시대의 언어로 쓰는 개성적인 글을 고문이라고 생각했다고 알려졌다. 그의 방달한 삶의 자세에서 이미 간취되듯이, 개성을 강조하는 시문 창작은 문학과 삶을 하나로 엮어서 설명하는 틀을 제공했다. 자신의 시가 당시唐詩나 송시宋詩와 비슷하다는 평가를 받을까 두려운 것이지 정말 원하는 것은 '허자許子의 시'라는 평가를 받는 것11)이라고 했을 때, 허균의 개성 중시의 문학관은 분명한 논리를 보여준다. 이것은 그의 「문설文說」(권12)에서 말하는 바, 지금의 문장도 후대 사람들이 볼 때는 고문으로 평가받을 수 있을 것이라는 주장과 만나서 그의 문학론의 틀을 만들었다.

이러한 논의가 너무 선명하기 때문에, 그의 의고문파적擬古文派的 성격이 제대로 평가되지 못한 것도 사실이다. 말하자면 「문설」의 논의가 의고파를 공격, 비판하거나 의고적 창작론 자체를 부정하려는 데 있는 것이 아니라 수준 낮은 의고파의 추종자들의 행위인 표절과 구분함으로써 명나라 전후칠자前後七子를 중심으로 하는 의고파들의 논의를 상당히 높게 평가하려는 것이었다.12)

이 논의의 시비를 가리는 문제와는 별도로, 허균의 문집을 일별하기만 해도 그의 시문이 얼마나 다채롭고 다층적인 스펙트럼을 보여주는가를 알 수 있다. 그의 문집에는 아름다운 서정시가 있는가 하면 생동감 넘치는 서사시도 있다. 경전에 대한 생각부터 패설류稗說類의 글에 이르기까지 전혀 상반될 듯한 성향의 글이 동시에 나타난다. 허균의 어떤 점에 초점을 맞추느냐에 따라 그 해석의 방향이나 내용이 달라질 수도 있다. 그만큼 그의 문집은 문제적이다.

허균의 다양한 사유는 어디서 비롯되는 것일까. 이를 분석하기 위해 우선 그의 장서藏書가 어떻게 만들어지는지를 간단히 살펴보기로 한다.

널리 알려진 것처럼, 허균 집안은 대대로 문임文任을 담당했다. 강릉 지역에서는 '허씨오문장許氏五文章'이라는 말로 그의 형제들과 그의 부친 허엽을 통칭하고 있다. 이 같은 별명에서도 짐작할 수 있듯이, 집안의 구성원들은 각각 자신만의 학문적 문학적 성과를 축적하고 있었다. 집안의 문화적 분위기에 대한 자부심 역시 대단해서, 그는 자신의 글에서 여러 차례 표현한 바 있다.13)

그의 형제 중에 맏이인 허성許筬(1548~1612)과 그 아래 형제들은 이복형제 사이이다. 나이 차이도 상당해서, 허균과 그 맏형 허성은 21년이나 차이가 난다. 이들 사이의 학문적 문학적 경향에서도 차이를 보이는 것으로 미루어 문화적 환경도 차이가 있는 것은 아닌가 추정된다. 물론 이에 대한 상세한 논증을 이루어내기는 어렵지만, 부친인 허엽과 장남 허성의 학문적 경향이 비슷하다면 나머지 형제들의 경향을 하나로 묶어서 이들 양 그룹의 차이를 논의할 수도 있다. 화담花潭 서경덕徐敬德의 제자인 허엽과 장남인 허성, 맏사위인 우성전禹性傳 등은 도학파적인 성향을 가지고 있었고, 다른 형제들인 허봉, 허균, 허난설헌 등은 사장파적인 면모를 보임으로써

허균은 가학家學과는 다른 길을 걸었다는 평가를 받기도 한다.14)

　허균의 장서 형성 과정에서 가장 먼저 추정할 수 있는 것은 당연히 집안 대대로 내려오는 장서 중의 일부분이다. 형제들이 여럿이므로 선친의 장서가 어떻게 전승되었는지 정확히 알 수는 없지만, 그 중 일부는 허균으로 전승된 것으로 보인다. 그는 형제 중에서 둘째형 허봉의 장서를 받은 것으로 보인다.

　허균이 기록한 『성옹지소록』(하)의 기사에는 허봉이 소장했던 책에 관한 일화가 실려 있다.15) 이 기사가 정확히 장서의 전승을 기록한 것은 물론 아니다. 한석봉의 뛰어난 글씨로 쓴 몇몇 서적을 중형이 가지고 있었는데, 그가 작고한 뒤 허균 자신이 소장하게 되었으며, 그것을 다시 왕에게 바치고는 대신 『자치통감』 한 질을 하사받았다는 내용이다. 서화書畵 내지는 귀중한 보물이 어떻게 전승되는가 하는 것이 글의 요지이기는 하지만, 허균이 허봉을 끔찍이도 아끼고 따랐다는 점을 생각한다면 그 밖의 다른 장서도 허균을 통해 소장되었을 가능성을 짐작케 하는 기록이다.

　아울러 허균 시대까지만 해도 여전히 중요하거나 방대한 분량의 서적이 유통되는 방식 중의 하나가 국왕의 하사에 의한 것이었다는 점을 알려준다. 왕은 자신이 흥미를 가진 서화 내지는 고서에 대하여 다른 것으로 대치하여 교환하였던 것이다. 당대 고위층에게 하사되는 형식으로 이루어지는 유통 방식과 함께 교환 형식은 허균 시대까지 여전히 시행되는 방식이었다.

친가 쪽의 장서 일부를 물려받는 한편 처가 쪽의 장서 역시 허균과 상당한 관련성을 지닌 것으로 추정된다. 임진왜란을 당하여 강릉 외가로 피난을 간 허균은 그곳에서 지내는 동안 정리한 것을 토대로 이듬해『학산초담』과 같은 시화서詩畵書를 집필하는 한편, 외가에 소장되어 있던 책을 접한다. 그는 자신의 장인이 경영했던 서원書院(문맥 상 이것은 개인 서재로 보인다)에 대한 기록을 남긴 바 있다.16) 그에 의하면 장인 '직장공直長公'은 과거에 실패한 뒤 독서 경향과 삶이 바뀐다. 학문에 힘써 '사장詞章'에 능했다는 평가는 당시 유생들의 전형적인 과거 공부를 말한다. 충분히 과거에 급제할 수 있었지만 뜻대로 되지 않자 그가 침잠한 분야는 불교와 도교이다. 방외方外에서 노닐며 자유로운 정신을 구가하는 모습에서 우리는 후일 허균이 보여주는 행동 양식을 엿볼 수 있다. 여기서 언급된 '사장'은 과거와 관련된 공부, 특히 문장 분야를 전반적으로 지칭하는 것으로 보인다. 그렇지만 허균의 공부가 외조부에 연결되는 점이 있으리라 추정할 수 있는 근거도 된다.

반곡서원盤谷書院에는 1천여 권의 장서가 있었다고 했다. 16세기 말 강릉과 같은 지역에서 이토록 방대한 장서를 가지고 있다는 사실은 단순히 넘기기 어려운 점이 있다. 몇 대를 걸쳐 축적된 장서였고, 그것은 다시 장자에게 상속되어 잘 보관되고 있었다. 허균이 본 것은 바로 상속되어 보관되고 있던 장서였다. 후일 강릉부사를 지내던 류인길柳仁吉이 받은 명삼明蔘으로 허균이 중국에서 책을 구매

> "많은 책을 읽고 메모하는 모습을 보면 그는 영락없는 책벌레이다. 그 자신이 이미 '서음'으로 지칭하면서 '만 권 책 속의 한 마리 좀벌레가 되고 싶다(萬卷蠹魚中)'는 생각을 피력했을 때 책은 그의 삶 속에서 하나의 단층을 만들어내고 있었던 것이다. 그것은 다른 한편 왕성한 지적 욕구와 함께 허균 당대까지 이어져 온 '사장학詞章學'의 한 지층을 드러내는 것으로 보인다."

하여 호서장서각湖墅藏書閣을 마련하는데, 이는 일종의 지역민들을 위한 도서관의 역할을 한 것으로 보인다. 향교의 관리 아래 책을 비치하고 필요한 사람이 이를 대여해서 볼 수 있도록 한 것이다.[17] 이는 허균의 책에 대한 공유 의식의 일단을 보여준 것이라 평가할 만하다.

그의 장서 중에서 가장 방대하면서도 중요한 것은 역시 중국에 사신으로 갔다 오면서 구입해 온 것들이었다. 4천여 권에 달하는 중국 서적을 구입해 온 그는, 꾸준히 독서하는 한편으로 그것을 정리하여 『한정록閑情錄』을 엮어낸다.[18] 그의 문집에 들어있는 장서의 양만 계산해도 상당한 분량인데, 그는 그것을 열심히 읽고 메모하여 선집으로 편찬해내는 자료로 이용했다. 그가 편집한 것만 해도 『국조시산國朝詩刪』을 비롯하여 『세설산보주해世說刪補注解』, 『고시선古詩選』, 『당시선唐詩選』, 『송오가시초宋五家詩鈔』, 『명사가시선明四家詩選』, 『사체성당四體盛唐』, 『당절선삭唐絶選刪』, 『한정록閑情錄』 등 많은 선집들이 있다.

이들 책들은 그 밖의 서로 다른 성향의 책과 만나서 허균의 독서를 통해 새로운 사유를 만들어 나가는 원동력이 된다. 많은 책을 읽고 메모하는 모습을 보면 그는 영락없는 책벌레이다. 그 자신이 이미 '서음'으로 지칭하면서 "만 권 책 속의 한 마리 좀벌레가 되고 싶다(爲蠹魚萬卷中)"[19]는 생각을 피력했을 때 책은 그의 삶 속에서 하나의 단층을 만들어내고 있었던 것이다. 그것은 다른 한편 왕성한 지적 욕구와 함께 허균 당대까지 이어져 온 '사장학詞章學'의 한 지층을 드러내는 것으로 보인다. 즉 어느 한쪽에도 치우치지 않고 다양한 방면의 책을 읽음으로써 자기 내면에 지적 도서관을 만들고자 했던 것이 사장학의 학문적 전통으로 허균에게까지 이어온 것이 아닌가 싶다.[20]

4. '책'의 의미

책 속에서 스스로 '서음'을 자처하면서 지낸 허균에게 하나의 귀결점을 요구하는 책읽기는 답답한 것이었을 것이다. 17세기 초반이면 이미 성리학이 상당한 영향력을 갖추었을 뿐만 아니라 예학禮學이 본격적으로 연구되기 직전이다. 성리학은 당시의 지식인들에게 하나의 권력이었다. 유학자들 사이에서는 수기修己에 관련이 없는

> *"허균의 독서는 자신의 상상력을 제약하는 성리학적 공부 방식에 비판적인 입장을 취하게 하였다. 모든 논의를 하나의 결론으로만 집결시키려는 중앙집권적 독서 방식에서 벗어나는 효과적인 방법은 다양한 책을 읽는 일이었다. 그것을 통해 사상적 자유로움은 물론 '한정閑情'을 즐길 계기를 만났다."*

책은 읽지 말라는 강경 발언이 16세기에 등장하게 되고,21) 예비 관료들 사이에서는 오직 과거를 위한 시문 창작만을 일삼기 때문에 다른 종류의 독서가 사회를 광범위하게 지배하기는 힘들었다.

그러나 허균의 독서는 자신의 상상력을 제약하는 성리학적 공부 방식에 비판적인 입장을 취하게 하였다. 모든 논의를 하나의 결론으로만 집결시키려는 중앙집권적 독서 방식에서 벗어나는 효과적인 방법은 다양한 책을 읽는 일이었다. 그것을 통해 사상적 자유로움은 물론 '한정閑情'을 즐길 계기를 만났다. 매 시기마다 만나는 책은 하나의 사상적 입장에 고착되는 것을 막는 계기로 작용했다. 하나의 절대적 결론으로 모든 것을 귀결시키는 독서와는 달리, 허균의 독서는 새로운 분야에 대한 호기심과 모험으로 가득했다. 그의 광범위한 독서를 그 이전의 사장학과 연결되는 것으로 파악할 수 있다면, 허균의 사장학적 독서는 질적으로 다른 차원을 형성하는 것이었다. 즉 조선전기 문인들의 광범위한 독서가 단순히 독서의 흥미 차원을 충족시키기 위한 도구였다면, 허균의 경우 독서는 자

"허균이 중국에 사신으로 가거나 중국 사신을 접대하는 임무를 수행하게 된 것은 그에게 중요한 전환점을 마련하여 주었다. 중국 서적을 읽고 얻은 새로운 지식과 안목은 새로운 사상적 또는 문학적 지평으로 그를 이끌었고, 중국 사신에게서 얻은 서적과 당대 중국 문단에 대한 지식은 넓은 세계를 향한 새로운 발걸음을 재촉했다."

신의 삶을 바꾸는 도구였다. 허균이 끊임없이 현실 속에서 사단事端을 일으키는 문제적 인물이었던 것은, 어디에도 고착되지 않는 삶의 태도 때문이었다. 그리고 그 태도는 전적으로 다양한 독서 활동에서 비롯된 것이었다. 나아가서 이전의 문인들이 다양한 독서의 필요성을 이유로 내세웠던 것과는 다른 차원의 문제를 언급한다. 여러 가지 음식을 맛보아야 한다는 차원에서 다양한 독서를 이야기하던 것과는 달리, 허균은 다양한 인간의 정情을 드러내는 계기로 여겼다는 점을 주목할 필요가 있다. 알려진 것처럼, 그의 '성정지진性情之眞' 중시의 문학론은 그의 독서 경향과 중국 문단의 영향 범주에 속해 있기 때문이다.22)

그는 자기의 관심을 충족시키기 위해서 자연스럽게 명나라의 도서 시장을 주목하였다. 그런 점에서 허균이 중국에 사신으로 가거나 중국 사신을 접대하는 임무를 수행하게 된 것은 그에게 중요한 전환점을 마련하여 주었다. 중국 서적을 읽고 얻은 새로운 지식과 안목은 새로운 사상적 또는 문학적 지평으로 그를 이끌었고, 중국 사신에게서 얻은 서적과 당대 중국 문단에 대한 지식은 넓은 세계를 향한 새로운 발걸음을 재촉했다. 그러나 전쟁 직후의 상황에서 조선의 한 지식인이 당대 문단을 정확히 파악하기란 쉬운 일이 아니었을 것이다. 명나라 문단에 대한 판단에 문제점이 발견된 것[23]은 이 때문이라고 생각된다.

몇 가지 문제에도 불구하고 허균의 독서 형태에서는 조선후기를 준비하는 징후들이 발견된다.

첫째, 조선전기 사장파 문인들의 독서 및 공부 방법을 이어 받으면서 그 내용을 다채롭고 충실하게 했다는 점이다. 이전의 사장파 문인들의 공부에 내용이 없었다는 것은 아니다. 다만 과거 공부나 글을 쓰는 데 필요한 전거를 활용하기 위한 다독多讀에서 벗어나, 허균에 이르면 자신이 처한 문단 상황을 정확히 진단하고 그것을 타개하기 위한 방책을 찾으려는 목적의식을 가지고 독서와 공부를 했다는 것이다.

둘째, 자신과 동시대 중국 문단에 대한 왕성한 관심과 함께 그들을 읽은 경험이 자신의 글쓰기 및 사유를 만들어 나가는 데에 중요한 자료가 되었다는 점이다. 양명학에 대한 관심은 이미 문집 곳곳에서 드러나고 있는 바이며, 선학들의 연구에서 상당 부분은 제시된 바 있다. 이탁오와 같은 양명좌파의 학문적 성과를 언제, 어느 수준에서 받아들였는지에 관해서는 논란이 있지만, 적어도 허균의 사유와 비슷한 점이 발견된다는 사실은 그의 독서가 사유를 형성하는 데 일정 부분 역할을 했다는 증거일 수 있다.

셋째, 장서가藏書家의 출현을 예고한다는 점이다. 허균 이전까지만 해도 왕성한 지식욕을 가진 장서가의 출현을 보여주는 구체적인 사례가 흔치 않았다. 장서각 내지는 서재를 만든 경우로 왕실도서관을 제외하면 찾기 어려운 형편이었는데, 허균에 이르면 자신의 사비를 들여 방대한 장서를 이루었다는 점에서 그의 특징적인 면모를 발견할 수 있다.

이 같은 형태의 독서에서 중국 문단의 변화는 허균에게 비교적 빨리 반영되었다. 그것은 중국 문헌에 대한 해박한 지식과 함께 그의 개인적인 관심이 큰 역할을 했을 것이다. 아쉬운 것은 현재 전하는 그의 문집이 1611년(43세)까지만의 글로 한정되어 편집되었다는 점이다. 그 이후의 글은 거의 전승되지 않았다. 이런 와중에 그가 편찬, 선집한 책이 속속 발견되고 있다.[24] 문제는 그가 사들였던 중국 문헌의 경향과 허균의 정리 및 편집 방향을 비교하여 그의 문학론을 다시 한 번 돌아보는 일이 필요할 것이다. 나아가 그의 독서를 통해서 어떻게 동아시아 사상의 변화를 수용하거나 새롭게 창조해 나갔는가를 확인할 수 있을 것이다.

허균의 불교적 사유의 형성과 「산구게山狗偈」

1. 허균의 불교에 대한 생각

　허균의 「산구게山狗偈」는 여러 측면에서 특이한 점을 지니고 있다. 승려가 아닌 속인의 문집에 실린, '게偈'의 형식을 빌려 창작한 「산구게」는, 산에서 살고 있는 개[山狗]와의 대화를 통해서 자신의 생각을 표현하고 있는 특이한 작품이다. 우의적寓意的 창작 방법으로 지어진 이 작품은 창작 시기나 의도가 별도로 표기되지도 않았으며, 이 작품만으로는 작중 화자와 '개'가 누구를 염두에 두고 쓰여진 것인지 짐작하기 어렵다.

　고전문학 연구에서 허균의 위치는 매우 크고 무겁다. 그에 대한 관심은 고전문학 전분야에 걸쳐 나타난다. 많은 연구 성과가 축적되는 동안 허균의 불교적 태도에 대한 관심도 다각도로 표출되었다. 그도 그럴 것이, 허균이 겪은 몇 차례 파직 중에는 '영불佞佛'이 이유가 된 적도 있기 때문이다. 유교사회에서 불교를 공공연하게 언급하는 것 자체가 이미 기인으로서의 면모를 갖춘 것인데, 거기에 덧붙여 삼척부사의 신분으로 불상에 배례를 하고 염불을 했다는 소문은 그를 탄핵하는 데에 치명적인 계기를 제공했다. 그것이 소문에 불과한 것인지, 아니면 실제 상황이었는지 명확하게 판단할 수는 없다. 그러나 당시 관직에 있던 사람들을 비롯하여 많은 지식인들은 허균이 영불 행위를 했다고 믿었으며, 그 믿음에 근거하여 비난하였다.

허균의 불교적 태도를 많은 사람들이 언급했음에도 불구하고, 정작 이것을 본격적으로 다룬 연구 성과는 흔치 않다.[1] 그의 도가적 풍모가 연구자들의 관심을 끌면서 이 분야에서는 주목할 만한 성과도 나왔지만, 불교적 태도에 대한 그의 관심은 전면적으로 드러나지 않는다. 불교적 관심을 보여주는 허균의 글들이 몇 편 있을 뿐, 불교를 정면으로 다룬 글이 별로 없는 것도 그 이유 중의 하나이다. 이러한 맥락을 염두에 두면서 이 글에서는 허균의 불교적 태도의 변화 과정을 관찰하는 한편, 자아와 타자의 합일과 균열 문제를 논의하려고 한다. 주된 대상 작품은 「산구게」지만, 거기에 도달하기 위해 허균의 불교적 성향을 가진 시문을 다양하게 이용할 것이다.

2. 허균의 불교적 사유의 형성

어떤 계기로 허균이 불교를 접했는지는 명확하지 않다. 특히 20

대 초반 이전의 글이 거의 남아 있지 않기 때문에 그 추정은 더욱 힘들다. 지금으로서는 「교산억기시蛟山臆記詩」에 수록되어 있는 시편들과, 그의 산문에 단편적으로 기록된 자료들을 통해서 추정하는 것이 최선이다.

임진왜란을 맞아 그가 피난처로 택한 곳은 강원도 강릉이었다. 1592년부터 그는 외가가 있는 사천沙川 애일당愛日堂에 머무르며 반곡서원盤谷書院에서 글을 읽거나 경치 좋은 곳을 찾아다니며 세월을 보낸다. 이듬해에는 양양 낙산사에서 그곳의 여러 스님들과 시를 주고받거나 두시杜詩를 읽는다. 『성소부부고』에 수록되어 있는 「교산억기시」의 다수 작품들은 이 시기에 지어진 것들이다.

자신이 지은 시를 주기적으로 정리하였던 탓에 그의 시는 여러 묶음으로 편집되어 문집에 수록되었다. 어린 시절의 시편 역시 이런 방식으로 정리되어 있었지만, 친구들이 돌려보다가 잃어버리거나 아이들이 보다가 망가뜨렸다고 했다.2) 이런 사정이 안타까워서 이전의 작품 중에서 기억나는 것들을 모아 편찬한 것이 「교산억기시」에 수록된 것들이다.

「교산억기시」의 시편들 중에서 특히 낙산사 스님들과 주고받은 작품들에서 우리는 허균의 불교적 경향을 확인할 수 있다. 전반적으로 길게 쓰여진 이 작품들은 시를 받을 대상을 염두에 두고 쓴 것이므로 선담禪談이 수준 높게 표현된 것은 아니다. 불교적 시편의 내용들은 크게 두 부류이다. 하나는 불교적 분위기를 통한 마음의 안정을 노래한 것이고, 다른 하나는 화려한 색채감과 불교적 상상력을 보여주는 것이다.

淸坐香臺萬慮空	향대에 맑게 앉으니 온갖 생각 텅 비는데
風箏無語閉花宮	풍경 소리 고요하고 화궁은 닫혀 있다.
雲收疊嶂千層碧	구름 걷힌 첩첩산봉 천 층으로 푸르고
霜落疏林一半紅	서리 내린 성긴 숲 반나마 붉었다.
病後參禪渾得趣	병 뒤에 참선하니 선취禪趣 얻겠고
愁來覓句未全工	시름 속에 시구 찾으니 온전치가 않아라.
扶桑浴日看還厭	부상에 돋는 해 보기에도 싫증나서
臥聽濤聲蟄地雄	땅 울리는 웅장한 파도 소리 누워서 듣는다.

(贈輝上人, 교산억기시)

선취시禪趣詩라 할 수 있는 이런 작품은, 허균의 문집에서 상당수 발견된다. 불교적 환경 속에서 자신의 평온한 심정을 표현하는 작품은 허균만의 특징이라 할 수 없다. 근대 이전 지식인들의 문집에서 선취시를 찾아보는 것은 그리 어렵지 않다. 다만 허균의 초기 시편에서 불교적 풍취를 드러내는 작품의 한 경향으로 위와 같은 예를 발견할 수 있다는 점을 지적해 둔다.

우리의 흥미를 더 자극하는 것은 문체 부분이다. 「교산억기시」에 수록된 불교적 작품은 대부분 장편이거나 여러 연으로 이루어졌다.

乾闥婆王鼓似雷	건달파왕 우레처럼 북을 치니
靈山會罷乘龍回	영산회 끝내고 용을 타고 돌아온다.
不向靑城見菩賢	청성을 향하여 보현보살 뵙지 않고
不訪文殊遊五臺	문수보살 찾아가 오대산에서 노닐지 않네.
圓通住在七寶界	원통관음 머무시는 칠보의 세계
洛迦一脈移東海	낙가산 한 줄기가 동해로 옮겨왔다.
拜獻天樂陳嵒宮	천악을 헌상하여 바위 궁전에 진설하니
聲雜波濤響澎湃	파도 소리와 뒤섞여 그 소리 가득하다.
人天來會百億軀	백억의 인간 천상 모두 와서 모이고
六道雜遝群龍趍	육도가 뒤섞이고 뭇용이 달려간다.
微風吹動寶羅網	보배 그물은 미풍에 흔들리고
衆音微妙穿金儱	천상까지 울리는 미묘한 뭇 음악들.
曼陁天女散花雨	만다라 천녀들은 꽃비를 흩뿌리고
十二藥叉皆起舞	십이 야차 모두들 일어나 춤을 춘다.
笑掉法螺開桓因	웃으며 법라 흔들어 제석천 열자
山河大地俱微塵	산하대지가 모두들 작은 먼지.
霜鍾鯨吼八方震	우렁찬 종소리에 온 천지 흔들리고
魚梵吟風來隱隱	바람결에 염불 소리 은은히 들려온다.
百千種樂皆備俱	온갖 음악 모두 다 구비되어 있으니
何必身遊佛國土	이 몸이 어찌 반드시 불국토에 노닐 필요 있으랴.

琰魔天王在何處	염마천왕은 어디에 있는가
善惡兩道聽我語	선과 악 두 갈래 길, 내 말을 들어보오
水晶戒珠盛魚囊	수정 계주는 어랑3)에 담고
燃造燈旛超八苦	등불 켜고 깃발 들고 팔고를 넘어선다.
天宮無間一念移	천궁은 틈이 없어 일념으로 옮기나니
片言爲懺波羅夷	한 조각 말로도 무거운 죄 씻어진다.
禪門宗旨只一乘	선문의 종지는 오직 일승뿐
攝心不動如須彌	마음 수습하여 수미산처럼 움직이지 말 것이라.

(天龍奏樂引題雲上人軸,「교산억기시」)

　구절마다 불교의 용어가 등장하는 이 작품은, 영산회상靈山會上에 참여했다가 돌아오는 길에 천룡이 낙산사에 들러 음악을 연주하는 것을 내용으로 하고 있다. 원통圓通이나 낙가洛迦 등은 낙산사라는 공간을 드러낸다. 낙산사는 전통적으로 관세음보살의 상주처로 알려져 있다. '원통'은 관음보살, 낙가는 관음보살이 머무는 산으로 강원도 낙산사가 위치한 산의 이름이기도 하다. 천룡이 하늘에서 내려오며 음악을 연주하자 천지만물과 온갖 천인天人들이 기뻐서 춤을 춘다. 이 같은 광경은 일반적으로 불경에서 묘사되는 불계佛界의 형상과 상당 부분 닮아 있다. 불계를 장엄莊嚴하기 위하여 불경에서는 온갖 상상력을 동원한다. 허균의 이러한 묘사는 불경을 읽은 영향에서 비롯한 것으로 보인다.

여러 차례의 파직 중에서 허균이 불교와 관련하여 탄핵-파직된 것은 두 번이다. 한 번은 황해도사黃海都事로 근무하던 1599년의 일이고, 또 한 번은 삼척부사로 부임한 지 얼마 안 되어 탄핵-파직된 1607년의 일이다. 두 번 모두 불교 때문에 사단이 난 것이지만, 허균의 불교에 대한 생각에는 상당한 차이가 보인다.

그렇다면 허균이 불경을 본격적으로 접한 것은 언제부터일까. 다음과 같은 글에서 그 실마리를 찾을 수 있을 것이다.

나는 젊었을 때 일찍이 옛날의 문장 잘하는 사람을 사모하여 보지 않은 책이 없었으니, 아름답고 큼직한 볼거리 또한 넉넉했다. 동파東坡가 『능엄경楞嚴經』을 읽고 나서 해외海外의 문장이 더욱 높고 오묘해졌고, 근래에 양명陽明 왕수인(1472~1528)과 형천荊川 당순지唐順之(1507~1560)의 글도 모두 불경으로 인하여 깨달은 바가 있다는 말을 듣고 나는 마음속으로 아름답게 생각했다. 그래서 자주 불교의 스님들을 따라 부처의 말을 기록한 경전을 구하여 읽어보니, 그 통달한 견식은 과연 골짜기가 툭 터지고 강둑이 무너져 물이 쏟아지는 듯하였고, 그 뜻을 매만지고 글을 부리는 것은 비룡飛龍이 구름을 탄 듯 아득해서 도무지 형상해 낼 수가 없었으니, 진실로 글에 있어서는 귀신과 같았다. 근심스러울 때 그것을 읽으면 기뻐하게 되고 지루할 때 읽으면 정신이 깨어났으니, 이것을 읽지 않았더라면 이 인생을 거의 헛되이 지냈을 것이라고 생각했다. 한 해를 넘기기도 전에 1백여 상자의 불경을 모두 읽었다. 마음을 밝히고 본성을 안정시키는 곳에서는 환히 깨닫게 되는 것이 있는 듯하여, 마음에 뒤엉겨 있는 속세의 일들이 훌훌 그 묶인 것을 벗어나는 듯하였다. 문장 또한 그를 따라서 시원스레 도도하게 흘러나와서 끝이 없는 듯하였다. 그래서 나는 그윽이 마음에 얻은 것이 있다고 자부하여, 그 책을 아껴 보며 손에서 놓지 않았다.4)

이 글은 지달산枳達山으로 떠나는 절친한 친구인 이정李楨을 전송하면서 쓴 글이다. 1605년 무렵에 지어진 것으로 보이는데, 예전부터 자신이 불교 경전을 읽었다는 사실을 언급한다. 이 글을 쓸 무렵 그는 수안군수로 있었는데, 이정이 찾아와 한동안 함께 기거한다. 그때 허균은 석가모니불, 아미타불, 미륵불, 관세음보살, 달마대사, 육조혜능, 유마힐, 방거사 등 여러 불보살과 조사祖師들의 그림을 이정에게 그리도록 하고 자신은 거기에 찬贊을 지어서 붙였다. 불교를 독실하게 믿는다고 해도 이루기 어려운 이 같은 사정은 당연히 하루아침에 만들어진 것은 아니다. 앞의 글에서 언급한 것처럼 어렸을 때부터 집중적으로 읽었던 많은 불교 경전에서 비롯된 것이다.

또한 당대 최고의 고승으로 꼽히던 서산西山 휴정休靜과 사명四溟 유정惟政(1544-1610) 사제師弟와의 교류에서 우리는 허균의 불교 이력

> *"'문장 잘하는 사람을 사모'하여 그들의 독서 이력을 살폈고, 결국 불경을 읽는 데까지 나아갔다는 것이다. 그런데 불경을 읽어보니 '글에 있어서는 귀신과 같았'을 뿐 아니라 그 속에 담긴 생각이 너무도 툭 트여서 불경을 읽지 않았더라면 '이 인생을 헛되이 살았으리라'는 생각까지 하게 되었다고 했다."*

이 단순하지 않았음을 짐작할 수 있다. 「사명집서四溟集序」에서 밝힌 것처럼, 허균이 사명당을 만나는 계기는 중형仲兄 허봉許篈이 만들어 준 것이다.5) 1586년 여름에 허봉을 따라 봉은사로 갔을 때 두 사람은 처음 만난다. 허봉은 사명당의 작시 수준을 대단히 높게 평가하였다. 허균에게 친형이자 스승의 역할을 하던 허봉의 평가는 사명당과의 친분을 더욱 가깝게 하는 요인이기도 했다.

그런데 허균이 불교 경전을 접한 첫 번째 이유는 바로 시문 창작에 도움을 받고자 해서였다. 소동파, 왕양명, 당순지 등 당대 최고의 문장가이자 사상가들이 모두 불경을 읽으면서 문장과 깨달음을 모두 얻었다는 점을 언급한다. '문장 잘하는 사람을 사모'하여 그들의 독서 이력을 살폈고, 결국 불경을 읽는 데까지 나아갔다는 것이다. 그런데 불경을 읽어보니 "글에 있어서는 귀신과 같았"을 뿐 아니라 그 속에 담긴 생각이 너무도 툭 트여서 불경을 읽지 않았더라면 "이 인생을 헛되이 살았으리라"는 생각까지 하게 되었다고 했다.

물론 이 글이 불교에 대한 일방적 예찬으로 끝나는 것은 아니다.

불교의 이치를 주희의 이기론理氣論과 비교하면서 성리학의 우위로 결론을 내리고 있기는 하다. 허균은 이 글에서 불교와 유교의 미묘한 논리적 균열을 드러낸다. 이 문제는 뒤에서 「산구게山狗偈」와 관련하여 논의할 것이겠지만, 이미 불교 경전에 깊은 이해를 가지고 있던 허균의 생각 속에서는 30대 이후 사상적 균열 혹은 혼효 현상이 드러나고 있었던 것이다.

앞서 언급한 「교산억기시」에 들어 있는 시편으로 논의를 돌아가 보도록 하자. 허균의 진술처럼 이 시편들은 대체로 불교의 수사적 태도를 상당 부분 빌려와서 작품의 빛깔을 만들어 낸다. 화려한 상상력은 창작의 자료가 불교 경전에서 빌려온 것임을 짐작케 한다. 그런데 그 작품의 마지막에서는 '섭심부동攝心不動'을 언급하는 것으로 결론을 맺는다. 말하자면 모든 마음을 하나로 모아서 흔들림이 없는 경지를 '섭심攝心'이라고 한다면, 이는 결국 '일심一心'을 중시하는 선불교적 태도에 이어진다. 널리 알려진 것처럼, 사명당의 스승인 서산西山 휴정休靜이 지눌知訥의 전통을 이어 받아 '일심一心'을 강조했으며, 그 입장은 사명당에게도 그대로 이어진다.[6] 이 문제를 중시한 것은 허균의 다른 글 여러 곳에서도 발견된다.

> 대사大師께서는 아직 선기禪機에 통달하지 못한 듯합니다. 마음을 한 곳에 모아 움직이지 않는 경지[攝心不動]를 어찌하여 반드시 온갖 인연을 깨끗이 없앤 뒤에야 이를 수 있겠습니까? 조정朝

廷이나 저잣거리, 시장바닥이나 마을 등 어느 곳에서든 할 수 있는 일입니다. 일념一念이 밝으면 일념의 깨달음이요, 일념이 편안하게 쉬면 일념의 열반이라고 저는 들었습니다. 이 마음이 고요하여 그 상태가 오래되면 밝아지기를 바랄 뿐입니다.7)

1604년 2월에 작성된 이 편지에서 허균은 사명당의 깨달음 문제를 언급한다. 허균은 오직 '한 마음[一念]'을 밝힐 수만 있다면 꼭 산속이 아니더라도 깨달음에 이를 수 있다는 점을 말한다. 이 편지의 맥락을 알 수 없기 때문에 섣부른 추정을 하기는 어렵다. 두 사람의 나이 차를 고려한다면 허균이 실제로 사명당에게 깨달음 문제를 충고하려는 것으로 보이지는 않는다.8) 당시 사명당은 환갑을 넘긴 나이였으며, 1603년부터는 금강산으로 들어가 수행을 하고 있었다. 1604년 1월, 스승인 서산대사의 입적 소식을 듣고 묘향산으로 가던 중에 어명을 받들고 서울로 돌아와 있던 시점에서 쓰여진 편지이다. 이것은 아마도 나이를 핑계로 계속 산중으로 들어가려고만 하는 사명당에 대한 안타까움을 담은 글로도 읽힐 수 있다는 것이다. 어떻든 여기서도 허균은 '섭심부동攝心不動'을 언급하고 있다. 「교산억기시」의 배경인 낙산사 시절부터 허균의 관심은 바로 '섭심부동'이었으며 '일심'을 관철하는 기본적인 태도가 형성되어 있었던 것이다.

3. 「산구게」에 나타나는 주체와 타자의 혼효 양상

1) 영불(佞佛) 사건에 관한 허균의 기록들

 1607년 3월 삼척부사에 제수된 허균은 임지로 출발한다. 삼척에 도착한 것은 5월이었는데, 도착한 지 13일 만에 파직된다. 삼척에서 지은 시편을 모은 『성소부부고』의 「진주고(眞珠藁)」에는 부친 허엽이 고을살이를 하던 삼척에 자신이 다시 부임한 것에 대한 감개무량함을 토로한 것도 있다.

 선정(善政)에 대한 기대로 부풀어 있던 허균은 느닷없는 파직 소식에 놀랐던 것 같다. 그의 파직은 사헌부 장계에 의한 것이었는데, '불경을 암송하며 승려의 옷을 입고 불상을 모셔놓고 절을 한다'는 것이 탄핵 이유였다. 그는 자신의 파직 소식을 듣고 두 편의 시를 남겼다. 그 중 첫 번째 시는 다음과 같다.

久讀修多敎	오래도록 불경을 읽어서
因無所住心	마음 머무르는 곳이 없다네.
周妻猶未遣	주옹의 처는 여전히 보내지 않았고
何肉更難禁	하윤은 육식 금하기 더욱 어려웠다.9)
已分靑雲隔	이미 벼슬과는 멀리 떨어졌나니
寧愁白簡侵	파직 공문 왔다고 어찌 근심하랴.

| 人生且安命 | 인생이란 천명을 편안히 받는 것 |
| 歸夢尙祇林 | 돌아가 부처 모시는 꿈이나 꾸리.10) |

이 시는 두 편의 연작으로 되어 있는데, 그 첫 번째 작품이다. 두 번째 수의 말미에는 다음과 같은 주석이 달려 있다.

이때 사헌부에서 곽재우郭再祐 공公은 도교道敎를 숭상하고 나는 불교를 숭상한다 하여 아울러 탄핵하였으며, 이단異端을 물리치기 위하여 장계파직狀啓罷職하였다. 그리하여 결구에 언급한 것이다.

허균의 주석이 정확하게 첫 번째 수와 관련이 되는지의 여부는 별도로 치더라도, 「문파관작聞罷官作」이라는 제목 아래 함께 지어진 작품의 주석이므로 당연히 당시의 상황을 공유하고 있다. 이 주석에 의하면 임진왜란에서 홍의장군紅衣將軍으로 널리 알려진 곽재우郭再祐 역시 허균과 함께 탄핵의 대상이 되었던 것이다. 그는 자신의 파직 소식을 듣고 오히려 전원田園으로 돌아가 불교도로서 살아가겠노라고 말한다. 파직 소식을 듣고 허균이 남긴 첫 번째 기록이 바로 이 작품이라 할 수 있다. 그는 마음이 어디에도 머무름이 없다는 것을 앞머리에 내세움으로써 자신은 이미 불교적 수양 덕분에 인간의 욕망을 벗어났다는 것이다. 이것은 앞서 언급한 바 있는 '사명당에게 보내는 편지'를 연상시킨다. 자신이 비록 아내와 함께 살고 육식을 하는 속인俗人의 처지지만, 인간으로서의 욕망을 벗어나 수행의 상당 수준에 이르렀음을 드러낸다. 파직이 자신의 마음을 흔들지는 못한다. 벼슬에 대한 욕망이 존재한다면 그 소문은 자신에게 치명적이겠지만, 마음이 어느 한 곳에 머무르지 않기 때문에 근심할 것이 없다. 이런 맥락에서 이 시의 결론이 부처를 모시는 것을 꿈꾸는 것에 이르렀다는 점이 그리 이상해 보이지는 않는다.

그렇지만 허균이 불교에 대한 자신의 호의적 의견을 모든 글에서 당당히 밝히는 것은 아니다. 최천건崔天健에게 보낸 편지에서 그러한 예를 볼 수 있다. 조금 길지만 허균의 생각이 흔들리는 모습을 보기 위해 전문을 인용한다.

교외郊外에까지 나와 손목 잡고 이별해 주심은 정이 두텁고 간곡함이었으며, 깨우쳐 주신 말씀은 생각사록 잠시라도 잊을 수 없는 것이었습니다. 고을에 도착한 13일째에 아전이 경보京報와 손수 쓰신 편지를 가지고 왔기에 살펴본즉 5월 초6일에 대관臺官의 탄핵으로 파면당했으니 웃음이 터져 나옴을 깨닫지 못했습니다. 돌아가신 저의 아버지께서 이 고을을 맡으신 13일째에 교체되셨고, 제가 또 이렇게 되었습니다. 이는 거의 조물주[眞宰]의 장난일지언정 어찌 사람의 꾀로 이리 할 수 있겠습니까. 저는 세상과 어긋나서 죽고 삶, 얻고 잃음을 마음속에 개의할 것이 없다고 여겼습니다. 그래서 차차로 노자老子, 불자佛者의 유類를 따라 거기에 의탁하여 스스로 도피한 적이 오래인지라, 저도 모르게 젖어들어 더욱 불경佛經을 좋아하게 되었습니다. 달견達見을 보면 골짜기가 갈라지고 강이 터지며 문자文字가 황홀하고 아득하여 나는 용이 구름을 타고 오르는 듯해서 꼬리, 갈기, 손톱, 껍질을 판별할 수 없었습니다. 읽으면 읽을수록 더욱 아득하여 정신이 팔극八極(八方의 끝)의 밖에 노니는 듯하였습니다. 그래서 항상 이 책을 읽지 않았다면 아마 일생을 헛되게 보냈으리라고 말하곤 했습니다. 깊게 찾아내 연구하고 밑에 쌓인 온갖 것을 꿰뚫고 보니, 심성心性이 자연히 명료해져 마치 깨달음이 있는 듯하였습니다. 때때로 젊은 시절에 배웠던 사자四子(孔子, 曾子, 子思, 孟子), 염락濂洛(周敦頤와 程子)의 서書를 꺼내어 불교에서 심성心性에 대하여 말했던 곳과 비교하였습니다. 이동異同의 견해와 진위眞僞가 서로 한계됨을 변석辨析하고 논변하니 제법 자신에게 얻는 것이 있었습니다. 그래서 저서著書하여 그 의미를 밝혔는데, 이른바 영불佞佛이라고 했음은 반드시 이걸 가리키는 것 같습니다. 저는 당세當世에서 거슬림 받았고, 여러 번 더러운 치욕으로 탄핵을 받았으나 털끝도 움직이지 않았습니다. 어찌 이로써 나의 신기를 손상하겠습니까? 더구나 곽공郭公과 더불어 함께 간諫하는 글에 들어 있으니, 이른바 이백李白, 두보杜甫와 명성이 가지런한데 죽더라도 또 무엇을 한스러워하겠습니까. 형과 이대중李大中, 성덕보成德

甫가 처음에 나에게 좋은 벼슬길을 터주려 한 것은 아마 일의 기틀을 헤아리지 못한 것이 아닐는지요. 원님 자리도 허용되지 않는데 옥당玉堂의 높은 지위가 허용되겠습니까? 오래지 않아 서울에 도착하면 손을 붙잡고 모두 아뢸 터이니, 다 말하지 못합니다.11)

최천건은 정치적으로 허균에게는 최고의 지원자였다. 파직되어 실의에 빠져 있을 때에 다시 복직의 길을 열어주기도 했고, 편지를 주고받으면서 서로의 속마음을 토로하기도 했다. 실제로 삼척부사에서 파직된 뒤 허균을 다시 천거한 사람이 바로 최천건이었다.12)

허균은 이 편지에서 자신이 불교와 가까이하게 된 이유를 몇 가지 거론한다. 자신은 세상과 뜻이 어긋나서 항상 도피처가 필요했는데 불교가 바로 적당한 곳이었다는 점,13) 불경에 담긴 뜻이 뛰어나다는 점, 문장 공부에 도움이 된다는 점 등이 바로 그 이유이다. 그는 이러한 점을 바탕으로 이미 앞서 인용했던 「송이나옹환지사산서送李懶翁還枳柶山序」(『惺所覆瓿藁』 권4)의 내용과 기본적으로 겹친다. 심지어 몇몇 부분에서는 이 글에서 이미 사용되었던 구절이 다시 최분음에게 보내는 편지에 등장하고 있다.

여기서 주목되는 부분은 불교에 대한 허균의 태도가 미세하지만 다르다는 점이다. 실제로 자신은 불교도가 아니라는 점을 자연스럽게 토로한다. 젊은 시절 읽었던 성리학 서적의 내용과 불교의 논리를 비교하는 공부를 했다는 그의 진술은 최천건에게 자신의 파직이 부당하다는 사실을 보이려고 하는 것이다. 그렇지만 그는 삼척에서의 영불佞佛 사건이 전혀 사실무근은 아니라는 점을 인식한 탓인지, 최천건에게 보내는 편지에서는 대단히 우회적이면서도 조심스럽게 자기 입장을 밝힌다. 이는 여러 해 전에 「임자승에게 보낸 편지」[14]에서 보이는 바와 같은 입장과 비교할 때 선명하게 드러난다. 즉 자신은 불교도가 아니라는 점을 첫 문장으로 드러낸 뒤에 불경의 문장이 좋아서 시간 보내는 용도로 독서를 한다고 하였다. 그러면서 깨달음으로 가는 것은 대단히 어렵다는 점을 밝힌 뒤, 권력에 아부하여 자신의 욕심만 채우는 인물들보다는 불경을 읽으며 지내는 삶이 훨씬 낫다는 점을 말한다.

허균은 젊은 시절에 읽은 유교 경전 및 선현들의 글과 불경을 비교하여 그 이동진위異同眞僞를 따지는 글을 썼다고 했다. 실제로 이 같은 글을 썼는지 확인할 수는 없다. 그런데 그는 바로 이 글이 사람들의 오해를 불러 일으켰다고 주장한다. 앞서 실록 자료에서 본 것처럼 허균의 탄핵 내용은 그가 불경을 외고 승복을 입고 불상에 예를 올렸다는 구체적인 행위였다. 그런데 그 문제는 전혀 언급하지 않은 채 불교와 유교를 비교하는 글이 오해를 불러일으켰다는 것이다. 이러한 태도는 허균 자신이 관직 진출에의 희망을 버리지 않고 있었음을 암시한다. 최고의 후원자인 최천건이 허균 자신을 변호할 수 있는 명분을 주면서 자신에게 유리한 방식으로 상황을

"허균은 나와 남을 구별하지 말며, 작은 선이라도 소홀히 하지 말라고 충고한다. 일상생활에서 실천해야만 하는 작은 문제들을 중시함으로써 깨달음으로 가는 징검다리를 삼으라는 충고는, 수행이 결코 인간의 기본 조건을 벗어나 존재하는 것이 아니라는 점을 강조하는 것이다."

설명하는 것이다.

영불 사건으로 파직된 이듬해인 1608년의 글에서는 이와는 다른 면모를 발견한다. 해안海眼 스님에게 보낸 편지가 남아 있어서 그러한 사정을 짐작하게 한다.

> 그대는 완공頑空에 집착하면 안 될 것입니다. 만약 견성見性하지 못하면 조사祖師의 밀어密語도 모두 외서外書가 되어버리고, 견성한다면 마구니의 설법과 여우의 참선도 모두 묘체妙諦가 됩니다. 집착하면 남과 나의 구별이 있게 되니, 경계하고 또 경계하시오. 하나의 선善이라도 게으르고 태만히 하는 데서는 얻지 못하리니, 힘써야 할 것이오.15)

완공頑空이란 공견空見에 빠져서 진정한 깨달음에 이르지 못하는 것을 말한다. 수행의 초기 단계에서 경험할 수 있는 무아無我 체험은 사물의 본질이 텅 비었음[空]을 깨우쳐 준다. 그렇지만 만물이 텅 비었다는 사실에만 집착하다 보면 진공묘유眞空妙有의 진정한 깨달

> "허균이 … 표현하고 있는 불교는 대상에 따라 다양한 차이를 드러낸다. 불경을 읽지 않았다면 이 인생을 헛되이 보낼 뻔하였다든지, 견성見性 문제를 심각하게 생각하는 등의 적극적인 표현부터, 자신은 불교에 호의적일 뿐이지 믿지는 않는다는 식의 소극적인 표현에 이르기까지, 표현은 다양하게 드러난다."

음으로 가는 길에 오히려 장애가 된다는 것이다. 이 문제는 고금을 막론하고 많은 조사祖師들이 갈파한 것이고, 수행자들이 언제나 경계하는 중요한 원칙이다. 진공眞空에 도달하기 위해 수행자는 당연히 견성見性을 해야 한다. 견성이 바로 진공을 깨닫는 일인 셈이다. 견성을 하기 위해 필요한 것은 무엇인가. 허균은 나와 남을 구별하지 말며, 작은 선이라도 소홀히 하지 말라고 충고한다. 일상생활에서 실천해야만 하는 작은 문제들을 중시함으로써 깨달음으로 가는 징검다리를 삼으라는 충고는, 수행이 결코 인간의 기본 조건을 벗어나 존재하는 것이 아니라는 점을 강조하는 것이다.

　허균의 불교 공부가 본격적인 경지로 접어든 시기는 1602년 무렵이었던 것으로 보인다. 이 무렵 그는 서산西山 휴정休靜에게 네 통의 편지를 연거푸 보내어 불교에 대한 가르침을 받았다. 이것은 황해도사 파직 사건 이후 불교에 대한 관심을 강하게 밀고 나간 결과로 생각된다. 그것이 삼척에서의 영불사건으로 번졌을 것인데, 이런 사정에도 불구하고 불교 경전을 읽고 마음 공부를 하는 생활을 끊지 않았던 것이다.

허균이 불교에 상당한 조예가 있었던 것으로 보이지만 그가 표현하고 있는 불교는 대상에 따라 다양한 차이를 드러낸다. 불경을 읽지 않았다면 이 인생을 헛되이 보낼 뻔하였다든지, 견성見性 문제를 심각하게 생각하는 등의 적극적인 표현부터, 자신은 불교에 호의적일 뿐이지 믿지는 않는다는 식의 소극적인 표현에 이르기까지, 표현은 다양하게 드러난다. 문제는 이 표현이 단순한 표현에 그치는 것인지, 표현 이면에 무언가 알 수 없는 갈등이 내재하는 것인지는 좀 더 확인해야 할 필요가 있다는 점이다.

2) 「산구게」에 나타난 불교 사유와 시선의 흔들림

허균의 문집에는 새롭게 분류해서 편차한 문체가 있다. 척독은 명청소품이 조선에 널리 유행하게 되는 중요한 계기를 마련한 분야인데, 그것을 문집에 처음 반영하여 편차한 사람이 바로 허균이다.16) 일종의 독후감 혹은 독서비평이라 할 수 있는 '독讀'을 설정한 것도 특이한 분류이다. 여기서 다룰 「산구게」는 잡문雜文으로 분류되어 있다. '잡문' 안에는 모두 4편의 글이 수록되어 있는데, 분류제목과는 달리 모두 장편 시로 구성되어 있다.

「산구게」는 '나와 '개'의 대화로 구성되었다. 앞뒤에 작중화자의 질문과 마무리를 넣고, 본론에 해당하는 가운데 부분은 개의 대답으로 되어 있다. 개와의 문답으로 보면 우의적인 성향을 강하게 지니는 작품이다.

작중화자가 산중에 있는 절에 갔다가 우연히 거기서 떠돌고 있는 바짝 마른 개를 한 마리 만난다. 개의 전생은 원래 인간이었는데, 잘못을 저지르는 바람에 아비지옥에 떨어졌다가 오랜 세월 고생한 끝에 드디어 개의 몸을 받았다는 것이다. 이 글은 주로 개가 어떻게 아비지옥에 떨어졌으며, 개의 몸을 다시 받은 뒤 사람이 되기 위해 어떤 노력을 하고 있는지를 말하는 내용으로 구성되었다.

우선 개로 환생하게 된 내력이 무엇인지 살펴보기로 하자.

有獒之纍纍	비루먹은 저 개여
初從何方來	당초에 어느 쪽에서 왔는가.
又向何方去	또한 어느 쪽으로 가는 것이며
何所求所覩	구하는 것은 무엇이고 보는 것은 무엇인가.
獒請對以臆	"속마음을 말씀 드리겠습니다.
吾誣無生忍	저는 무생인無生忍을 믿지 않았었지요.
吾前生爲人	전생에는 사람이었는데
嗜利喜權寵	이익과 권력과 총애를 좋아하고
陷人以刑杖	사람을 형벌에 빠뜨리고
饕餮積貨財	온갖 탐욕으로 재물을 쌓았습니다.
以此獲陰譴	이 때문에 천벌을 받아

墮大阿鼻獄	깊은 아비지옥에 떨어져
受苦無量劫	무량겁 동안 괴로움 받다가,
今纔得狗身	이제야 겨우 개의 몸을 얻었습니다.
我懺悔前非	이전의 잘못을 참회하면서
而發大誓願	큰 서원을 냈으니,
不肉不在家	육식도 하지 않고 집에도 있지 않으며
拜佛及菩薩	부처와 보살님께 예배하며
默念阿彌陀	묵묵히 아미타불 염송하렵니다."17)

개는 자신이 아비지옥에 떨어진 이유를 두 가지로 요약하고 있다. 무생인無生忍을 믿지 않았다는 점과 온갖 탐욕 때문이라는 것이다. '무생인'이란 생멸生滅의 이치를 여읜 진지眞智의 이체理體를 말하는데, 이체理體에 편안히 머물러 움직이지 않기 때문에 그렇게 부른다고 한다.18) 보통 초지보살初地菩薩 혹은 칠지보살七地菩薩부터 구지보살九地菩薩에 속하는 이들이 증득證得하는 깨달음을 말한다. 무생인을 믿지 않는다는 것은 불교에 대한 믿음 여부를 말하는 것이다. 전생에 인간이었을 때 불교를 믿지 않았다는 점을 먼저 내세운 다음, 속세의 추악한 욕망을 추구하는 모습을 연결시킴으로써 불교가 지향하는 무욕의 세계를 연상케 한다. 그 욕망은 이익과 권력, 임금을 비롯한 윗사람의 총애, 남을 모함하여 벌을 받게 하는 것, 재물욕財物慾 등을 말한다. 이 같은 비판은 세상 사람들을 향한 것일 수도 있

지만 자신의 삶을 돌아보는 독백으로도 읽힌다. 1599년 황해도사에서 파직되면서 혐의를 받았던 부분이 여러 가지지만, 무뢰배들이나 창기들과 어울린다는 것 외에도 불교의 명호를 부르는 자들을 이끌고 다닌다는 점은 그의 불교적 태도가 이미 조정에서는 비판의 대상으로 등장했음을 명확히 보여주는 증거다. 이렇게 파직된 이듬해 서산대사에게 보낸 허균의 편지에는 벼슬을 그만둔 뒤에라야 서산대사의 말을 실천에 옮길 것이라는 말이 등장한다.[19]

가장 깊은 지옥인 아비지옥에 떨어지는 업보는 결국 자신이 만든 원인에 의해 받는다. 무량겁 동안 고통을 받다가 겨우 인간의 몸이 되었는데, 짐승의 몸을 벗어나 인간으로 다시 태어나기 위해서는 예불과 참선 수행이 필수적이라고 했다.[20]

그렇다면 여기서 등장하는 개는 누구를 형상화한 것일까. 불교를 믿지 않고 온갖 탐욕을 부리다가 아비지옥에 떨어지는 것은 윤회하는 중생으로서는 최악의 상황이다. 겨우 개의 몸을 받고 환생하여 인간이 되기 위해 노력하는 '산구山狗'는 어찌 보면 속세를 살아가는 모든 인간의 모습을 비유한 것으로 볼 수도 있다. 개로 형상화했을 뿐이지 개의 행실이나 유력遊歷하는 곳을 살펴보면 엄정한 수행자의 모습이다.[21] 육식도 하지 않고 출가한 처지로, 위대한 서원誓願을 세우고 온갖 명산을 유력하면서 참선을 하는 개는 모든 잘못을 절실히 깨닫고 겸허히 수행에 몰두하고 있는 존재이다.[22] 작품의 마지막 부분에는 '개에게도 불성이 있다'는 결론을 이끌어낸다.[23] 오랜 수행을 거쳐 일탄지一彈指에 깨달음을 얻는 것은 선불교의 돈오頓悟나 화엄의 '초발심初發心이 바로 깨달음'이라는 논지와 맥락이 잇닿아 있는 논리다.

허균이 자신의 표현대로 '세상과 어긋나는' 삶을 살아가는 동안 불교는 어떤 존재였을까. 서산과 사명당 및 해안海眼 등과의 교유 과정에서 보여주는 불교 수행의 경지를 떠올린다면 "불경을 몰랐더라면 헛된 생을 보냈을 것"이라는 고백은 그의 속마음을 담고 있는 것으로 추정된다. 그러나 당대 사회에서 불교는 이단으로 비난 받아 마땅한 것이고, 허균 자신에게는 현실적으로 하나의 장애 요소로 작동한다. 앞서 살펴본 것처럼 불교에 대한 공부를 진술한 것이 자신을 향한 독백인가, 친한 벗에게 하는 것인가, 후원자에게 표현하는 것인가에 따라 그 고백의 농도가 달라지는 것은 바로 이 때문이다. 불교에 대한 믿음이 확고하다면 물론 출가를 하거나, 적어도 자신의 불교적 입장을 분명히 밝힐 수 있었을 것이다. 그러나 허균은 불교 공부도 하고 있었지만 동시에 관직에 진출하여 활발하게 활동하고 싶기도 했다. 수행과 출사出仕 사이에서 허균의 자아는 은미한 균열을 일으킨다.

벼슬길에 있는 동안 허균이 사회 문제를 일으켰던 내용은 상중喪中에 기생과 놀았다는 윤리적 문제, 공금을 유용했다는 것, 불교의 예를 올렸다는 것 등이다. 불경을 읽고 고승들과 토론하면서 깊은 흥미를 느꼈지만, 허균에게는 여전히 현실에서의 인간적 즐거움은

"작품 속에 등장하는 '개'는 부정의 대상이라기보다는 긍정해야 하거나 배워야 할 대상으로 보인다. 이는 허균이 개의 모습에 자신의 속마음을 반영하여 표현한 것이라 할 수도 있을 것이다. 허균은 자아-주체를 '개'라고 하는 대상으로 타자화하여 표현함으로써 삶을 돌아보는 계기로 삼은 것이다."

포기할 수 없는 어떤 것이었다. 아비지옥에 떨어지게 된 개의 전생의 잘못, 즉 이익과 권력과 총애와 재산 축적 등은 허균 역시 현실에서 열심히 추구하던 것들이었다. 그러나 이러한 것들이 장애가 되어 파직을 당하거나 귀양을 가게 되자 이전부터 읽어왔던 불교적 성향과 만나서 일종의 참회 행위로 표현된다.

「산구게」에서의 '개'는 두 가지 모습을 동시에 가지고 있다. 고생을 한 탓에 바짝 마른 모습으로 귀를 늘어뜨리고 있는 모습을 보이기도 하고, 자신의 잘못을 뉘우치면서 용맹정진하는 수행자의 모습을 보이기도 한다. 그렇지만 이러한 형상은, 초라한 표면적 모습과는 달리 내면적으로는 굉장한 수행 이력과 수준을 보여준다. 세속적 욕망을 벗어나 무소유의 삶을 살아가지만 사실은 깨달음을 향해서 정진하는 수행자의 모습으로 치환될 가능성도 있다. 그런 점에서 작품 속에 등장하는 '개'는 부정의 대상이라기보다는 긍정해야 하거나 배워야 할 대상으로 보인다. 이는 허균이 개의 모습에 자신의 속마음을 반영하여 표현한 것이라 할 수도 있을 것이다. 허균은 자아-주체를 '개'라고 하는 대상으로 타자화하여 표현함으로써 삶을 돌아보는 계기로 삼은 것이다.

그렇다고 해서 허균이 '개'를 전적으로 자신의 내면을 우의寓意 대상으로 본 것이라 단정하기도 어렵다. 개를 관찰하는 주체로서의 '나'가 있기도 하지만, 서술 주체로서의 '나'가 마지막 행에서 말하고 있는 바 "사람으로서 개만도 못할 것인가" 하는 진술 때문이다. 개의 모습을 긍정적으로 묘사하고 있음에도 불구하고 그보다 못한 인간들을 질타하는 말은, 시적 화자가 개를 타자화하여 관찰하고 있다는 것을 드러낸다. 그렇게 본다면 개는 온갖 욕망에 시달리고 있는 세상 사람들을 경계하기 위한 하나의 비교 대상 혹은 기준선으로 제시된 것처럼 보인다.

이처럼 「산구게」에서 '개'를 바라보는 허균의 시선은 어느 쪽으로도 위치 지을 수 없는 흔들림이 발견된다. 말하자면 개는 허균의 자아를 반영한 것이기도 하면서 그것을 관찰하고 대상화하여 타자화하는 존재이기도 하다. 이러한 태도는 사실 허균 삶의 한 지점에서 시작된 것은 아니다. 방대한 독서를 통해서 다양한 사유를 접하고 만들었던 그로서는, 현실과 사상적 입장 사이에서 상당한 갈등을 겪었다. 그가 여러 차례 언급한 바 '세상과 어긋났다'고 하는 진술은 이 같은 맥락에서 이해되어야 한다. 불교 공부는 경전 읽기와 참선, 승려들과의 토론 등을 통해서 꾸준히 깊어졌지만 그것을 전면에 내세우기에는 힘들었을 것이다. 이 점은 같은 사안에 대한 글인데도 그 글을 받아 읽을 상대방의 입장에 따라 일정한 편차를 드러낸 이유기도 하다. 그런 점에서 「산구게」는 개를 등장시켜서 인간들을 비판하는 동시에 허균 자신의 불교적 깨달음의 경지를 보여주는 '게송'인 것이다.

4. 허균 사유의 모호성

「산구게」는 허균이 주체를 타자화하여 표현한, 일종의 우의적 작품이다. 그러나 이 작품은 비판의 대상인 타자를 우의 대상으로 내세워서 세상 사람들을 비판하는 우의시寓意詩나 우화寓話와 같은 모습을 가지면서, 동시에 자기 자신을 개에 의탁하여 드러내는 탁전托傳과 같은 지점을 보이기도 한다. 주체 혹은 자아의 시선에서 벗어나는 절대적인 외부성을 가지는 자리에 '타자'가 존재한다고 할 때, 우리는 「산구게」에서 자아와 타자의 미묘한 혼효를 발견할 수 있다. 즉 '타자'를 외부에 위치시키는 '나'와 '타자'를 욕망하는 '나'가 혼효되어 있다.

이러한 모습은 허균의 불교적 사유가 어떻게 형성되었는지를 살펴볼 때 어느 정도 해결의 실마리를 확보할 수 있다. 10대 후반 중형仲兄 허봉許篈의 교유 인사들 중에서 고승들과 인연을 맺게 된 이래 많은 승려들과 교유하면서 방대한 불교 서적을 읽었다. 그렇게 불교적 사유가 형성되어 가지만, 현실적 어려움 때문에 글 속에서는 언제나 흔들리는 자아 혹은 시선의 미세한 흔들림이 포착되었다. 「산구게」는 바로 이 맥락 위에서 창작된 것으로 보인다.

표면적으로 보면 작중화자는 허균의 자아로 표상되고, 개는 외부성을 가지는 타자에 해당된다. 그런 맥락에서 보면 개의 삶은 허균이 지향하는 것이며, 개의 전생은 허균이 현실 속에서 누리거나 욕망하다가 장애로 작동했던 것들이다. 어느 쪽도 노골적으로 편들 수 없는 허균 입장에서는 자신의 불교적 사유를 '개'라는 외부를 통해서 타자화한다. 그렇지만 개의 이미지가 단순히 허균의 내면 풍경을 보여주기 위한 것만이라고 볼 수도 없다. 작품 내에서 명확히 서술 주체가 등장하고, 그의 입을 빌어서 속세의 인간을 개와 비교하면서 반성을 촉구하고 있기 때문이다.

바로 이 지점에서 허균의 텍스트는 미세하게 삐걱거리면서 사유의 균열을 일으키는 계기로 작동한다. 서술 주체를 허균 자신으로 규정한다 해도 여전히 그는, 수행자의 모습을 지닌 개와 욕망에서 벗어나지 못하는 세상 사람들 사이에서 서성거리고 있기 때문이다. 어느 쪽도 명확히 지지하지 못하면서 동시에 양쪽의 모습을 모두 가지고 있다는 점에서, 우리는 허균 사유의 특징을 발견한다. 그것은 모호성이라는 부정적 성향으로 파악되기도 하지만, 동시에 어떤 생각도 자유롭게 받아들여 내부에서 발효시키는, 그리하여 새로운 사유의 길을 모색하는 데 중요한 공간을 제공하는 것으로 여겨지기도 한다. 그의 「산구게」는 이 같은 내면 풍경을 보여주는 중요한 작품이라 할 수 있다.

허균 장서의 행방과 유재 이현석

1. 17세기에 대한 관심

　최근 17세기에 대한 논의가 심화되는 현상은 그만큼 문학사의 변화에 대한 연구자들의 시선이 섬세해졌음을 의미한다. 작가론뿐만 아니라 이 시기의 인물들을 각 유파 또는 정파별로 묶어서 그들의 문학론이나 문학적 경향이 어떻게 변모해 가는지를 추적하고, 이를 통해서 16세기와 18세기 문학과 구별되는 17세기만의 특징적 부면을 탐구하려는 태도에서 이 시기 많은 연구자들의 관심사가 무엇인지를 발견할 수 있다.[1] '세기世紀'라는 편의적 구분에도 불구하고 17세기가 이렇게 깊은 관심의 대상이 된 이유는 오랜 전쟁의 여파로 사회경제적 조건이 급변하였고, 거기에 당색黨色으로 인한 복잡한 구도가 문화적 취향에 일정 정도 영향을 미치는 시대이기 때문일 것이다.

　임진왜란을 기점으로 조선은 동시대 중국 문학에 대해 주목하기 시작했다. 한두 가지로 정리하기 어려울 정도로 다기多岐한 경향이 포착되고 논의되었지만, 문학 방면에서는 방대한 독서열이 사회적으로 확대하는 것과 시기를 함께 하면서 중국문학의 수용과 영향은 새로운 유행처럼 문학사의 전면으로 부상한다. 독서광과 장서가가 본격적인 모습으로 나타나는 것도 이 시기부터이다.

특히 조선에서 명나라의 전후칠자前後七子를 수용하는 일은 흥미로운 영향 관계를 만들어낸다. 널리 알려진 것처럼, 윤근수尹根壽와 허균許筠 등으로부터 시작된 전후칠자의 수용은 김창협金昌協에 이르러 정교한 비판을 이끌어낼 정도로 상당한 깊이로 수용하는 양상을 보인다. 시詩뿐만 아니라 산문에서의 영향은 조선의 고문을 이전 시기와는 전혀 다른 차원으로 이끌었다는 평가를 받고 있다. 물론 그 이면에는 전후칠자가 중국 문단에서 담당했던 역할이, 조선의 현실 속에서 그들을 수용한 관료-문인들이 했던 역할과 유사한 점이 있었기 때문에 가능한 일이었을 수도 있다. 특히 정치와 사회 현실 속에서의 비판 의식을 견지한다든지, 대각체臺閣體와 같은 관료 문인들의 문풍을 극복하려는 노력이 창작과 비평 모두에서 일어난 현실 등은 전후칠자가 조선의 문인들에게 공감을 불러일으키는 동인으로 작용했을 가능성도 있다.[2]

16세기 말 본격적으로 수용되기 시작한 명대明代의 문학이 17세기 후반으로 접어들면서 상당한 이해도를 자랑하면서 그에 대한 비판의 목소리도 나타난다. 이러한 경향은 전후칠자들의 복고적 태도에도 불구하고 중국의 동시대 문학에 대한 관심을 불러일으키면서 조선 문단에 새로운 문풍을 불러온다. 이와 함께 학술적 태도와 글쓰기의 방식과 독서 경향 등에서도 변화가 감지된다.

이 글에서는 17세기 후반의 문인 유재游齋 이현석李玄錫(1647~1703)을 통해서 당시의 독서 경향의 변화를 논의하고자 한다. 그는 24권 8책 분량의 『유재집游齋集』을 남겼다.3) 그의 문집에는 어린 시절 창작했던 시문으로부터 만년의 작품에 이르기까지 시대 순으로 수록하면서 많은 작품의 창작 연대를 밝혀 놓았으므로, 17세기 후반 조선의 한 관료 문인이 어떻게 명대 문학을 수용하였으며, 그의 독서 경향은 어떠했는지를 살피기에 적절한 것으로 보인다.4)

2. 이현석의 독서 경향과 시 세계

이현석은 지봉芝峯 이수광李睟光의 증손자로 한양에 세거世居한 집안의 후손이다. 조부 이성구李聖求는 영의정을 지냈고, 부친 이당규李堂揆는 이조참의를 지냈으니, 관직으로 보아도 명망이 있는 가문이었다. 이현석 역시 21세에 진사시, 29세에 문과에 오른 이후 여러 관직을 거친 뒤 형조판서까지 지낸 인물이다. 네댓 차례 좌천되거나 귀양을 간 경우가 있기는 했지만 전반적으로 성공적인 관료 생활을 한 셈이다. 가학家學의 영향으로 독서 범위도 광범위하거니와 젊은 시절 시문을 쓰던 모습을 보여준다는 점에서 흥미롭다.

1) 의작시擬作詩: 모방과 학습의 변모 양상

　한문의 복잡한 규칙을 익히기 위한 학습 과정은 길고 험난하다. 암송과 부단한 습작을 통해서 이루어지는 한문 학습은 모방의 과정을 전제하고 있다. 모든 글쓰기의 일반적 원칙 중의 하나이기도 한 모방의 원리는, 특히 한문학 학습 과정에서 막중한 자리를 차지한다. 모범적인 시문을 보여주는 선집選集은 시대가 달라질 때마다 새롭게 편집되었고, 우리는 편집 방향을 통해서 한 시대의 문학 작품의 모범을 읽는다. 뿐만 아니라 시대를 넘어서 하나의 전형으로 자리잡은 작품은 수많은 예비 관료들의 글쓰기 교과서로 기능하면서 모방의 한 모델을 이룬다. 유파가 형성되고 그에 따르는 문학론이 하나의 주장으로 나타난다.

　조선시대 양반들 사이에 과체시科體詩나 부賦를 모은 선집이 글쓰기 교과서로 이용되었던 것은 이미 알려진 사실이다. 그것을 통해 그 시대의 유학자들은 자신의 생각을 표현하는 형식을 배운다. 문제는 글쓰기 교육의 형식적 측면이 강화되면서 제기된다. 우리 나라의 경우 고려시대부터 꾸준히 제기된 바 장옥문자場屋文字에 대한 비판은 글쓰기가 지나친 형식에 얽매여서 개인의 참신하고 창조적인 생각을 담아내지 못한다는 점에서 비롯된다.

　그럼에도 불구하고 전대 문인에 대한 모방은 한문 학습 과정에서의 필수적인 경로로 여겼다. 통사적 구조를 몸에 익히기 위한 각고의 노력은 말할 것도 없거니와, 수많은 창작 규칙과 전고典故는 평생 토록 익히는 것이었다. 이들은 모두 모방의 넓은 범주에 속하는 것 들이다. 이현석의 시에서 특징적으로 보이는 것은 바로 전대 문인 의 작품을 모방해서 창작을 해보는, 이른바 의작시擬作詩이다.

이현석의 작품 중에는 상당량의 의작시가 들어 있다. 문집의 앞 부분에 많은 분량이 집중되어 있는 것으로 보아 그의 의작시는 생 애의 앞부분에 주로 지어진 것으로 보인다. 의작擬作의 대상도 한결 같지가 않다. 당률唐律을 대상으로 한 것이 있는가 하면, 이백李白이 나 두보杜甫와 같은 개인을 대상으로 한 것도 있다. 이들 작품의 제 목은 대부분 '의擬'나 '차次'를 붙여서 해당 작품이 의작시임을 드러 낸다.

의고시擬古詩의 전통은 조선시대 지식인들에게 널리 행해진 하나 의 관행이었다. 그것만 따로 떼어서 분류를 해도 될 정도로 의고시 는 많이 지어졌다. 그러나 '의고시는 과거의 작품 중에 특정한 것을 조술祖述하겠다는 의식 아래서 쓰여진 시이며, 이에 따라 작가 자신 의 독창성을 가미한 시'[5]라는 점에서, 이현석이 보여주는 의작시와 는 차원을 달리한다. 사실 전칠자의 대표주자 이몽양李夢陽이나 하경 명何景明과 같은 사람들도 의고시를 강조하였다. 물론 양자 사이의 차이가 엄존하기는 하지만, 이현석의 의작시擬作詩 창작은 명대 문인 들의 영향에 일정 부분 기대고 있는 것도 사실이다.

그의 의작시에는 명초明初의 개국시인開國詩人으로 칭해지는 고계高

啓를 비롯하여 도륭屠隆, 양신楊愼, 이반룡李攀龍, 이몽양李夢陽, 오국륜吳國倫, 왕세정王世貞 등 명대의 시인들을 대상으로 한 작품이 다수 포함되어 있다. 이들 작품은 『금중록禁中錄』에 수록되어 있으므로 그가 홍문관에서 지낼 즈음의 작품으로 보인다. 권 2에 수록된 『주교록舟橋錄』의 시편은 1675년 이후 주교사舟橋司에 있을 때 지었다는 협주夾註로 미루어 문과급제 전후에 지은 작품들이다. 이 시기 지어진 작품 중 반 이상이 당시唐詩를 의작한 것들이다. 그로부터 약 3년 정도 지난 시점에 지어진 작품들에는 당시와 함께 명대의 시가 의작시의 대상으로 다수 등장한다. 그렇다면 그의 시적 관심이 당시에서 명시로 옮겨가고 있음을 짐작할 수 있다.

그의 명시에 대한 관심은 언제 생겼을까. 이미 17세기 후반에는 명나라 문학에 대한 이해의 정도가 상당히 깊어진 상태이기 때문에, 명문 출신의 한 지식인이 명시를 열심히 읽는다는 사실을 특이하게 볼 일은 아니다. 그러나 다른 한편으로 보면 당시에서 명시로 옮겨가는 이석현의 독서 속에서 우리는 명나라 전후칠자의 그림자를 발견한다. 앞서 언급한 의작시 중 이몽양, 이반룡, 왕세정, 오국륜 등은 전후칠자의 중요한 인물로 꼽힌다. 명나라 문학이 조선으로 들어올 당시 이들을 중심으로 16세기 말 수입되었다면,[6] 당연히 이현석의 의작시에서 이들의 작품이 언급되는 것은 당시 조선의 명나라 문학에 대한 깊이 있는 이해가 전제되어 있어야 한다. 더욱이 그들의 문학적 태도가 '한문당시漢文唐詩'에 있고 보면, 당시에 대한 의작을 열심히 하던 이현석의 관심이 동시대 문인들에게 널리 유행하던 명나라 전후칠자의 작품으로 옮겨가는 것은 자연스러운 현상이었을 것이다.

　새로운 문학의 수용은 이처럼 모방을 통한 학습으로 이루어졌고, 그 습작 중의 일부가 현재 문집에 남아 전한다. 문집을 엮으면서 차운시次韻詩를 수록하는 경우는 많지만, 의작시를 대거 수록하는 경우는 그리 흔치 않다. 그것은 이현석의 작시 태도 내지는 작시 공부 과정에서 의작擬作이 중요한 방식 중의 하나였음을 보여주는 증좌이다. 모방에서 시작되는 공부는 필연적으로 많은 양의 독서를 필요로 한다. 의작으로 가기까지 명나라 문인들의 문집을 읽고 습작의 대상으로 삼았다면, 이현석의 독서는 명시明詩에 대한 관심을 불러일으키는 구체적 계기였을 것이다. 모방의 이면에 많은 독서량이 있었다면, 그의 독서 경향은 어떠한 것이었을까.

2) 독서광의 면모

　이현석의 독서 이력에서 중요한 것은 집안의 장서藏書들이었다. 문과에 급제하기 전에 그는 수원에 있던 지봉 이수광의 구거舊居에서 독서를 하곤 했다. 그에게 이수광은 단순히 증조부만이 아니었다. 문인학자로서의 모델이었고 따르고자 하는 어른이었다. '수성장水城庄'이라 불리는 이수광의 구거는 그가 어지러운 세상을 피하여 머물던 곳이었는데, 마을의 노인들은 아직도 그 맑은 풍모와 두터운 덕을 생각하면서 이야기하고 눈물을 흘린다고 했다.7) 그는 이곳에 머물면서 이수광의 많은 장서를 접했을 것이고, 그 속에서 독서광적인 면모를 보이기 시작한다.

그의「수성장기水城庄記」에 의하면, 이 마을에서 동고東皐 이준경李浚慶의 후손인 이필진李必進과 교유하면서 이씨 집안의 장서를 열람한다. 이준경의 수적手迹도 배현拜見하며 허균의 문집인『성소부부고惺所覆瓿藁』, 명나라 화원 고병顧炳의 화첩인「고씨화보顧氏畵譜」도 열람한다. 이 세 가지에 대해서는 각각 시를 남겨서 기록하고 있다.8) 특히 이필진의 집안에는 허균이 수장했던 방대한 장서가 남아 있었기 때문에,9) 이현석은 20여 일 동안 왕래하면서 상당히 많은 서적을 접했을 것으로 보인다. 수원에서의 독서가 그의 일생을 통해 연속적으로 이루어졌는지는 확인할 길이 아직은 없다. 그러나 젊은 시절의 독서 경험에서 명대明代 문헌을 방대하게 접한 것은 그의 문학적 경향에 영향을 끼쳤을 것이다. 허균의 독서량과 수집벽은 '벽癖'의 경지에 이른 것이었으니 당연히 다양하고 많은 책들이 수장되어 있었을 것으로 보인다.

이필진을 통해서 접한 허균의 문집과 그의 장서는 기묘하게도 그의 증조부 이수광과 연관을 가지는 것이기도 했다. 허균과 이수광은 동서同壻 관계였기 때문에 그들이 살아생전에 서적을 매개로 한 교유가 있었다. 게다가 많은 책을 다양하게 읽는 것이라든지, 동시

"다른 글에서는 '근심스러워서 글을 읽으면 즐거워졌고, 배가 고파서 책을 읽으면 배가 불렀으며, 마음이 흔들려서 책을 읽으면 마음이 한가로워졌고, 병이 나서 책을 읽으면 병이 나았다'고 썼다. 뿐만 아니라 그의 창작욕 또한 대단해서, 시마詩魔에 걸린 모습으로 자신을 묘사하기도 한다."

대의 중국문학에 관한 깊은 관심이라든지, 중국의 책을 다량 구득하여 읽은 뒤 선집選集이나 유서類書와 같은 책을 편집하는 등 두 사람 사이에는 여러 가지 상통되는 점이 있었다. 그런 점에서 볼 때 이필진이 허균의 장서를 이어 받았다면, 이현석은 이수광의 장서를 이어서 독서의 자료로 삼은 셈이었다.

이현석의 독서광적 면모는 이 같은 집안의 독서 풍토 및 장서와 관련을 가진다. '유재游齋'라는 호는 '책을 탐닉하다가 병을 얻었기 때문에 스스로 호를 삼았다'10)고 한다. 이미 26세에 독서로 인해 병을 얻었다고 할 정도면, 그의 독서량이 상당했음을 알 수 있다. 최석정에게 보낸 편지에서는 "본 적이 없는 책을 얻게 되면 마음으로 매우 기뻐하며 다행이라고 여겼다"고 하였다.11) 또 다른 글에서는 "근심스러워서 글을 읽으면 즐거워졌고, 배가 고파서 책을 읽으면 배가 불렀으며, 마음이 흔들려서 책을 읽으면 마음이 한가로워졌고, 병이 나서 책을 읽으면 병이 나았다"12)고 썼다. 뿐만 아니라 그의 창작욕 또한 대단해서, 시마詩魔에 걸린 모습으로 자신을 묘사하기도 한다.13) 넘쳐 오르는 표현욕 내지는 시인의 상상력을 '시마'라고 한다면,14) 시를 짓는 것에 대한 굉장한 애착을 표현하고 있는 셈이다. 그는 "굶주림과 배부름, 추위와 더위에 대해서는 아무 반응도 보이지 않지만 유독 문장에 대해서만큼은 기호지벽嗜好之癖이 있어서 평소 스스로 즐기는 것은 오직 이것뿐"15)이라고 할 정도로 문장에 탐닉했었다. 이를 통해서 이현석의 학문적 경향이 경학가라기보다는 문학가에 경도되어 있음을 알 수 있다.

그렇다면 그가 읽은 책은 어떤 종류의 것이었을까. 경서를 기본적으로 강조하는 것은 그 밖의 다른 유학자들과 다를 바 없다.16) 그러나 기본적인 범주를 벗어나 보여주는 그의 관심사는 다양하다. 만년에는 중국사 편찬에 심혈을 기울여서, 방대한 양의 『명사明史』를 편찬하기도 했다. 그것은 명나라에 대한 존숭과 북벌론이라는 시대적 흐름을 잘 반영하는 역사인식이라 할 것이다.

경학과 역사에 대한 관심이 유학자들의 기본적인 자세에서 우러나온 것이라면, 그 외에 그가 읽은 책을 살필 필요가 있다. 「유재육가游齋六家」17)는 그런 점에서 흥미로운 글이다. 그는 이 글에서 여섯 분야로 나누어 읽어야 할 기본 서적을 제시한다. 그것을 정리하면 다음과 같다.

○ 의리가義理家: 소학小學, 대학大學, 중용中庸, 논어論語, 맹자孟子 / 주역周易, 서전書傳, 춘추春秋, 시전詩傳, 예기禮記 / 심경心經, 근사

록近思錄, 이정전서二程全書, 주자대전朱子大全, 주자어류朱子語類, 주염계周濂溪, 소강절邵康節, 장횡거張橫渠, 남헌南軒, 효경孝經, 공자가어孔子家語

○ 경륜가經綸家: 춘추호전春秋胡傳, 성리대전性理大全, 대학연의大學衍義, 황극경세서皇極經世書, 주례周禮, 관자管子, 육선공집陸宣公集, 제갈량의 출사표出師表 / 자치통감資治通鑑, 주자강목朱子綱目, 송원강목宋元綱目, 황명사皇明史 / 국어國語, 사기史記, 전한서前漢書, 후한서後漢書, 삼국지三國誌, 진서晉書, 남북사南北史, 신구당서新舊唐書, 오대사五代史

○ 문장가文章家: 좌전左傳, 국어國語, 장자莊子, 사기史記, 한서漢書 / 한유韓愈, 유종원柳宗元, 구양수歐陽修, 소식蘇軾 등의 전체 문집, 팔대가八大家의 문장정종文章正宗, 고문진보古文眞寶, 백선百選, 문장궤범文章軌範 / 당시품휘唐詩品彙, 이백李白과 두보杜甫의 전집, 초사楚辭, 문선文選의 부賦나 변려문駢儷文 / 암송할 만한 것을 다양하게 모은 것을 항상 잊지 말아서, 밥을 먹을 때나 화장실을 갈 때나 손님을 만날 때에도 속으로 반드시 외워야 함.

○ 시무가時務家: 율력지지律曆志誌, 국의國儀, 형통刑統, 칙령勅令, 대전大典

○ 병가兵家: 육도六韜, 무후심서武侯心書, 기효신서紀效新書, 손무자孫武子, 호령경虎鈴經, 연병실기練兵實記, 삼략三略 등

○ 유예가游藝家: 천문지리복서산수天文地理卜筮算數

목록의 범위나 양으로 보아 조선의 관료-유학자들이 기본적으로 읽어야 할 서적이 망라되어 있다. 경학자, 관료, 문장가로서의 역할을 두루 포괄하는 목록인데, 이를 통해서 이현석의 독서 방향은 어느 한곳에 편중되었던 것이 아니라는 점을 알 수 있다. 특히 문장가 분야의 서적을 소개한 뒤, 암송할 만한 글을 모아서 가지고 다니면서 언제 어디서나 암송을 해야 한다는 조항에 이르면 그의 독서광적 면모가 한층 부각된다.

그렇지만 위의 책만으로 이현석의 독서 경향을 파악할 수는 없다. 대부분 당시 유학자들이 일반적으로 접하던 것들이므로 개인의 경향을 구체적으로 반영하는 것이 아니기 때문이다. 그의 개인적 취향을 통해서 독서 경향을 파악할 수 있는 자료로 「기몽설記夢說」은 매우 흥미롭다.[18]

「기몽설」은 꿈 속에서 수문지부修文之府를 여행한 일을 기록한 글이다. 1700년(庚辰) 2월 13일 밤에 풍비증風痹症으로 인하여 자리보전을 하게 되었는데, 3월 1일 밤에 기이한 꿈을 꾼다. 평소에 존경하던 동주공東州公이 보고 싶다고 모셔오라는 전갈을 받고 찾아온 사람을 따라 남산 기슭의 어떤 관부官府로 들어간다. 여섯 사람이 앉아 있었는데, 목은牧隱 이색李穡, 포은圃隱 정몽주鄭夢周, 간이簡易 최립崔岦, 계곡谿谷 장유張維, 상촌象村 신흠申欽, 지봉芝峰 이수광李晬光이 그들이다. 당시 그가 편찬하고 있던 『명사明史』 초고본을 가지고 오도록 해서 집으로 돌아와 그들에게 보여주기도 한다. 그리고 자신의 만시輓詩나 자찬묘지명自撰墓誌銘과 같은 글을 써놓도록 충고를 듣는다. 역사서 집필과 관련해서는 합리적인 것만을 취하였다는 점, 상징적이지 못한 사건이라도 많은 사람들이 목격한 것이라면 수록하는 것을 원칙으로 했다는 점 등 자신의 의견을 피력한다.

이들 외에도 누각 위에서 여러 사람이 목격된다. 가장 첫번째 자리에는 송렴宋濂, 다음으로는 왕양명王陽明, 이몽양李夢陽, 왕세정王世貞, 이반룡李攀龍, 모곤茅坤, 당순지唐順之 등이 그들이다. 흥미롭게도 이들은 명대의 문학을 대표하는 인물들이었고, 이현석 자신이 젊은 시절 열심히 의작擬作을 하던 대상들이다. 「기몽설」의 협주夾註에 의하면 이 글은 그가 타계하기 4년 전에 있었던 꿈을 기록한 것이다. 만년에 문학가로 자처하던 그의 문학적 이상이 비교적 선명하게 반영되어 있다. 더욱이 양명에 대한 문장가로서의 평가는 그가 중국의 시문에 상당한 조예가 있었다는 점과 함께 그의 생각이 당대의 경직된 유교적 태도와도 거리를 두고 있었다는 점을 짐작케 한다. 이미 이 시기에 이르면 명대 문학에 대한 추숭이 광범위하게 나타나고 있으며, 다양한 종류의 책읽기가 널리 행해지고 있음을 발견할 수 있다. 이러한 성과가 축적되면서 18세기 문학의 다양함과 방대한 유서類書나 총서叢書의 편찬으로 이어지게 된다.

3) 글읽기의 경세적 활용

이현석의 독서가 지향하는 바는 바로 경제세무經濟世務에 있었다. 다양한 책을 읽지만 그들이 세상을 다스리는 데에 도움이 되지 않는다면 쓸모없는 일이 되고 만다. '수기치인修己治人'의 기본 원칙을 재천명하는 것처럼 보이는 이 생각은, 조선의 관료라면 누구에게나 적용될 수 있는 내용이다. 그 이면에는 "마음을 바로 하여 이치를 궁구하고 본성을 보존하여 기르는 것(居敬窮理 存養得力)"이 전제되어 있음은 물론이다.

> 대장부는 천지 사이에 구차하게 살아서는 안 되니, 그 공업功業은 당연히 천지와 더불어 참여해야 한다. 그러려면 반드시 먼저 자신의 뜻을 세우고 힘을 써야 할 바를 알아서 자세히 생각하고, 실천하는 것을 배움으로 삼고 세상을 다스리는 것으로 일을 삼아야 한다. 오직 이 두 가지 외에는 마음을 쓸 곳이 없다.…(중략)…마음을 바로 하여 이치를 궁구하고 본성을 보존하여 기르는 것에 힘을 얻은 연후에야 육가六家에서 노닌다. 사자四子에 목표를 세워서 나의 배움을 나아가게 하고 나의 재주를 이룬다. 이것이야말로 선비가 마땅히 힘써야만 하는 바이다.19)

이러한 논리는 앞서 언급한 바 '수기치인'의 논리를 명확히 하면서 그것을 반복한 것이다. 이는 그의 문집을 통틀어 논리적으로든 단편적으로든 빈번하게 표현되었다. 그가 잡박한 느낌이 들 정도로 다양한 독서 경향을 보이는 것은 관인으로서의 자질을 갖추어야 비로소 공부하는 선비라고 할 수 있을 것이라는 전제에서 비롯된다. 그에게 있어서 경세經世는 모든 독서 성과가 현실 속에서 실현되는 꼭지점인 셈이다. 이 논리 속에서도 음풍농월 수준의 글짓기는 비난의 대상이다.

문제는 이러한 논리의 이면을 받치는 '경세'가 어떠한 철학적 전망을 가지는가 하는 점이다. 필자가 보기에 이현석의 '경세'는 이상적 관료로서의 목표로 제시된 것이지, 방대한 사유를 기반으로 하는 철학적 전망을 포함하는 것은 아니다. 바로 그 점에서 이현석의 논의 중 대부분은 피상적인 차원을 넘지 못한다. 그가 스스로를 경책하는 글에서 언급한 바, "사군자士君子는 평소에 천하를 마음으로 삼고 경륜經綸을 업業으로 삼으며, 백성들의 괴로움을 항상 생각하고 나라의 이로움과 해로움을 언제나 생각해야 한다. 옛 책을 읽으면 반드시 흥망안위興亡安危의 기미에 기필期必하고 개혁과 득실의 단서, 정형政刑과 교화의 근원에 대해서 마음을 쏟아 깊이 생각해야 한다"[20]고 한 것 역시 이와 통하는 말이다.

3. 다시 사장학詞章學의 전통을 생각한다

조선전기 도학파로 일컬어지는 일군의 신진사류들은 기존 훈구파의 논리를 비판하면서 등장한다. 이 같은 구분이 상당한 문제가 있는 것이라 하더라도, 그리고 그 구분이 유효하다 하더라도 개인적인 차원에서 꼼꼼히 살핀 뒤 판단해야 할 문제라 하더라도,[21] 사림파로 지목되는 일군의 인물들이 기존의 관료-문인들에 대하여 대타적 자아 인식의 태도를 보여준다는 점에서는 어느 정도 논의할 거리가 있다고 여겨진다. 그럴 때 사장파로 지목되었던 사람들의 학문적 전통은 어떠한 것이었을까. 과연 그들은 과거시험을 치르기 위해 '장옥문자場屋文字'에만 몰두하고 있었을까.

16세기 한시 연구에서 이미 사장파의 문학적 특징이 여러 차례 언급된 바 있다. 그들은 대체로 형식과 운율을 포함한 표현의 측면에서 특징적 면모가 지적되었다.[22] 그러한 연구가 충분히 의미가 있고 타당한 것이라 하더라도, 문제는 이러한 결과로 드러나기까지 어떠한 문화적 토대와 흐름 속에 있었는가를 해명할 필요가 있다. 그럴 때 비로소 '사장파' 문인들의 문학적 특징이 어떻게 형성되고 계승되어 변화해 나가는지를 살필 수 있기 때문이다.

우리는 유재 이현석의 문집을 통해서 17세기 후반을 살았던 한 관료-문인의 독서 경향과 글쓰기를 엿보았다. 의작시擬作詩의 변화에서 그의 문학적 취향의 변화를 함께 읽을 수 있었고, 시에 대한 깊은 애정과 함께 당대의 시대 인식을 보여주는 역사서 편찬을 살폈다. 그의 독서가 한편으로는 이수광으로 대표되는 집안의 문화적 풍토에 연결되어 있으면서 동시에 자신이 살았던 동시대 문학적 경향에서 자유롭지 못했다는 점도 간단히 언급했다. 뿐만 아니라 하나로 정리될 수 없을 정도로 다양한 독서 이력을 통해서 그의 독서 광적 면모와 함께 18세기에 본격적으로 출현할 백과전서식 독서 및 편집의 분위기를 미리 간취할 수 있었다.

  이 같은 일련의 태도가 과연 이현석 개인의 차원에서 돌출된 것일까. 그것은 이전부터 전해오는 사장파 혹은 관료–문인들의 일반적 전통이었을 것으로 여겨진다. 이미 허균과 이수광 등이 흥미롭게 보여준 것처럼, 이현석의 글에서도 관료–문인들의 방대한 독서벽과 다양한 독서 이력이 보인다. 이 같은 검토가 사장학의 구체적인 모습을 밝히기 위한 하나의 시도로 기능할 수 있게 되기를 기대해본다.

제3부

문화와 허균

허균의 미각적 상상력과 『도문대작』

1. 1610년 겨울

1610년 12월 29일, 조정에서는 허균을 함열현咸悅縣으로 귀양을 보내기로 결정되었다. 음력으로 12월 29일이면 여전히 칼바람이 몰아치는 한겨울이다. 복잡다단한 심사를 마음에 품은 채 허균이 함열에 도착한 것은 1611년 1월 15일이었다.

함열에서 약 1년가량을 산 뒤 귀양에서 풀리기는 하지만, 이 시기는 허균의 생애에서 매우 중요한 때이다. 현재 전승되는 그의 문집인 『성소부부고惺所覆瓿藁』를 편찬한 것이 바로 함열 귀양 시기였다. 일반적으로 근대 이전의 문인의 문집은 당사자가 죽은 뒤에 자손들이나 제자들이 편찬해서 출간하는 것이 상례였다. 그러나 허균은 함열에서 귀양살이를 하는 동안, 그동안 모아 두었던 자신의 원고를 정리해서 문집의 체재를 완성해 두었다. 게다가 문집의 제목을 『성소부부고』라고 정해두기도 했다. 이 문집의 초고가 사위를 통해서 간신히 전승되었다. 이때 그가 자신의 원고를 편집해 두지

"그의 『도문대작』은 주로 음식 문화를 다루면서 부분적으로 언급되었을 뿐 그것을 허균의 문학적 입장과 관련하여 다룬 적은 거의 없는 것으로 보인다. 이 글은 『도문대작』에서 보이는 허균의 음식 문화론을 살펴보고, 그것이 어떻게 문학론과 연결되어 있는지 검토해 볼 것이다."

않았더라면 우리는 조선 문화사의 귀중한 부분을 잃었을 것이다. 그의 중요한 시화집 『성수시화惺叟詩話』 역시 이 시기에 편찬되었다. 『학산초담鶴山樵談』과 함께 그의 중요한 시화집으로 꼽히는 작품이다. 또 하나, 우리가 주목해야 할 책이 바로 『도문대작屠門大嚼』이다. 음식문화와 관련된 기록으로는 가장 앞서는 저작 중의 하나인 이 책도 허균이 함열에서 귀양살이를 할 때 지어졌다. 바쁘면서도 수많은 논란의 와중에서 관직 생활을 하던 때에는 하나의 저작을 쓸 엄두를 내지 못했을 터이지만, 막상 유배 생활을 하게 되자 붓을 들 시간을 확보할 수 있게 되었다. 명예를 잃고 인신의 자유를 잃었지만 그의 정신은 우주를 넘나들면서 마음껏 집필을 할 수 있는 환경을 만들었던 것이다.

현재 남아있는 『성소부부고』가 함열 귀양 이전의 글들만 모은 것이라서 허균의 생애에서 이 시기의 저작들이 어떤 의미를 지니는지 파악하는 것은 쉽지 않다. 그러나 그의 저작들이 문학에 대한 허균의 생각에 일정 부분 연관이 되어 있다는 점은 짐작할 수 있다.

특히 그의 『도문대작』은 주로 음식 문화를 다루면서 부분적으로 언급되었을 뿐 그것을 허균의 문학적 입장과 관련하여 다룬 적은 거의 없는 것으로 보인다. 이 글은 『도문대작』에서 보이는 허균의 음식 문화론을 살펴보고, 그것이 어떻게 문학론과 연결되어 있는지 검토해 볼 것이다.

2. 함열로 귀양을 가게 된 사연

 허균은 무엇 때문에 함열로 귀양을 가게 된 것일까? 이 사건을 다루기 전에 허균이 처한 개인적 사정을 잠깐 언급할 필요가 있다.
 뛰어난 문장과 재주로 일찍이 관직에서 물러났다가 다시 나아가기를 여러 차례 반복했던 허균은 서서히 주변 인물들의 도움을 받기 어려운 지경에 이른다. 그가 가장 마음으로 의지했던 둘째 형 허봉許篈(1551~1588)은 종성에 유배되었다가 풀려난 뒤 객사하였고, 누이 허난설헌許蘭雪軒(1563~1589) 역시 뒤를 이어 세상을 뜨자 허균의 상실감은 대단히 깊었다. 그런 상황에서 허균을 험난한 정계에서 돌보아 줄 유일한 인물은 큰형이었던 허성許筬(1548~1612)뿐이었다. 누구나 인정하는 뛰어난 능력에도 불구하고, 그는 자신의 기이한 행적 때문에 관직을 들락날락하는 동안 주변의 인물들의 신망을 많이 잃은 상태였다. 허성 역시 이제는 정계에서 더 이상 그의 뒤를 돌보아 줄 만한 형편이 되지 못했다. 과거 시험 부정 합격자 사건은 바로 이 시점에서 발생하였다.

허균이 과거 시험을 치르는 시관試官으로 발령을 받은 것은 1610년(광해군 2) 10월 19일의 일이다.1) 이 시험은 선조의 3년상을 마치고 그의 위패를 태묘에 봉안한 것, 세자 책봉, 세자의 입학 및 관례 등 여러 가지 경사가 겹쳐서 발생하자 이를 축하하기 위해 실시되었다. 이와 관련한 시관의 명단을 『조선왕조실록』(이하 『실록』)에서는 다음과 같이 기록하고 있다.

> 별시문과 전시殿試의 실시와 관련하여 문과 독권관讀券官에 좌의정 이항복李恒福과 이정구李廷龜, 박승종朴承宗을 임명하고, 대독관對讀官으로 조탁曹倬, 이이첨李爾瞻, 홍서봉洪瑞鳳, 허균許筠을 임명하고, 무과 명관命官으로 윤승훈尹承勳을 임명하였다(『실록』 10월 19일자 기사).

당시 명관으로는 이항복과 이정구가, 시관試官으로는 박승종이, 대독관으로는 조탁, 이이첨, 홍서봉, 허균, 이덕형李德泂2)이 임명되었다. 이 시험을 치르는 동안 다른 때와는 달리 유난히 시험 부정과 관련한 일이 많이 발각되었다. 초시를 치를 때 김극임金克任이라는 유생은 차비관差備官과 짜고 몰래 답안지를 고치다가 발각되었고, 어떤 시험장에서는 응시생들이 시관의 처사에 불만을 품고 대들기까지 했다. 이런 과정을 거쳐서 드디어 대과에 이르렀으니, 세상 사람들의 이목이 시험에 쏠리는 것은 당연한 일이었다. 이렇게 해서 합격된 사람들의 명단은 다음 <표 1>과 같다.3)

20명의 과거 급제자들의 명단이 발표되자 세간의 논의가 들끓기 시작했다. 『실록』에서는 이미 급제자 명단이 발표되기 전부터 문제가 제기되었다.4) 10월 24일, 변헌卞獻에 대한 탄핵이 사간원에서 올라온다. 시험을 치른 날이 10월 22일이었던 점을 감안하면, 사간원의 문제 제기는 굉장히 빨리 이루어진 셈이다. 이때 사간원에서는 별시문과와 관련해서 두 사람을 논의에 올렸다. 논의 과정에서 나온 내용을 요약하면, 변헌은 원래 쌍익雙翼이라는 법명을 지닌 승려였다. 그런데 전란에서 세운 군공軍功으로 사과司果가 된다. 사과는 비록 무관직이기는 하지만 정6품에 해당하는, 그리 낮지 않은 직위이다. 그러던 그가 어떤 연유로 과거 응시 자격에 제한을 받는 정거停擧를 당하였는데, 얼마 뒤에 풀어주는 바람에 이번 과거에 급제했다는 것이다. 사간원에서는 이러한 사람을 사판仕版에서 삭제해야 마땅하다고 강력하게 탄핵하였다.

변헌과 함께 탄핵을 받은 사람은 바로 허균이었다. "행사과行司果 허균許筠은 사람됨이 들뜨고 망령스러운데다 몸가짐도 근실치 못한데 괴탄한 일을 저질러 일찍이 대간으로부터 논핵을 받았습니다. 그런데도 고칠 줄을 모르고 있으니 지극히 형편없습니다. 파직을 명하소서"라고 『실록』은 기록하고 있다. 이 발언이 과거시험과 관

〈표 1〉 합격자 명단

성 명	본 관	거주지	부친의 성명
신광업辛光業	영산靈山	나주羅州	신팽년辛彭年
김적金適	안동安東	진천鎭川	김효건金孝騫
정온鄭蘊	초계草溪	안음安陰	정유명鄭惟明
남벌南橃	의령宜寧	경京	남언진南彦縝
변헌卞獻	초계草溪	모름	변회박卞懷璞
김호金昈	안동安東	청주淸州	김계종金繼宗
강면姜㴐	진주晉州	대흥大興	강종윤姜宗胤
이식李植	덕수德水	경京	이안성李安性
정준鄭遵	해주海州	모름	정문영鄭文英
이현李袨	연안延安	경京	이광정李光庭
이창후李昌後	전주全州	경京	이로李輅
오윤해吳允諧	해주海州	경京	오희인吳希仁
김상金尙	상주尙州	모름	김덕겸金德謙
조길曺佶	창녕昌寧	경京	조몽정曺夢禎
허보許寶[5]	양천陽川	모름	허성許筬
박홍도朴弘道	죽산竹山	모름	박문영朴文榮
박자흥朴自興	밀양密陽	경京	박승종朴承宗
송원기宋遠器	야로冶爐	성주星州	송사호宋師顥
유충립柳忠立	문화文化	경京	유희갱柳希鏗
이사규李士珪	충주忠州	경京	이경백李景白

련이 있는지 여부는 명확히 하기 어렵지만, 이 발언을 시작으로 허균에 대한 구체적인 탄핵이 나오게 된다.

11월 3일 급제자 명단이 발표되고 열흘이 지난 13일, 장령掌令 민유경閔有慶, 지평持平 이현영李顯英이 허균에 대해 문제를 제기했다. 이들은 그에 관한 탄핵이 늦어져서 자신들을 처벌하라고 하면서, 허균이 과거시험 과정에서 부정행위를 했다는 사실을 지적한다. 이

때를 시작으로 11월 16일 사헌부에서, 17일에는 사간원에서 허균 처벌을 건의하였는데, 동시에 집의執義 이정혐李廷馦을 비롯하여 민유경, 소광진, 이현영, 서경우 등도 가세하였다. 18일에는 경연 자리에서 정립鄭岦, 민유경 등이 허균 처벌을 강력하게 건의하였다. 20일에는 정립, 김성발金聲發, 정호서丁好恕가 허균뿐 아니라 이와 관련된 인사들 모두를 처벌하라고 요구하였을 뿐 아니라 합격자 전원을 합격 취소하도록 요구하였다. 21일에는 임금이 그러한 요구를 거부하면서 허균에게 논의의 초점이 모이게 된다. 물론 이전에도 허균만을 처벌하자는 요구가 나오기는 했지만, 논의 과정에서 허균의 부정 행위를 눈감아준 당시의 다른 시관試官들도 처벌하자는 이야기가 계속 나왔던 것이다. 임금이 사간원을 비롯한 다른 대신들의 요구를 들지 않자 결국 12월 1일에는 합격자 중에서 다섯 사람만을 합격 취소 조처를 취하자는 요구가 나왔으나 허락되지 않았다. 12월 8일에는 허균에 대한 취조가 허가되었으며, 12월 29일에는 허균을 함열현으로 귀양을 보내는 것으로 결론을 내렸다.

허균이 자행했다는 과거시험 부정행위를 『실록』의 기록을 통해 살펴보자. 11월 16일자 기사에 기록되어 있는 사헌부의 탄핵 내용 중의 일부다.

이번 전시殿試 때에 대독관對讀官이 되어서는 더욱 거리낌없이 자기 욕심을 채우려고 노력하였는데, 거자擧子의 답안지를 거둘 때에는 일부러 멀리 떨어지지 않은 자리에 자리를 잡고 거두는 시험지를 하나하나 가만히 살폈으며, 또 차비관差備官이 있는 근처에서 숙박하면서 자표字標를 탐지해 누구누구가 지은 것인지를 모두 알아내고는 시험 답안지 5백여 장을 모두 자신이 읽어 보겠다고 청하였습니다. 그리고는 과거시험 성적을 매길 때 자기 멋대로 손을 써서 어떤 것은 잘되고 어떤 것은 잘못되었다고 하면서 심사할 때마다 앞장서서 의견을 제시하였으며, 자기가 뽑고 싶은 사람의 답안지가 불합격 대상에 이미 포함되어 있을 경우라도 멋대로 직접 뽑아내어 합격자 명단에 올렸으므로 동참했던 시관들이 둘러앉아 서로 돌아보면서 모두 가증스럽게 여겼습니다. 그가 제멋대로 좌지우지하면서 사정을 쓴 자취가 뚜렷하여 숨길 수가 없는데 이에 대해 나라 안에 말들이 자자하고 물정物情이 날이 갈수록 더욱 분개하고 있으니, 사판仕版에서 삭제해 버리도록 명하소서.

답안지를 거둘 때 가까이 앉아서 누구의 것인지 살폈고, 답안지 5백 장을 모두 읽어보겠노라고 하면서 미리 표시해 두었던 것을 중심으로 뽑았다는 것이다. 이것이 사실이라면 파렴치하기 그지없는 일이다. 그런데 이상한 것은, 별시문과의 총책임자는 허균이 아니라는 점이다. 그보다 높은 직위의 인물이 여러 명이었고, 최고의 권력자 이이첨도 포함되어 있었다. 그런데 허균이 이렇게 오만방자하면서도 파렴치하게 행동할 수 있었을까? 도대체 왜 이런 식의 탄핵이 나오게 된 것인지 알 수가 없다. 다만 허균이 여러 사람들의 죄를 뒤집어쓰는 방식으로 모든 논의가 집중되어 갔다는 점은 분명하다. 당시의 사관史官은 이 사건을 기록하면서 이렇게 평을 쓰고 있다.

> 이식李植을 허균의 문하라고 한 그 말은 진정 잘못된 것이다. 간관의 말은 공명 정직해야 하고 사람들에 의해 동요되지 않아야 한다. 그런 뒤에야 위로는 임금의 마음을 깨우치고 아래로는 듣는 이들을 수긍하게 할 수 있는 것이며, 그럼으로써 당대에 공론을 신장시키고 후세에 모범을 보여줄 수가 있는 것이다. 지금 사람들이 이야기하는 문정門庭이란 기실은 이이첨과 정준鄭遵을 가리켜 하는 말이다. 그런데 김성발과 정호서 등이 이이첨의 위세를 겁낸 나머지 감히 사돈査頓과 문정을 합쳐 척론斥論하지 못하고 슬쩍 이식李植으로 바꿔 말을 했으니, 잘못을 꾸며 임금을 속이고 사실과 다르게 일을 논한 죄를 정말 면할 수 없게 되었다. 그러니 그 말이 신임을 받지 못하는 것이 당연하다 하겠다(11월 22일자 기사).

그 당시 사람들이 보아도 허균은 죄를 뒤집어쓰고 있었다. 임금의 인척들을 중심으로 하는 권력을 가진 기득권층들의 추악한 죄를 감추기 위해서였다.

세간에서는 별시문과를 '자서제질사돈방子壻弟姪査頓榜', '자서제질지방子壻弟姪之榜', '사돈문정지방査頓門庭之榜' 등으로 불렀다. 그것은 시관과 급제자의 관계 때문이었다. 거론된 사람들의 관계를 보이면 다음 <표 2>와 같다.

원래 가까운 친인척 중에 응시자가 있으면 스스로 시관試官을 거절하는 것이 법 규정이었지만, 그러한 것들이 완전히 무시된 채 20

<표 2> 급제자와 시관과의 관계

성명	시관과의 관계	비고
박자흥	박승종의 아들 / 이이첨의 사위	
조길	조탁의 동생	
허보	허균의 형인 허성의 아들, 즉 허균의 조카	
박홍도	허균의 형인 허성의 사위	
이창후	이이첨의 사위의 아버지, 즉 이이첨의 사돈	
정준	이이첨의 이웃집 친구	
변헌	허균의 지인知人	
이식	허균의 문정門庭(제자라는 의미)	처음에는 문정으로 취급되었으나 나중에 관계없는 것으로 확인되었음.

명 중에 7명이 어떤 형태로든 혐의에 올랐으니, 세간의 눈초리가 사나운 것은 당연한 일이었다. 더욱이 초시에서도 부정행위가 나온 터라 문과급제자 명단이 발표된 즉시 논란이 되었다.

사정이 이러한 데도 논의는 허균에게 집중되었다. 물론 허균은 이 사건이 있기 반 년 전쯤에 중국에 사신을 다녀오라는 명령을 몸이 아프다는 이유로 거절한 것 때문에 처벌 논의가 있었다. 종종 논란의 중심에 서 있던 사람이니 허균에게 혐의를 집중하는 것도 이해하지 못할 것은 아니지만, 특별히 그에게 모든 혐의가 집중된 것은 이이첨의 권력 때문이었던 것으로 보인다. 당시 이이첨은 북인北人의 영수로서 최고의 권력을 휘두르던 참이었다. 그런 사람이니 세 사람이나 자신과 관련이 있는 사람을 급제시켜 놓고도 논의조차 되지 않았던 것이다. 계속 허균에게 비난이 쏟아지자 사람들은 이 논의가 부당하거나 최소한 불공평하다고 생각하였다. 이런 여론을 의식해서 한동안은 여러 사람을 함께 처벌하고 모든 급제자를 합격 취소시키자고 하는 주장도 나왔다. 그러나 이이첨의 이름은 어디에도 나오지 않았다. 그만큼 이 사건은 허균이 모든 것을 안고 사라지는 방식으로 진행되었다.

물론 허균 자신도 이러한 분위기를 충분히 알고 있었던 것으로 보인다. 마음 한편에는 죄를 자신이 뒤집어쓰고 가야 하리라는 생각을 했을 것이다. 훗날 기준격奇俊格(1594~1624)이 허균을 역모로 몰기 위해 올린 상소문에 허균이 대응하기 위해 쓴 기록에 다음과 같은 내용이 나온다.

무신년(1608, 선조 41) 공주公州에서 파관罷官되고 나서 전사田舍를 물색하기 위해 부안扶安에 갔다가 바닷가에 있는 산속의 거처

할 만한 땅을 얻어 경영하고 있었는데, 오래지 않아 도로 서울로 올라왔습니다. 그 뒤 죄를 져서 유배될 적에 기필코 함열咸悅을 요구한 것은 이곳이 부안과 가까워서 사면 받으면 즉시 돌아갈 수 있기 때문이었습니다. 계축년 봄에 또 부안에 내려갔던 것은 노복奴僕과 전토가 모두 이곳에 있기 때문이었지, 어찌 심광세沈光世와 모의하기 위해 부안에 내려갔을 리가 있겠습니까.6)

이 말은 함열이라는 귀양지를 허균이 스스로 정했다는 의미이다. 그 정도로 1610년 10월에 치러진 별시문과는 대단히 수상한 과거시험이었다. 더불어 허균의 처벌 역시 명확하게 밝혀지지 못한 채 갑작스럽게 유배형으로 확정되었고, 확정되자마자 유배형이 시행되었다. 함열에서의 생활은 1612년 12월, 허균은 주청사奏請使가 되어 명나라 사신으로 갈 때까지 1년가량 지속되었다.

3. 『도문대작』의 구성과 음식 문화의 양상

1) 결핍을 넘어서는 글쓰기

앞서 허균이 함열로 유배당하게 된 내력을 다소 장황하게 언급하였다. 그것은 허균이 함열로 갈 때 어떤 상황에 처해 있었는지를 밝히기 위함이었다. 여러 가지 정황으로 보아 과거시험 부정 사건에 대한 전반적인 책임을 허균이 모두 뒤집어쓰고 간 것으로 보인다. 그렇지만 아무리 자신이 모든 책임을 진다고 해도 그것을 달갑게 여길 사람이 어디 있겠는가. 언제 풀려날지도 모르는 유배 생활을, 그것도 극한의 추위가 여전히 맹위를 떨치는 겨울에 낯선 땅으로 가는 허균의 심정은 말로 표현하기 어려웠을 것이다. 이런 사정 때문인지 한양에서는 허균이 귀양지에서 고생하고 있다는 소문이 돌기도 했다. 조카에게 보낸 편지에 다음과 같은 부분이 보인다.

네가 서울로 올라간 뒤로부터, 서울의 여러 친지들이 모두, 형보亨甫가 나를 잘 대해주지 않는다고 말하였다. 만약 네 말이 우리 집으로부터 나왔다면 매우 의롭지 못한 일인데, 더구나 그러한 일이 없었지 않느냐. 이 고을은 본디 쇠잔한 곳인데다가 형보는 규모가 협소하니, 어떻게 고을마다 임피臨陂와 같고 사람마다 기백畿伯과 같겠는가. 너무 심하게 남을 책망하는 것은 군자가 할 일이 아니다. 삼가서 이러한 말을 하지 말라. 괜스레 네가 박정하다는 말만 더해질 것이다.[7)]

허균의 조카 허채許采가 귀양지 함열을 다녀간 뒤부터 서울 친지들 사이에서 함열 현감 한회일韓會一이 잘 대우해 주지 않는다는 소문이 들린다면서, 말조심할 것을 당부하는 내용이다. 해당 지역에 귀양살이를 오는 죄인이 있으면 해당 지역의 관장官長은 의식주를 해결할 수 있도록 조치를 한다. 그런데 허채가 함열에 와서 보니 허균의 생활이 매우 열악했던 것이다. 그러니 자연히 함열 현감이 허균을 제대로 대우해 주지 않는다고 생각했을 것이고, 돌아가서 친지들에게 한 이야기가 돌아다녔던 모양이다. 그에 대해 허균은 함열이라는 지역 자체가 다른 곳과는 달리 작고 열악한 곳이라서 잘 대해 주고 싶어도 그럴 수 없다는 이유를 붙인다.

실제로 허균이 함열 현감으로부터 푸대접을 받았던 것 같지는 않다. 그는 귀양살이를 하는 동안 여러 권의 책을 저술했을 뿐 아니라 함열현의 객사를 중건했을 때 중건기重建記를 쓰면서 함열 현감 한회일을 극찬하기도 했다.[8] 그렇지만 분명한 것은 그의 삶이 그리 풍족하지 않았다는 사실이다. 오히려 대단히 열악해서 겨울에는 끼니를 잇기도 어려웠던 적도 있었다. 현감이 호의적이라 해도 먹고 사는 것은 현실적으로 당면한 문제이다. 아무 근거도 없는 지역에서 의식주를 해결하는 일은 참으로 어려웠을 것이다. 그의 삶에서 이렇게 결핍의 상태로 떨어져 본 적이 언제 있었겠는가.

결핍으로 인한 고통이 그의 생활을 조였겠지만, 그 때문에 새로운 창작의 계기를 마련한다. 바로 『도문대작』의 저술이다. 그는 서문에서 이 책의 저술 계기를 이렇게 말한다.

내가 죄를 짓고 바닷가로 유배되었을 적에 쌀겨마저도 부족

> *"배고픔이 현실적으로 심하면 심할수록 그의 상상력은 풍성한 음식으로 변했다. 상상의 발동 역시 현실의 경험에 기반하고 있다는 사실을 감안한다면, 결핍이라는 현실을 넘어서려는 그의 상상력은 당연히 풍성했던 과거를 향할 수밖에 없었다."*

하여 밥상에 오르는 것은 상한 생선이나 감자와 돌미나리 등이었고, 그것도 끼니마다 먹지 못하여 굶주린 채로 밤을 지새울 때면 언제나 지난날 산해진미도 물리도록 먹어 싫어하던 때를 생각하고 침을 삼키곤 하였다. 다시 한 번 먹어보고 싶었지만, 하늘나라 서왕모西王母의 복숭아처럼 까마득하니, 천도복숭아를 훔쳐 먹은 동방삭東方朔이 아닌 바에야 어떻게 훔쳐 먹을 수 있겠는가. 마침내 종류별로 나열하여 기록해 놓고 가끔 보면서 한 점의 고기로 여기기로 하였다. 쓰기를 마치고 나서 『도문대작屠門大嚼』이라 하여 먹는 것에 너무 사치하고 절약할 줄 모르는 세속의 현달한 자들에게 부귀영화는 이처럼 무상할 뿐이라는 것을 경계하고자 한다.[9]

허균의 실제 생활이 오롯이 느껴지는 이 부분은, 그의 결핍이 가져오는 상상력으로 인해 『도문대작』을 저술하게 되었음을 말해준다. 배고픔이 현실적으로 심하면 심할수록 그의 상상력은 풍성한 음식으로 변했다. 상상의 발동 역시 현실의 경험에 기반하고 있다

> "'도문대작'이라는 말은 푸줏간 앞을 지나면서 크게 입맛을 쩍쩍 다신다는 뜻이다.……한 조목 한 조목을 써 나가면서 과거의 음식과 함께 관련된 일화를 떠올리는 그의 모습에서 현실의 결핍과 고난이 흥미로운 책으로 탄생하는 과정을 흥미롭게 볼 수가 있다."

는 사실을 감안한다면, 결핍이라는 현실을 넘어서려는 그의 상상력은 당연히 풍성했던 과거를 향할 수밖에 없었다. 아무리 귀양살이라고 하지만, 그 역시 한 인간으로서의 자존심이 있는 법, 먹고 싶다고 해서 남의 것을 훔치거나 부정한 방법으로 구할 수는 없는 노릇이다. 마찬가지로 상상 속의 음식이 아무리 풍성하고 맛있다 한들 그것이 어찌 현실 속에서 실현될 수 있겠는가. 그것은 마치 서왕모의 천도복숭아처럼 실현 불가능한 것이다.

바로 여기서 그의 『도문대작』의 저술 계기가 마련된다. '도문대작'이라는 말은 푸줏간 앞을 지나면서 크게 입맛을 쩍쩍 다신다는 뜻이다. 무언가 마음속으로 열망하는 것이 있지만 실현시키지 못하고 그냥 입맛을 다시며 스스로 위안을 삼는다는 것이다. 책 제목에서 이미 허균의 저술 의도가 명확하게 드러난다. 유배지에서의 열악함을 과거의 경험을 통해 상쇄해 보고자 하는 것이다. 이것이야말로 결핍을 넘어서기 위한 글쓰기라 할 수 있다. 한 조목 한 조목을 써 나가면서 과거의 음식과 함께 관련된 일화를 떠올리는 그의 모습에서 현실의 결핍과 고난이 흥미로운 책으로 탄생하는 과정을 흥미롭게 볼 수가 있다.

2) 미각으로 구성하는 자신의 이력

허균은 『도문대작』을 쓰면서 자신의 경험 속에 살아있는 다양한 음식들을 기억해내고 그것들에 관한 정보를 모았다. 누구나 아는 것처럼, 과거의 기억으로부터 호명된 경험이라고 하는 것은 약간의 객관적 정보와 함께 대부분은 개인의 상상력에 의존하여 구성된 것이다. 이 책에서 보이는 음식들 역시 허균의 개인적 경험이 그의 상상력을 통해 새로이 재구성된 것이다.

지금까지 알려진 음식 관련 기록 중에서 가장 오래된 것은 조선 세종 때 어의御醫였던 전순의全循義의 『산가요록山家要錄』(1450년대)이다. 그 뒤를 이어온 것이 김유金綏(1491~1555)[10]가 지은 『수운잡방需雲雜方』이다. 허균의 『도문대작』은 그 뒤를 잇는 음식 관련 기록인 셈이다. 특히 『도문대작』은 앞선 두 편의 저작과는 달리 자신이 과거에 경험했던 다양한 음식을 꼼꼼하게 정리하였을 뿐 아니라 지역적 특성과 개인의 음식 성향을 반영하여 어떤 음식이 맛있는지, 어떤 음식에는 어떤 기억이 있는지를 기록하였다. 그런 점에서 허균의 저작은 당시 상류사회 사대부 가문의 음식 문화를 잘 반영한다고 할 수 있다.

그는 자신이 경험한 음식물이나 식재료 등을 다섯 가지 종류로 나누어 정리했다. 그러나 정확하고 객관적인 기준에 의해 분류한 것이 아니라 대체적인 범주만을 느슨하게 그린 상태에서 분류한 것이므로 식재료와 요리의 이름이 뒤섞이거나 계절 음식과 일반 음식이 제대로 구분되지 않는 경우가 다수 있다. 또한 음식 이름을 한문으로 적는 과정에서 그 음식이 정확하게 어떤 것을 의미하는지 파악하기 어려운 것도 있었다. 한자 단어로 된 음식이 무엇을 지칭하는지 조사해서 그 결과를 반영한 표를 만들었다. 이를 각 분야별로 제시하면서 어떤 음식 문화적 특징을 가졌었는지 살펴보기로 한다.

가) 떡 종류[餠餌之類]

『도문대작』에는 떡을 비롯하여 여러 가지 간식들이 수집되어 수록되었다. 간식거리가 다양하지 않았던 허균의 시대에 위와 같은 정도의 음식을 접했다면 그가 체험한 음식문화는 대단히 높고 양호한 경험의 소산이다. 방풍죽이나 두부, 만두, 엿 등의 음식은 비교적 민간에 퍼져 있었겠지만, 다식류나 산자류의 음식 등은 특별한 날이 아니면 일반 민가에서 접하기 어려웠을 것이다. 특히 웅지정과는 곰의 기름으로 만든 정과인데, 이는 다른 음식 조리서[調理書]에서도 쉽게 발견되지 않는 귀한 음식이다.

간식은 없어도 일상생활에서는 아무 문제가 되지 않는다. 여기에 수록된 음식은 그 자체로 이미 부유한 집안 혹은 지체가 높은 집안에서 접할 수 있다는 점을 전제로 한다. 물론 석이병처럼 금강산에

〈표 3〉『도문대작』에 수록된 떡 종류

번호	음식명(원문)	음식명(우리말)	허균 언급 지역	허균이 칭찬한 지역	비고
1	防風粥	방풍죽	강릉, 수안遂安	강릉	
2	石茸餅	석이떡	금강산	금강산	석이버섯을 넣고 찐 일종의 시루떡. '석용병'으로도 읽음.
3	白散子	박산	전주	전주	
4	茶食	다식	안동	안동	
5	栗茶食	밤다식	밀양, 상주	밀양, 상주	
6	叉手	차수	경기도 여주	여주	산자의 한 종류
7	飴	엿	개성, 전주, 서울 송침교 부근	개성	
8	大饅頭	대만두	의주	의주	
9	豆腐	두부	서울 장의문 밖		
10	熊脂正果	웅지정과	회양		
11	艼粥	들쭉	갑산, 북청		민족문화추진회 번역본에는 '들쭉으로 만든 죽'으로 번역되었음

유람을 갔을 때 절에서 우연히 맛을 본 떡도 있기는 하다. 그렇지만 떡을 먹게 된 정황을 살펴보면 금강산 유람이라는 환경도 일반 백성들과는 일정한 거리가 있는 것이다.

나) 과일류[果實之類]

과실류에서는 모두 30종을 기록하였다. 그 중에는 감이나 복숭아와 같이 세부적인 품종을 각각 기록한 경우도 있기는 하지만 대체로 조선 전지역을 골고루 포함하고 있다. 과일의 산지를 살펴보면 함경도에서 제주도까지 모든 지역을 포괄하고 있기는 하지만, 실제로 이들이 재배되고 생산되었는지는 별개의 문제다. 또한 정확하게 어떤 과일을 지칭하는지 의문인 경우도 있다.

과일에 대한 허균의 기록은 동시대의 다른 기록과 대조해서 실제 해당 지역의 토산품으로 취급되었는지 확인해야 한다. 물론 포도처럼 어떤 집에 갔을 때 우연히 먹어본 것이 아주 맛있는 과일로 기억되는 경우도 있다. 그렇지만 이러한 자료를 통해서 우리는 17세기 초반 조선의 과일 분포도를 짐작할 수 있으며, 허균의 품평을 통해서 당시 관료들이 즐겼던 과일을 짐작할 수 있다. 허균의 경우는 배, 귤, 감, 복숭아 종류를 주로 즐겼던 것으로 보인다.

〈표 4〉『도문대작』에 수록된 과일 종류

번호	음식명 (원문)	음식명 (우리말)	허균 언급 지역	허균이 칭찬한 지역	비 고
1	天賜梨	하늘배	강릉	강릉	설화 있음
2	金色梨	금색배	정선	정선	
3	玄梨	검은배	평안도 산간	평안도	
4	紅梨	붉은배	석왕사	석왕사	

5	大熟梨	대숙배 (민추)	谷山, 伊川	곡산,이천	속칭 腐梨라고도 함
6	金橘	금귤	제주		맛이 시다고 평가함
7	甘橘	감귤	제주		
8	靑橘	청귤	제주		
9	柚柑	유감	제주		
10	柑子	감자	제주		
11	柚子	유자	제주, 경상, 전라도 남쪽 해변		
12	甘榴	감류	영암, 함평	영암, 함평	
13	早紅柿	조홍시	온양	온양	
14	角柿	각시	남양南陽	남양	
15	烏柿	먹감	지리산	지리산	
16	栗	밤	상주, 밀양, 지리산	상주	
17	竹實	죽실	지리산	지리산	善修 스님
18	大棗	대추	보은	보은	
19	櫻桃	앵두	저자도楮子島, 영동嶺東	저자도	
20	唐杏	살구	서교西郊	서교	
21	紫桃	자두	삼척, 울진	삼척,울진	
22	黃桃	황도	춘천, 홍천	춘천,홍천	
23	綠李	오얏 (민추)	서울 서교	서교	紫黃桃 언급
24	盤桃	반도	금양衿陽(시흥), 과천		
25	僧桃	승도	전주	전주	

26	蒲桃	포도	마유馬乳,[11] 신천	신천	
27	西瓜	수박	충주, 원주	충주	고려 때 개성에서 처음 재배했다고 언급
28	甜瓜	참외	의주	의주	
29	木瓜	모과	예천	예천	
30	達覆盆	달복분	갑산	갑산	

다) 새와 짐승류[飛走之類]

허균은 이 부분에서 네 발 달린 짐승과 날짐승을 정리하면서, "돼지, 노루, 꿩, 닭 따위는 어느 곳이나 있기 때문에 번잡하게 다 기록하지 않았으며, 다만 특산물이거나 요리 솜씨가 특별한 경우만을 기록하여 구별하였다"고 했다(<표 5> 참조). 이들은 대부분 쉽게 접하기 어려운 고기류이다. 사슴의 혀나 꼬리, 범의 태 등도 구하기 어렵지만 웅장(곰 발바닥) 역시 접하기 어렵다. 허균은 곰 발바닥이 전국 어디서나 접할 수 있다고 썼지만, 실제로『수운잡방』이나『음식디미방』과 같은 조선 전, 중기의 음식 관련 기록에서는 나타나지 않는다. 그것은 웅장이 민가에서 더러 해 먹을 수 있는 종류의 요리가 아니었다는 의미로도 읽을 수 있다. 다른 방향으로 생각해보면 허균의 음식 경험이 매우 고급스러웠다고 할 수도 있다.[12]

라) 해산물류[海水族之類]

모두 42종(해삼, 미어 포함)의 어류를 기록하고 있는 이 부분에서는

〈표 5〉『도문대작』에 수록된 새와 짐승 종류

번호	음식명 (원문)	음식명 (우리말)	허균 언급 지역	허균이 칭찬한 지역	해당지역 토산물	비 고
1	熊掌	곰 발바닥	회양, 의주, 熙川	회양		모든 산골에 있다고 언급
2	豹胎	범의 태	양양	양양		
3	鹿舌	사슴 혀	회양	회양		
4	鹿尾	사슴 꼬리	부안, 제주도	부안		
5	膏雉	꿩	황해도 산골, 陽德, 孟山	양덕, 맹산		
6	鵝	거위	의주			

해산물을 정리하고 있다. 허균의 유배지인 함열은 금강을 끼고 바다로 흘러들어갈 수 있는 곳에 위치해 있었다. 그가 비록 어려운 환경에서 먹을 것을 제대로 구하지 못했다 하더라도 그나마 해산물은 구경하기가 쉬웠을 것으로 보인다. 그런 점을 반영이라도 하듯『도문대작』에서 가장 많은 종류를 정리해 놓은 부분이 바로 해산물 관련 기록이다(<표 6> 참조).

해산물 부분은 조선의 해안 전역에 걸쳐 기록되어 있다. 어느 지역을 가더라도 해산물이 유통되고 있었던 당시의 현실을 반영하는 것이기도 하지만, 허균의 유배 생활에서 비롯한 것이기도 하다. 바다로 이어지는 큰 강으로는 배들이 드나들었고, 신선한 해산물이

〈표 6〉『도문대작』에 수록된 해산물 종류

번호	음식명 (원문)	음식명 (우리말)	허균 언급 지역	허균이 칭찬한 지역	비 고
1	水魚	숭어	나주, 평양	나주, 평양	서해 모든 곳에서 잡힘. 평양의 것은 냉동된 것
2	鯽魚	붕어	강릉 경포	강릉 경포	
3	葦魚	웅어	한강, 호남(2월), 관서(5월)	한강	준치라고도 한다고 기록
4	白魚	뱅어	한강, 임한林韓, 임피臨陂	한강	한강-결빙시, 임한 임파-1,2월에 잡음
5	黃石 魚	노란조기	아산	아산	서해 어디에나 있다고 기록
6	烏賊 魚	오징어	흥덕興德, 부안	흥덕, 부안	
7	海䑋	해양	인천, 남양	인천, 남양	
8	竹蛤	대조개	경기, 해서 지역		
9	小螺	소라	옹진	옹진	서해에서 많이 난다고 기록
10	靑魚	청어	북도, 경상도, 호남, 해주	해주	4종류를 기록
11	大鰒 魚	큰전복	제주	제주	
12	花鰒	꽃전복	경북 해변	경북 해변	
13	紅蛤	홍합	동해, 남해	남해	중국인들은 '東海夫人' 이라고 한다 함.
13-1	海蔘	해삼			홍합 부분에 첨부한 기록
14	銀口 魚	은어	영남, 강원도, 해주		
15	餘項 魚	여항어	강릉	강릉	산골에는 어디에나 있다고 기록

16	錦鱗魚	금린어	양근楊根	양근	어느 산골에도 있음. 처음에는 天子魚로 불렀음.
17	訥魚	누치	평안도 강변	평안도 강변	산골 어디에나 있다고 기록
18	鱖魚	궐어	서울 동, 서쪽		염만어鯰鱅魚라고도 함
19	河豚	복어	한강, 영동 지역	한강	독의 유무에 대해 기록
20	魴魚	방어	동해		
21	鏈魚	연어	동해	동해	
22	松魚	송어	함경도, 강원도		
23	黃魚	황어	동해		
24	鰈魚	가자미	동해		比目이라고 한다고 기록
25	廣魚	광어	동해	동해	
26	大口魚	대구	모든 바다	동해	
27	八帶魚	문어	동해	동해	
28	丁魚	정어	강릉 강문		소수어小水魚라고 기록
29	銀魚	도루묵	동해		도로목(木魚, 還木)이라고 한다고 기록했음.
30	古刀魚	고등어	동해	동해	
30-1	微魚	미어			고등어 부분에 첨부되어 기록
31	齊穀	제곡	강릉 경포호		민물조개. 구황용이었다고 함
32	江瑤柱	살조개	북청, 홍원洪原		원나라 때에는 모두 조공해서 국내에서는 못 먹었다고 기록
33	紫蛤	자합	동해	동해	

34	蟹	게	삼척	삼척	강아지만한 크기, 포로 만들어 먹었다고 기록
35	凍蟹	동해	안악	안악	
36	石花	굴	고원高原, 문천, 서해	서해	
37	輪花	윤화	동해	동해	굴과 같은 것이라고 기록
38	大蝦	왕새우, 대하	서해, 평안도	서해	평안도 것으로는 젓을 담그면 좋다고 기록
39	紫蝦	곤쟁이 새우	서해, 옹강, 통인, 호서, 의주		각각의 특징을 기록
40	桃蝦	도하	부안, 옥구	부안, 옥구	

비교적 활발하게 유통되었다. 추운 겨울의 끝자락에 시작된 그의 유배생활이 고통스럽고 힘들었지만, 그래도 그의 시계에 들어오는 것은 해산물이었을 것이다. 그 해산물이 음식과 관련된 상상으로 나아감으로써 많은 종류를 기록으로 남기도록 만든 계기가 되었다.

한편, 허균은 해산물을 기록하면서 그 종류나 다른 이름 등을 비교적 자세하게 기록하였다. 다른 부분과는 달리 해산물은 지역에 따라 다른 이름으로 불리거나 지역민들이 부르는 명칭과 한자어 사이에 큰 간극이 있었기 때문으로 보인다.

마) 채소류 蔬菜之類

소채류는 조선의 백성들에게는 일상적인 것이었다. 집 주변에 심는 것부터 대규모로 재배하는 것에 이르기까지 농사의 많은 부분이 소채류에 속했다. 그러나 조선 전역에서 산출되는 것이고 산출량도 많다면 굳이 정리할 필요가 없었을 것이다. 허균은 이 부분을 정리하면서 "고사리, 아욱, 콩잎, 부추, 미나리, 배추, 송이, 참버섯 등은 어디 것이든 모두 맛이 좋으므로 구별하여 쓰지 않았다"라든지, "가지, 외, 호박, 무 따위는 어디서나 나며 맛도 좋다"고 덧붙이거나, "우뭇[牛毛]라는 것이 있는데 열을 가하면 녹는다"라는 등의 기록을 덧붙였다. 말하자면 주변에서 흔히 볼 수 있는 소채류는 정리하지 않았다는 것이다. 또한 이 안에는 지금도 흔히 볼 수 있는 채소뿐만 아니라 해조류도 포함되어 있다. 다시마, 올미역을 비롯하여 황각, 청각 등도 모두 해조류에 속한다. 소채류라고는 했지만, 여기에는 요리와 음식재료, 양념 재료, 삼蔘 말린 것, 미역, 김 등 다양한 종류가 혼효되어 있다. 이는 식물에 대한 자세한 분류라기보다는 허균 자신의 분류 기준을 따른 것인데, 이를 통해서 당시 사대부들이 생각했던 소채의 범주를 짐작할 수 있다.

〈표 7〉『도문대작』에 수록된 채소 종류

번호	음식명 (원문)	음식명 (우리말)	허균 언급 지역	허균이 칭찬한 지역	비 고
1	竹筍醢	죽순절임	노령蘆嶺 아래쪽	호남 노령 아래쪽	
2	黃花菜	황화채	의주	의주	원추리이며, 중국 사람들에게 요리 방법을 배웠다고 기록
3	蓴	순채	호남, 해서	호남	

4	石蓴	석순(갈파래)	영동	영동	
5	蘿葍	무	나주	나주	
6	苜蓿	거여목	원주	원주	
7	蔈古	표고	제주, 오대산, 태백산	제주	
8	荭菜	홍채	경기도 해포海浦	경기도 해포	
9	黃角	황각	해서	해서	
10	靑角	청각	서해 전역, 해주, 옹진	해주, 옹진	
11	細毛	참가사리	서해 전역	해서海西	
12	椒豉	초시	황주黃州	황주	
13	蔘脯	삼포	영평永平, 철원	영평, 철원	
14	蓼	여뀌	이태원		
15	冬瓜	동아	충주	충주	
16	山芥菹	산개절임[13]	함경남도, 회양, 평강	함경남도, 회양, 평강	
17	昆布	다시마	북해北海		그 다음으로 다시마, 미역이 좋다고 기록
18	早藿	올미역	삼척	삼척	정월에 딴 것이 좋다고 기록
19	甘苔	김	호남. 함평, 무안, 나주	함평, 무안, 나주	
20	海衣	해의	남해	동해에서 말린 것	
21	芋	토란	호남, 영남, 서울	호남, 영남, 서울	
22	薑	생강	전주, 담양, 창평	전주	
23	芥	겨자	해서	해서	

| 24 | 蔥 | 파 | 삭녕 | 삭녕 | 부추, 작은마늘, 고수(荽) 등도 삭녕의 것이 좋다고 기록 |
| 25 | 蒜 | 마늘 | 영월 | 영월 | |

바) 다과류 및 절식

이 부분에서는 다과류와 서울 지역의 계절 음식을 써놓았다. 특이한 것은 '기름'인데, 이것은 책이 쉽게 손상되는 것을 막기 위해 사용한다고 했다. 음식으로서의 기능이 아니라 책의 해충을 막기 위한 것이다. 이렇게 음식 용도가 아닌 것이 적힌 것으로는 기름이 유일하다. 나머지는 차, 술, 꿀, 약밥이 정리되어 있고, 서울 지역에서 먹는 사계절에 따른 음식들이 정리되어 있다.

다른 분야와는 달리 마지막 부분에서 서울 지역의 음식을 계절별로 나열해 놓은 것은 그의 처지에서 가장 생각나는 것들이 아니었을까 생각된다. 얼마 전까지만 해도 자신이 마음만 먹으면 언제든지 먹을 수 있는 음식들, 귀하다고 해도 그 음식들을 접할 수 있는 자유가 있었다. 그러나 지금은 어떤가. 함열에 귀양바치로 와서 어렵게 살아가며 기껏 과거의 풍성했던 기억을 떠올리고 있다. 허균의 기록을 통해서 계절 음식, 제사 음식, 다과류 등이 어떠했는지를 알 수 있는 자료로서 활용할 수도 있지만, 동시에 허균의 험난한 유배 생활이 그 이면에 스며 있다.

<표 8> 『도문대작』에 수록된 다과 및 절식 종류

번호	음식명 (원문)	음식명 (우리말)	허균 언급 지역	허균이 칭찬한 지역	비 고
1	茶	차	순천, 변산	순천	순천의 작설을 최고로 기록
2	酒	술	개성, 삭주	개성	개성의 저주煮酒, 태상주太常酒가 좋다고 기록
3	蜂蜜	꿀	평창, 곡산, 수안	평창	평창의 石淸이 가장 좋다고 기록
4	油	기름	중화부中和府	중화부	
5	藥飯	약밥	경주		중국인들은 高麗飯이라고 부른다고 기록
서울의 사철음식	봄	쑥떡(艾糕), 송편(松餅), 괴엽병(槐葉餅), 두견화전(杜鵑花煎), 이화전(梨花煎)			
	여름	장미전(薔薇煎), 수단(水團), 쌍화(雙花), 만두(饅頭)			
	가을	경고(瓊糕), 국화병(菊花餅), 감과 밤을 섞어 만든 찰떡[糯餅]			
	겨울	탕병(湯餅)			
	늘 먹는 음식	자병(煮餅), 증병(蒸餅), 절병(節餅), 월병(月餅), 삼병(蔘餅), 송고유(松膏油), 밀병(蜜餅), 설병(舌餅)			
蜜餅		약과(藥果), 대계(大桂), 중박계(中朴桂), 홍산자, 백산자, 빙과(氷果), 과과(瓜果), 봉접과(蜂蝶果), 만두과(饅頭果): 이들은 모두 제사 및 손님 접대에 사용한다고 함.			
絲麵		실국수: 오동(同)이 잘 만들어 지금까지 전해온다고 기록함.			

3) 음식으로 구성하는 삶

앞서 보인 도표를 통해서 우리는 허균의 『도문대작』이 어떤 것들을 다루고 있는지 살펴보았다. 그러나 대부분의 항목은 간단한 정보가 적혀 있는 것이어서 이들이 어떻게 허균의 삶과 연결될 수 있는지 그 고리를 찾아내기가 어렵다. 따라서 허균이 객관적 정보

외에 더 써놓은 내용을 통해서 음식을 통해 그가 무엇을 이야기하려고 했는지를 살펴보아야 한다.

가) 음식에 스며있는 민중들의 삶

허균은 민속 문화에 깊은 관심을 가지고 있어서, 신기한 풍속이나 설화를 접하거나 들으면 기록을 하였다. 부여의 서낭당[14]에 대해 기록한다든지 강릉 연화부인에 대한 설화[15]를 자세하게 기록하는 등 자신이 머무는 지역에서 전승되는 이야기에 귀를 기울이곤 하였다. 이는 허균의 관심사가 전방위적이었던 것과도 관련이 있지만, 무엇이든 호기심이 생기면 꼼꼼하게 조사하고 기억하는 성격 탓이기도 했다. 이 같은 태도는 『도문대작』에서도 여실히 나타난다.

> 은어銀魚: 동해에서 난다. 처음 이름은 목어木魚였는데 고려 때 좋아하는 임금이 있어 은어라고 고쳤다가 많이 먹어 싫증이 나자 다시 목어라고 고쳤다 하여 환목어還木魚(도루묵)라 한다.[16]

> 금린어錦鱗魚: 산골에는 어디에나 있는데 양근楊根에서 나는 것이 가장 좋다. 처음 이름은 천자어天子魚였는데 동규봉董圭峯이 먹고는 맛이 좋아 이름을 물으니 통역관이 얼떨결에 금린어라고 하였는데 사람들이 모두 그것을 좋아하였다.[17]

은어에 대한 설명을 하면서 그는 널리 알려져 있는 설화를 간략하게 기록한다. 지금도 도루묵에 대한 설화는 위와 비슷하다. 함경도에 '묵'이라는 물고기가 있었는데, 선조宣祖 혹은 영조라고도 함가 이곳을 지나던 중에 우연히 맛을 보았는데 아주 좋았다. 물고기의 이름을 묻자 '묵'이라고 하니, 맛있는 물고기의 이름으로는 적당하지 않다고 하면서 '은어銀魚'라는 이름으로 부르라고 했다는 것이다. 나중에 한양 도성으로 돌아온 뒤 그 맛이 생각나서 다시 먹어보았는데, 이번에는 맛이 형편없었다는 것이다. 그래서 '다시 묵이라고 하라'고 해서 '도로묵'이라는 이름이 붙었다고 한다. 이것이 일반적으로 알려진 설화인데, 조선후기 『송남잡지松南雜識』 등을 비롯하여 여러 군데 기록이 되어 있다. 그러나 허균의 『도문대작』에 이미 기록되어 있는 것을 보면 이미 이런 유형의 설화는 오래 전부터 존재했던 것이다.

　금린어에 대한 설화도 비슷한 경우이다. 조선초기 명나라에서 동월董越이 사신으로 왔을 때였다. 그는 문학적 성취도 뛰어나서, 그와 시문을 수답한 사람들이 상당수였고 그 작품 또한 『황화집皇華集』에 수습되어 있다. 그에 관한 일화는 서거정을 비롯한 여러 사람의 글에 기록되어 있는데, 이때의 모습은 후대에 조선 문인과 중국 사신 사이의 아름다운 일화의 모델로 인식되었다. 금린어와 관련한 일화는 바로 이 시대를 배경으로 한다. 비록 민중들 사이에서 널리 전승될 만한 것은 아니지만, 지식인들 사이에서는 충분히 이야깃거리가 될 만하다. 더욱이 허균은 『성옹지소록』과 같은 책을 통해서 당대의 지식인들 사이에서 떠도는 일화들을 모아 놓았던 것을 감안하면, 이 일화는 아마도 그가 함열로 귀양을 가기 전에 이미 알고 있던 일화일 가능성을 배제할 수는 없다.

어떻든 은어나 금린어의 설명과 같은 내용은 허균이 떠도는 이야기를 듣고 그것을 기록한 것이다. 설화의 전승 과정을 생각하면 이러한 유형은 물고기가 연상시키는 민속적 상상력을 촉발시킨다.

이에 비해 어떤 설명에서는 역사적 사실에 초점을 맞춘다. 다음과 같은 예를 보자.

수박[西瓜]: 고려 때 홍다구洪茶丘가 처음 개성開城에다 심었다. 연대를 따져보면 아마 홍호洪皓가 강남江南에서 들여온 것보다 먼저일 것이다. 충주에서 나는 것이 상품인데 모양이 동과冬瓜(동아)처럼 생긴 것이 좋다. 원주原州 것이 그 다음이다.18)

청어青魚: 네 종류가 있다. 북도에서 나는 것은 크고 배가 희고, 경상도에서 잡히는 것은 등이 검고 배가 붉다. 호남에서 잡히는 것은 조금 작고 해주海州에서는 2월에 잡히는데 매우 맛이 좋다. 옛날에는 매우 흔했으나 고려 말에는 쌀 한 되에 40마리밖에 주지 않았으므로, 목은 이색이 시를 지어 이를 한탄하였으니, 즉 난리가 나고 나라가 황폐해져서 모든 물건이 부족하기 때문에 청어도 귀해진 것을 탄식한 것이다. 명종 이전만 해도 쌀 한 말에 50마리였는데 지금은 전혀 잡히지 않으니 괴이하다.19)

수박과 청어에 대한 설명에서는 설화를 중심으로 기록하기보다는 이것이 조선으로 들어온 유래라든지 해당 사물과 관련된 기록을 통해서 비교적 객관적 시선을 보낸다. 물론 수박이 홍다구에 의해서 들어왔는지 홍호가 들여온 것이 먼저인지, 청어의 수확량이 고려부터 조선 명종 때까지 들쭉날쭉했던 기록을 확인할 수는 없다. 그렇지만 이런 설명을 통해 수박의 주 생산지가 어디인지, 청어로 인해 인심의 편폭을 짐작할 수 있다. 특히 청어는 흔히 잡히는 물고기였지만 전쟁 무렵 세상이 황폐해지고 물자가 귀해지자 그것조차 높은 가격에 거래되는 것을 통해서 고려 말의 분위기를 파악할 수 있다.

이전의 기록을 통해서 설명을 하는 방식은 약밥에서도 보인다. 이미 『삼국유사』이래 여러 기록에 등장한 바 있는데, 여기서도 그 내용을 간략하게 정리하고 있다. 동시에 중국 사람들이 약밥을 좋아해서 '고려반高麗飯'이라는 이름으로도 알려져 있는 사정을 함께 언급했다.

이와는 조금 다르지만 자줏빛 작은 조개인 제곡齊穀을 설명하면서 "경포鏡浦에 있는데 흉년에는 이것을 먹으면 굶주림을 면할 수 있기 때문에 곡식과 같다는 뜻에서 제곡이라 한 것"이라고 설명을

> *"허균은 자신이 생활하는 곳에서 사대부로서의 고고한 삶만 즐기는 것이 아니라 백성들의 생활과 그들의 이야기에 귀를 기울였다. 신분에 관계없이 훌륭한 재주를 가졌다면 등용해야 한다든지, 백성들에 대한 따뜻한 시선을 보이는 관리의 모습이라든지, 이름 없는 하층민들의 어려움을 해결해 주는 신선의 이미지 등은 그의 이 같은 태도에서 비롯한다고 할 수 있다."*

붙인다. 이는 강릉에서 생활하는 동안 들었거나 경험했던 것으로 보인다. 이처럼 허균은 자신이 생활하는 곳에서 사대부로서의 고고한 삶만 즐기는 것이 아니라 백성들의 생활과 그들의 이야기에 귀를 기울였다. 신분에 관계없이 훌륭한 재주를 가졌다면 등용해야 한다든지, 백성들에 대한 따뜻한 시선을 보이는 관리의 모습이라든지, 이름 없는 하층민들의 어려움을 해결해 주는 신선의 이미지 등은 그의 이 같은 태도에서 비롯한다고 할 수 있다.

나) 음식이 호명하는 허균의 삶

평생 동안 벼슬에 나아갔다가 물러나기를 여러 차례 반복했지만, 전반적으로 허균의 삶은 유복한 편이었다. 부친이 일찍 돌아가셨지만 그는 형과 누이의 사랑을 받으며 살아왔다. 빼어난 문필 능력과 놀라울 정도의 기억력은 그가 세상을 오시(傲視)하는 원인 중의 하나로 작동하였지만, 동시에 그가 세상을 살아나가는 원동력이기도 했

"음식은 그 자체의 맛 때문에도 생각이 나지만, 사실은 거기에 스며 있는 과거의 기억 때문에 더 맛있고 아름답게 다가오기 마련이다. 미각적 상상력이란 미각 자체의 힘도 있지만 거기에 덧붙여진 개인의 경험과 상상 때문에 증폭된다. 허균의 『도문대작』은 바로 그러한 힘을 보여주는 대표적인 저작이다."

다. 그가 함열로 귀양을 가게 된 것은 그의 삶에서 매우 힘든 순간이었다. 이면적으로는 당시 여러 사람을 대신해서 죄를 뒤집어 쓴 것 같은 느낌을 주지만, 그리하여 그의 유배 생활이 어둠으로 가득한 길을 걷는 것은 아니었다 해도, 현실적으로 유배 생활은 견디기 어려운 환경이었을 것이다. 그런 상황을 반영이라도 하듯 그는 자신의 글을 정리해서 문집을 엮을 준비를 하는 한편 저술 활동에 몰두하였다.

이미 언급한 것처럼 현실의 어려움은 과거의 영광을 떠올리게 하는 중요한 계기이다. 자신의 삶을 돌아보면 지금은 한낱 꿈같은 일에 불과한 아름다운 음식들을 상기하는 것은 시간을 보내는 즐거운 일 중의 하나였을 것이다. 음식은 그 자체의 맛 때문에도 생각이 나지만, 사실은 거기에 스며 있는 과거의 기억 때문에 더 맛있고 아름답게 다가오기 마련이다. 미각적 상상력이란 미각 자체의 힘도 있지만 거기에 덧붙여진 개인의 경험과 상상 때문에 증폭된다. 허균의 『도문대작』은 바로 그러한 힘을 보여주는 대표적인 저작이다.

『도문대작』을 집필하면서 허균이 가장 먼저 내세운 것은 무엇일까. 그것은 바로 방풍죽이다. 그는 방풍죽을 이렇게 설명하고 있다.

> 방풍죽防風粥: 나의 외가는 강릉이다. 그곳에는 방풍이 많이 난다. 2월이면 그곳 사람들은 해가 뜨기 전에 이슬을 맞으며 처음 돋아난 싹을 딴다. 곱게 찧은 쌀로 죽을 끓이는데, 반쯤 익었을 때 방풍 싹을 넣는다. 다 끓으면 차가운 사기그릇에 담아 따뜻할 때 먹는데, 달콤한 향기가 입에 가득하여 3일 동안은 가시지 않는다. 세속에서는 참으로 상품의 진미이다. 나는 뒤에 요산遼山(지금의 遂安郡)에 있을 때 시험 삼아 한 번 끓여 먹어 보았더니 강릉에서 먹던 맛과는 어림도 없었다.[20]

허균의 외가가 강릉이기도 하지만 임진왜란이 발발했을 때 피난을 했던 곳이 바로 강릉이다. 그 이후 허균은 강릉을 자주 드나들면서 자신의 고향으로 생각했다. 그의 삶에서 강릉이라는 곳이 깊이 각인된 것은 임진왜란 때문이다. 물론 경포 호반에 집을 짓고 부친이 한동안 살았고 허난설헌 역시 그곳에서 태어났다고 하니 개인적인 기억 역시 깊다. 그러나 임진왜란을 특별히 언급하는 것은 피난 과정에서 있었던 가슴 아픈 사연 때문이다. 임진왜란이 일어나자 허균은 갑작스럽게 피난길에 오른다. 당시 그의 아내는 만삭이었다. 무거운 몸을 이끌고 길을 나선 아내, 늙으신 어머니를 모시고 그는 철령관을 향해 길을 떠났다. 철령관을 넘어 강원도 경역으로 들어올 무렵 그의 아내는 해산을 했다. 그런데 몸을 추스릴 시간도 없이 왜적이 추격해오자 다시 길을 떠난다. 그 길을 이기지 못해 아내는 그만 세상을 떠났고, 며칠 뒤 젖을 먹지 못한 갓난아기 또한 세상을 뜬다. 그는 이곳에서 사랑하는 아내와 갓 태어난 아이를 동시에 잃은 것이다.

제대로 무덤을 만들지도 못하고 부랴부랴 강릉으로 피난을 왔을 때 허균의 심신은 만신창이였을 것이다. 그 상처와 아픔을 치료해 준 곳이 바로 강릉이라 할 수 있다. 그는 주변의 아름다운 곳을 돌아다니며 여유를 되찾기도 하고 인척들의 방대한 책을 읽기도 했으며 낙산사까지 가서 스님들과 교유하며 시를 주고받기도 했다. 이렇게 허균의 마음을 다시 추스리게 만들어 준 강릉이야말로 허균에게는 새 생명을 부여해 준 곳이나 다름없었다. 그가 어려움에 처했을 때 가장 먼저 생각난 것이 바로 강릉에서 먹었던 방풍죽이었다는 사실은 의미심장하다.

『도문대작』에 수록된 다른 항목과는 달리, 방풍죽은 재료뿐 아니라 조리 방법을 자세하게 기록하고 있다. 그만큼 방풍죽이 허균의 뇌리에 깊이 각인되어 있었다는 의미일 것이다. 어려운 시절에 먹었던 음식은 맛있었는데 나중에 일부러 조리해서 먹어보니 맛이 없는 경우를 우리는 자주 접한다. 그것은 미각이 절대적인 기준에 의해 작동되는 것이 아니라 해당 음식을 먹었을 때의 환경과 심리적 상황이 큰 영향을 끼치는 것이기 때문이다. 더욱이 훗날 개인의 기억 속에 저장되어 있는 미각은 대부분 후대에 새롭게 구성되는 것이기 쉽다. 허균의 경우도 그러했다. 어려운 시절을 강릉에서 보낼 때에는 맛있게 먹었던 음식이 뒤에 요산군수가 되어서 먹으니 맛이 없더라는 것은 허균 자신이 처한 상황과 현실적 처지 등의 영향을 받은 탓일 것이다.

석용병石茸餠: 내가 풍악楓岳을 구경 갔을 때 표훈사表訓寺에서 잔 일이 있는데, 그 절의 주지가 저녁상을 차려 왔다. 상에 떡 한 그릇이 있었는데 이것은 구맥瞿麥(귀리)을 빻아 체로 여러 번 쳐서 곱게 한 뒤에 석용石茸을 넣고 꿀물로 반죽한 것을 놋쇠시루에 찐 것인데, 맛이 매우 좋아 찹쌀떡이나 감떡[枾餠]보다도 훨씬 나았다.21)

한편, 허균 자신의 개인적인 경험 때문에 기록된 음식도 있다. 그는『도문대작』에서 두 번째 음식으로 금강산 여행을 할 때 표훈사에서 우연히 접한 석용병22)이라는 떡을 기록하였다. 그 떡은 귀맥과 석이버섯을 넣고 꿀물로 반죽을 한 뒤 쪄낸 것이다. 보기만 해도 흐뭇한 느낌이 들면서 그 아름다운 맛이 느껴지는 듯하다. 감떡은 쌀가루에 감을 잘라서 섞은 뒤 쪄내는 시루떡과 비슷한 떡이다. 감이 주는 단맛이 떡 전체에 배어 있으므로 단맛이 상당한데도 허균은 석이떡이 더 맛있다고 했다. 그것은 실제로 석이떡이 맛있을 수도 있었겠지만, 금강산을 여행하는 즐거움과 산사山寺에서 뜻밖에 만나는 별식이어서 더욱 기억에 강하게 남았던 것으로 보인다.

허균은 『도문대작』을 통해서 자신의 경험이 한양이나 강릉에 머무르지 않고 조선 전역에 걸쳐 있다는 점을 잘 드러낸다. 그는 각 지방을 유력하면서 많은 기억들을 마음속에 축적했는데, 그 축적된 기억들을 음식이라는 흥미로운 소재를 통해서 펼쳐 놓고 있다.

그 속에는 허균이 직접 돌아다니면서 만났던 음식도 있지만, 지인들을 통해서 알게 된 음식도 있다.

죽실竹實: 지리산에서 많이 난다. 내가 낭주浪州에 있을 때 노스님인 선수善修 스님이 제자들을 시켜 보내 왔는데, 감과 밤 가루를 섞어서 만든 것이었다. 몇 숟갈을 먹었는데 종일 든든했다. 참으로 신선들이 먹는 음식이다.[23]

반도蟠桃: 금양衿陽(지금의 시흥)과 과천果川 두 곳에서 많이 났었는데 지금은 없다. 내가 어렸을 때 친척이 안양에 살았는데 냇가에 많이 심어 따 보내주곤 하였다. 맛이 매우 좋았는데 지금은 얻을 수가 없어 안타깝다.[24]

죽실과 반도에 대한 기록을 보도록 하자. 죽실은 지리산 지역에서 많이 생산되는데, 이 음식은 당대의 고승인 선수善修(1543~1615)가 보내준 것이다. 허균의 불교계 인맥은 대단히 두터웠다. 그는 이미 서산 휴정西山休靜과 친분이 있었으며, 그의 제자 사명 유정四溟惟政과도 깊은 관계를 맺고 있었다. 이를 증명이라도 하듯 허균은 휴정과 유정 두 사람의 비문을 모두 썼다. 선수는 누구인가. 그는 부용 영관芙蓉靈觀의 법을 이은 수행자로서, 서산 휴정의 사제師弟이며 사명 유정의 사숙師叔이다. 임진왜란과 같은 어려움에 닥쳤어도 불교도로서의 수행의 끈을 결코 놓지 않았던 높은 법력을 가진 스님이다. 그가 허균에게 죽실을 보내준 덕에 그 맛을 오래도록 기억하고 있었다. 감 가루와 밤 가루를 죽실에 섞어서 만든 이 음식은 조금만 먹어도 배가 고프지 않았으니, 그 담백함과 은은한 향은 일품이었을 것이다.

반도 역시 마찬가지다. 금양과 과천에서 생산되는 것이 맛있다고 쓴 것은, 다른 곳에서 생산되는 반도를 먹어 본 후 비교했다는 의미이다. 그런데 이 반도는 허균이 어렸을 때 친척이 보내준 것이다. 지금은 생산되지 않지만, 그 맛을 잊을 수 없어서 목록에 넣어서 정리를 했다.

맛있는 음식을 기억하는 것은 그 음식과 관련된 아름다운 기억이 스며있기 때문일 것이다. 그 기억이 다시 음식의 맛을 새롭게 재구성한다. 미각의 재구성이란 바로 이러한 맥락에서 논의된다. 유배 생활을 하는 허균에게 주변 사람들이 좋은 음식을 가져다 주지도

"가장 아름다운 맛을 떠올리게 하는 것은, 음식에 깃들어 있는 과거의 풍성했던 기억들이다. 이처럼 그의 『도문대작』은 미각을 통해서 자신의 과거를 재구축한 것이라고 할 수 있다."

않을 뿐 아니라 인신의 자유가 구속되어 있는 상태이므로 마음대로 여행을 다닐 수도 없다. 그런 상황에서 가장 아름다운 맛을 떠올리게 하는 것은, 음식에 깃들어 있는 과거의 풍성했던 기억들이다. 이처럼 그의 『도문대작』은 미각을 통해서 자신의 과거를 재구축한 것이라고 할 수 있다.

4. 미각적 상상력과 그의 문학론

허균은 『도문대작』에서 그냥 정보를 나열하는 것이 아니라 각각의 음식에 대한 품평을 덧붙인다. 그것은 허균 자신이 상당한 미식가였음을 의미한다. 그의 미각은 특별한 데가 있어서, 같은 물건이라 해도 지역에 따라 혹은 수확하는 계절에 따라 서로 다른 맛이 난다는 점을 분명히 밝힌다. 그런데 허균의 높은 감식안과 비평안은 미각에서만 발휘된 것이 아니었다. 그것은 문학 분야에서도 빼어난 안목을 자랑했다.

방대한 독서량을 자랑하는 허균은 뛰어난 문장력으로도 이름이

"허균은 문장을 음식의 맛과 비교하고 있다. 음식이 제각각의 맛으로 자신을 드러내듯이, 문장도 자신만의 맛으로 자신의 존재 의의를 가진다고 생각했다."

높았다. 그렇지만 그 이면에는 수많은 명가들의 글을 읽고 필사하고 암송하는 과정에서 배우고 연마하는 과정이 숨어 있다. 아무리 천재적인 두뇌를 가졌다 해도 피나는 수련 과정이 없다면 어찌 훌륭한 문인으로 인정을 받을 수 있었겠는가. 이를 반증이라도 하듯 그는 중국의 이름난 문인들의 글을 모아서 선집을 여러 편 엮은 바 있다. 그 중에서 당송팔대가唐宋八大家 중에 거벽으로 꼽히는 구양수歐陽修의 문장 78편과 소동파蘇東坡의 문장 72편을 모아서 『구소문략歐蘇文略』이라는 책을 편찬한 적이 있었다. 그 서문에는 다음과 같은 구절이 들어 있다.

> 문장이란 제각기 자신만의 맛을 가지고 있다. 가령 어떤 사람이 대궐 푸줏간의 쇠고기며 표범의 태胎와 곰 발바닥 등을 맛보고 나서 스스로 천하의 좋은 음식을 다 먹었다고 생각하여, 마침내 기장쌀과 회膾와 구운 고기를 그만 두고 먹지 않는다면 굶어 죽지 않을 사람이 드물 것이다. 이것이 어찌 선진先秦과 성한盛漢을 으뜸으로 삼고 구양수와 소동파를 가볍게 보는 사람과 다르겠는가.[25)]

허균은 문장을 음식의 맛과 비교하고 있다. 음식이 제각각의 맛으로 자신을 드러내듯이, 문장도 자신만의 맛으로 자신의 존재 의의를 가진다고 생각했다. 아무리 진귀한 음식이라도 그것만 계속 먹으면 영양실조로 죽거나 심지어 굶어죽는 지경까지 이를 수 있다고 했다. 이것은 당시의 문인들이 공부를 하는 방법을 우회적으로 비판한 것이다. 좋은 문장을 쓰기 위해서는 좋은 문장을 읽는 것이 첫 순서이다. 다양한 글을 접하고 읽으면서 여러 문인들의 글을 비교하는 일은 문장을 감식하는 눈을 기르는 좋은 방법일 것이다. 그런데 옛 사람들이 선진과 한나라의 문장이야말로 최고의 문장이라고 칭찬한 말만 믿고 다른 시대 다른 인물들의 문장을 읽고 공부하지 않는다면 그것은 제대로 된 공부 방법이라고 할 수 없다. 마치 한두 가지의 음식만을 먹다가 심각한 문제에 봉착하는 것처럼, 문장 공부 역시 다양한 사람들의 글을 접해서 문체와 사유의 다양성을 확보해야 비로소 좋은 공부길로 들어설 수 있다는 것을 제시하고 있는 것이다.

허균의 미각적 상상력은 이렇게 한 시대의 문화사를 관통하면서 자신의 사유 속으로 깊이 스며들어 새로운 논리를 만들어낸다. 물론 다양한 미각을 통해서 문학의 다양성과 조화를 추구하는 논의가 허균만의 독특한 논리라고 할 수는 없지만, 적어도 허균의 공부가 자기만의 색깔을 확보하게 하는 중요한 논리로 작동했다고 하겠다. 그는 중국의 위대한 문인들의 문장과 사유를 충실히 읽고 학습했을 뿐 아니라 동시대 명나라 문인들의 글을 매우 **빠르게** 접해서 자기의 것으로 만들었던 인물이다. 조선의 주자학이 당시의 지식인들에게 요구했던 독서의 편향성과 사유의 경직성을 넘어서, 자유롭고 유연한 사고와 독서를 통해 허균은 17세기 전반의 문화사를 다양한 모습으로 증언하였다. 우리는 『도문대작』을 통해서 그가 맛보고 그가 상상했던 다양한 미각을 읽을 수 있다. 그러나 더 중요한 것은 그의 미각적 상상력이 허균의 생애를 관통하면서 새로운 문학적 논리와 드넓은 사유의 지평을 확보하게 하는 한 논리적 토대가 되었다는 사실이다.

17세기 시가의 향유 방식과 허균의 문학

1. 17세기 시가의 연행과 음악사

임진과 병자 양란이 끝난 뒤 황폐해진 음악의 현실은 이미 여러 차례 다루어진 바 있다. 전쟁으로 인해 뿔뿔이 흩어진 연주자는 말할 것도 없고, 재현이 불가능한 악기가 있었던 것을 보면 17세기는 음악사에서 최악의 시기로 기록될 수밖에 없다. 그러나 최악의 시기는 언제나 새로운 것을 준비하는 시기이기도 한데, 지금 우리 음악의 주류와 기본적인 지형도가 그려지는 시기가 바로 17세기라는 점을 상기한다면 충분히 그 중요성을 짐작할 수 있다.[1]

그렇지만 이 시기의 음악사 자료가 그리 풍부한 것으로 보이지는 않는다. 당시의 상황을 담은 전적, 특히 공문서들이 다량 일실된 데다 개인적인 기록 역시 뜻하지 않은 역사 경험을 옮기는 것에 집중되어 있기 때문에 생활의 여가라고 할 수 있는 음악에 관한 자료를 체계적으로 남기기에는 여력이 미치지 못한 것이다. 장악원掌樂院을 중심으로 편찬된 공식적인 음악 자료를 발견하기가 어렵다면, 우리는 개인 문집으로 눈을 돌릴 필요가 있다. 물론 조선왕조실록에서 음악 관련 자료를 뽑을 수도 있겠지만, 그러한 것을 통해서 궁중 주변 혹은 상층부의 음악사 관련 자료를 선별하고 연행演行 양상을 재구하는 것도 필요한 일이고 가능한 일이기도 하다. 그렇지만 당대 사회의 민간 음악은 어떻게 구성되고 어떻게 연행되었는지를 밝히는 일이 시급하다. 계층에 따라, 지역에 따라, 연행 환경에 따라 다양하게 변주되는 음악 기록의 편린들을 모아서 당대 음악 현실의 한 단면을 재구할 수 있으리라는 추정도 가능하다. 그것은 비교적 덜 알려진 17세기 음악사의 한 측면을 구성하는 일이기도 하다.

음악 자료는 고전 시가 연구와 불가분의 관계를 가진다. 한시漢詩조차 음영吟詠되는 시대였으며, 국문 시가는 당연히 노래로 불렸다. 국문 시가는 대부분 노래에 얹혀서 가창되었고, 이를 위해 많은 작품들이 창작되었다. 시가의 음영 내지는 가창 문제는 이미 이현보李賢輔나 이황李滉에 의해서 제기된 바 있지만, 조선시대 사대부들의 생활 속에서 시가를 가창하(도록 하)는 것은 일반적인 상황이었다. 그러나 시가의 음영과 가창은 단독으로 이루어진 것이 아니었으므로, 주변의 연행 상황과 분위기를 파악하는 것이 중요한 과제이다. 즉 어떤 노래들이 함께 음영 가창되었는지, 어떤 분위기 속에서 어떤 노래가 불렸는지, 그런 상황에서는 어떤 놀이가 행해졌는지 하는 문제가 논의되어야 한다. 특히 17세기 음악의 연행 환경 및 절차 등은 자료가 부족하기 때문에 작은 기록이라도 모아서 그 조각들을 맞추는 일이 선행되어야 한다.

이 논문은 허균의 기록 중에서 음악의 연행과 시가 가창에 대한 단편적인 기록들을 모아서 17세기 음악사 및 시가사의 한 부분을 재구하려는 의도에서 시작되었다. 허균은 자신의 문집 『성소부부고 惺所覆瓿藁』에서 자신이 경험한 유흥 공간을 다양한 모습으로 기록한 바 있다. 물론 유흥 공간의 전모를 체계적으로 기록하거나 음악사 및 시가사의 현장을 정밀하게 포착한 기록은 거의 없다. 그럼에도 불구하고 필자가 그의 기록을 주목하는 것은, 스쳐 지나가는 묘사 속에서 뜻밖의 기록을 발견할 수 있었다는 점이다. 공적인 임무로 지방에 출장을 가거나 지인들과 유흥 공간을 연출하고 나서 쓴 글 속에는 어김없이 한두 마디쯤은 음악 문화에 대한 기록을 편린이나마 포함되고 있다. 그러한 기록들을 모아보면 17세기 예술의 연행 현장이나 그 주변 이야기를 일정 부분 짐작할 수 있다는 점을 주목하고자 한다.

2. 17세기 음악사의 변환과 허균 기록의 맥락

널리 알려진 것처럼, 17세기는 우리 음악의 획기적 전환점이었다. 국문 시가로 논의의 초점을 좁힌다 해도, 우선 시조의 곡조는 중대엽中大葉을 넘어 삭대엽數大葉으로 빠르게 바뀌었다. 시조의 곡조

> *"사회적으로 사적 유흥 공간이 문인들의 필봉에 걸려든다는 것은 그 공간에 대한 새로운 인식이 형성되었다는 증거이다."*

역시 다양한 형태로 분화한 것 역시 이 시기의 일이다. 가사는 상당히 널리 음영되었고, 기타 우리 음악의 새로운 분화가 급격히 발생했다. 임진왜란 이후 악기들이 산실되고 남은 것이 없었기 때문에, 지방에 있는 기관들로 하여금 약간의 악기를 모아서 서울로 보내도록 함으로써 습악習樂 때 사용했다는 기록[2]에서 알 수 있듯이, 당시의 상황은 너무도 열악하여 황폐하기 그지없었다. 그러나 이러한 현실은 오히려 과거의 강고한 틀에서 벗어나 새로운 것을 시험하고 만들어낼 수 있는 기회로 작동하기도 하였다. 17세기 음악사의 획기적인 변화는 이 같은 점을 전제로 하는 것이었다. 지금 우리 음악의 기본적인 구도가 이 시기에 만들어졌다고 해도 과언이 아닐 만큼 17세기 음악사의 변환은 급격한 것이었다.[3]

17세기 이전까지만 해도 개인적인 공간에서의 연행 상황이 강하게 포착되지 않았지만, 임진란을 지나면서 사적 유흥 공간이 활발하게 만들어진다. 물론 이 문제는 더욱 섬세한 논의를 필요로 한다. 사적 유흥 공간은 그 이전 시기에도 언제나 존재하였을 것이다.[4] 어쩌면 그에 관한 기록이 많이 남지 않아서 그 시대의 유흥 공간이 덜 주목받았을 가능성도 있다. 그러나 분명한 것은, 사적 유흥 공간의 존재나 성행 여부와는 별개로 기록자의 시선이 거기에 미치는가의 여부는 분명 중요한 문제로 제기될 수 있다. 즉 사회적으로 사적 유흥 공간이 문인들의 필봉에 걸어든다는 것은 그 공간에 대한 새로운 인식이 형성되었다는 증거이다.

지금까지 음악이나 시가의 연행 양상을 논의하는 과정에서 사적 유흥 공간을 중심으로 논의하기가 어려운 측면이 있었다. 이것은 연구자들의 관심이 적었다기보다는 그에 관한 자료를 구하기가 쉽지 않았다는 점 때문이었을 것이다.[5] 대부분은 관청 내지는 궁궐에서 공식적으로 연행되는 현장을 포착한 후 그것에 대한 분석과 정리가 주류를 이루었다. 장악원을 중심으로 유포되는 음악 현장은 공적인 자료를 이용할 수밖에 없었다. 성현成俔의 『용재총화慵齋叢話』나 유몽인柳夢寅의 『어우야담於于野談』과 같은 필기류 기록에서 주로 발견되는 개인적 음악의 연행과 감상이 그 시대의 사적 유흥 공간 형성과 관련하여 부분적으로 논의되었을 뿐이다. 부분적으로 사적 유흥 공간에 대한 관심과 연구가 진행되었지만 임진왜란 이전의 기록에서는 주로 시회詩會에 주목하거나 계회契會로 불리는 비교적 공적인 유흥 문제가 다루어졌다.[6]

그런데 17세기에 접어들면서 개인 문집 안에서 개인의 음악적 취향이나 자신이 감상한 음악의 종류, 그 연행 양상, 시가의 제목 등이 자주 등장하게 된다. 그렇게 된 사정은 다양하게 해석될 수도 있겠지만, 그 중 하나는 자신의 개인적인 문제를 글 속에 담는 경향이 짙어졌다는 점도 작용했을 것이다.

허균의 경우에는 왕명으로 지방에 출장을 다녀오거나 개인적인 여행을 하는 일이 잦았다. 그때마다 간단한 일기를 남기곤 했는데, 그 기록 속에서 지역의 음악에 대한 단편적인 기록이나 연행 현장에 대한 내용이 짤막하게 남아 있다. 앞서 말한 것처럼 대단히 체계적인 것은 아니라 하더라도 필자는 그의 단편적인 기록을 당시의 연행 현장을 엿볼 수 있는 자료로 삼고자 한다. 허균 자신이 풍류스러운 삶을 살았기 때문에, 동시대 근엄한 사대부나 성리학자에 비해 유흥 현장에 대한 상당한 경험이 있었을 것이고, 이러한 경향이 글 속에 반영되어 유흥 공간에 대한 기록으로 남았다. 실제로 허균은 관청에 기생을 끌어들여 유흥을 즐기다가 파직 당할 만큼 공사간에 상당한 유락적 분위기를 조성하였다. 그러므로 허균이 방문하면 주변 사람들은 술자리를 마련하는 것은 물론, 음악과 기생을 함께 참여시키는 경우가 많았던 것으로 보인다. 허균의 기록에 남은 음악적 자료들은 바로 그러한 조각들 속에 반영되어 있다.

3. 허균의 기록에 나타나는 유흥의 모습

1) 공적 유흥 공간의 형성

공적 유흥 공간은 궁궐 및 국가 관청에서 공식적으로 음악 및 놀이를 연행하는 공간을 지칭하는 말이다. 국가의 종묘제례나 왕의 공식적인 행사, 사신의 접대 및 연회 등을 포함하여 모든 국가적 업무에 소용되는 연희가 연행되는 장소를 주로 지칭한다. 그러나 연희 공간의 성격상 공적인 것에서 비롯된 것이라 해도 술과 놀이로 인해 분위기가 이완되고 주흥이 오르면 사적인 성격이 삼투되기 마련이다. 이 같은 경향은 중앙의 공적 유흥 공간보다 지방의 경우가 훨씬 강한 측면을 띤다. 이 때문에 공적 유흥 공간이라 하더라도 기록으로는 사적인 경향이 강조되어 나타나는 경우가 많다. 그러나 이 글에서 주목하고자 하는 것은, 분위기가 만들어내는 사적 측면보다는 공적 공간에서의 악기 구성이나 유흥의 방식이다.

허균은 조선의 음악에 대해서 상당한 자부심을 표출한 바 있다. 조선의 문화가 중화문화의 정수를 그대로 유지하고 있다는 점을 특히 주목하고 자부심을 가지게 되는 것이 조선 후기의 '소중화'론의 핵심을 이루고 있다면, 허균의 자부심은 그러한 논의의 시작을 보여준다고 하겠다.

> 우리나라에서 쓰는 악기樂器는 모두 옛 제도이다. 현금玄琴은 옛날 오현금五絃琴을 본떠서 한 줄을 보탠 것이고, 가야금伽倻琴은 옛날 비파琵琶를 본떠서 열세 줄을 줄인 것이다. 방향方響, 요고腰鼓 및 대금大琴과 묘정廟庭에 쓰는 편종編鐘, 편경編磬, 축柷, 어敔, 운塤, 지箎 등의 악기는 모두 당 나라 제도이다. 그리고 묘악廟樂 중

에 등가악장登歌樂章도 또한 당인唐人이 지은 것을 모방한 것이다. 속악俗樂에 쓰는 것으로 풍입송風入松, 서자고瑞鷓鴣, 수룡음水龍吟, 오운봉서도五雲棒瑞圖 등 악장樂章은 또 송宋 나라 도군道君 때에 하사下賜한 대성악大晟樂으로서 오히려 옛 풍악이 남았다 하겠다. 그러나 중국에는 남북곡南北曲이 성행한 후로 당, 송 시대의 옛 풍악은 모두 사라지고 남은 것이 없다. 소위, "예禮) 없어졌거든 야인野人에게서 구하라"는 것이던가.[7]

음악의 옛 모습을 간직하고 있는 조선의 음악 제도에서 허균은 당송 시대의 풍모를 읽는다. 주로 기록에 의거했을 법한 허균의 이 기록은, 적어도 자기 시대 음악에 대한 허균의 인식을 보여준다. 음악의 모습을 성대하게 그리는 것은 아니지만, 다양한 악기와 희귀한 곡조를 예로 들면서 궁중에서의 음악 연주를 장엄한 방식으로 묘사한다. 그리고 그 악기와 음악의 원류가 당나라와 송나라에 있다는 것을 보여줌으로써 조선 궁중악의 원류가 중국과 비교해서도 뒤지지 않는다는 점을 자랑스러워한다.

명나라의 현실을 누구보다도 잘 알고 있었을 허균에게, 이제 중화문명의 중요한 부분을 발견할 수 있는 곳은 조선뿐이라는 언술은 그리 단순해 보이지는 않는다.[8] 게다가 중국에서는 더 이상 당송 시대의 아름답고 제도에 맞는 음악이 전승되지 않는다. 그러니 옛 제도를 살려서 고대 문명의 음악을 되살리고자 한다면 당연히 조선의 음악에서 찾아야 할 것이다. 허균의 자부심은 이러한 맥락에서 나온다.

그렇지만 허균이 조선의 음악을 긍정적으로 바라본 것은 아니다. 그는 자신이 당면한 시대의 음악이 문제가 있다는 점을 분명 인식하고 있었다.

고려 초에 악관樂官이 당나라 때의 협폐정악夾陛正樂의 음을 모방해서 황풍악皇風樂을 지었다. 그 악장樂章은 왕씨王氏가 처음 일어난 공덕을 찬송한 것이었다. 무릇 국왕이 크게 조회朝會하거나 거동할 때에 반드시 연주하였다. 본국 초년에는 사신詞臣에게 명해서『용비어천가龍飛御天歌』다섯 권을 지었다. 그 중 상칠장上七章과 하삼장下三章을 뽑아서 '여민락與民樂'을 만들고, 황풍악 가락에 좇아서 협주協奏하였다. 임금이 서교西郊에 나가서 조칙詔勅을 맞이하게 되면 악은 전폐殿陛에서 연주하기 시작하며, 숭례문崇禮門에 와서야 악장이 끝난다. 또 연주하면서 모화관慕華館에 이르러 연輦에서 내린 다음에 마쳤다. 선왕 초년에는 가락이 점차 잦아져서 처음 마침을 으레 광통교廣通橋에서 하게 되니, 악관이 가락의 초쇄噍殺함을 매우 걱정했는데, 얼마 못되어 임진년 변고가 있었다. 지금은 가락이 슬프고 급박하며 흐트러져서 수습할 수 없게 되었다.9)

"국가의 근간이 선비라면, 선비의 수양은 국가의 성쇠를 쥐고 있는 열쇠라 할 수 있다. 선비의 수양을 확인하는 방법에 여러 가지가 있는데, 그 중 하나가 바로 음악이다. '예악禮樂'이 병칭되는 이유도 이 때문이다."

이 글의 요지는 허균 당대 음악이 빨라진 것에 대한 비판이다. '여민락'의 경우, 조선초기만 해도 궁궐의 전폐에서 시작한 연주가 숭례문에 와서야 끝났지만 지금은 광통교에 이르자 끝나게 되니 매우 빨라졌다는 것이다. 음악의 촉급함에 대한 근심과 반성은 임진왜란 이후 조선후기를 통틀어 꾸준히 제기되는 문제이다. 이것은 유학을 근간으로 하는 조선조 사회가 예의 주시하면서 정치 교화의 성패를 가늠하는 척도로 삼는 것이기도 하다. 국가의 근간이 선비라면, 선비의 수양은 국가의 성쇠를 쥐고 있는 열쇠라 할 수 있다. 선비의 수양을 확인하는 방법에 여러 가지가 있는데, 그 중 하나가 바로 음악이다. '예악禮樂'이 병칭되는 이유도 이 때문이다.

음악을 통해서 시대를 읽고 걱정을 하지만, 그것이 생활의 세세한 부분까지 적용되어 스며든 것은 아니다. 허균의 기록에서 궁중의 모습을 묘사하는 것은 많지 않다.[10] 오히려 그의 기록에서는 지방 관아에서 행해지는 다양한 연희의 모습이 묘사되어 있어서 눈길을 끈다.

지방의 관아에서 잔치판이 벌어지면 가장 손쉽게 동원할 수 있는 사람들은 관기官妓이다. 이들은 관청의 공식적인 행사에서 음악 연주 및 공연을 담당할 뿐만 아니라 수청을 드는 일에 이르기까지 잡다하면서도 다양한 일을 도맡았다. 관기는 자신이 속한 관청에 기본적으로 묶여 있기는 하지만, 자신의 장기가 이름이 나면 더러 관리를 따라 이웃 지역으로 공연을 하러 다니기도 했다. 뿐만 아니라 시중 드는 창기娼妓의 숫자가 모자라면 "노소를 막론하고 창기 아닌 사람을 마구 끌어내서"11) 섞어 앉히기도 한다.

허균의 기록에서 묘사되는 지방 관아에서 만들어내는 공적 유흥 공간의 모습은 비교적 유형적으로 드러난다.

> 삼례參禮에서 점심을 먹고 전주로 들어가는데, 판관이 기악妓樂과 잡희雜戲로 반 마장이나 나와서 맞이했다. 북소리 피리소리로 천지가 시끄럽고, 천오天吳, 상학翔鶴과 쌍간희환雙竿戲丸과 대면귀첨大面鬼臉 등 온갖 춤으로 길을 메우니, 구경하는 사람들이 성곽에 넘쳤다.12)

허균은 1601년 6월에 전운판관轉運判官에 제수되어 전라도 지역으로 간다. 그때의 일을 일기 형식으로 기록하여 남긴 것이 『조관기행漕官紀行』이다. 비록 품계는 높지 않지만 지방의 공물이나 세금을 거두어 서울로 올리는 직책이므로 지방관의 대우가 좋았다. 그 과정에서 이르는 곳마다 허균과 그 일행들을 위해 놀이를 마련하고 유흥거리를 준비하였다. 짧은 기록이기는 하지만, 위의 기록처럼 그 분위기를 충분히 짐작할 만한 것들이 더러 보인다.

위의 글은 전주로 들어가기 직전, 허균 일행을 맞는 분위기를 묘사한 것이다. 북과 피리 소리로 떠들썩한 와중에 허균 일행 앞으로는 바다 귀신을 형용한 춤, 학춤, 두 개의 장대 위에서 구슬을 가지고 노는 놀이, 귀신의 탈을 쓰고 하는 탈춤 등 화려한 볼거리들이 펼쳐진다. 허균은 함께 데리고 간 큰 조카에게 "네가 과거에 합격하여 돌아가는 길이면 좋겠다"는 농담을 할 정도로 그 놀이는 화려하였던 것이다.

이 같은 놀이는 어느 곳이나 같을 수는 없다. 고을의 규모에 따라 놀이의 규모 역시 달라졌을 것이겠지만, 어떤 형태로든 음악과 놀이는 항상 등장했다. 위의 인용문에 나오는 놀이 외에도 장간長竿(장대놀이), 주승走繩(줄타기), 도상跳床(높이뛰기) 등이 보인다.

이와는 달리 중국의 사신을 접대하면서 지방의 관아를 들렀을 때 만들어지는 유흥 공간에서는 주로 주연酒筵에서의 풍경이 중심을 이룬다. 19세기 이전의 공적 유흥 공간으로 평양에서의 놀이만한 것이 드물다. 기록도 풍성하게 남아 있거니와 그 성대함에서도 어느 자리 못지않았다.[13] 허균의 기록 역시 단편적인 와중에서도 평양에서의 놀이는 비교적 길게 다룬다.

중국 사신은 조카와 읍에서 만나기로 하여 중화에 머물렀다. 조희일은 나와 함께 먼저 평양에 도착하였다. 서윤庶尹 박엽朴燁

이 구름무늬로 장식한 선방仙舫에 춤추는 기녀들을 싣고 잔치를 베풀었다. 내가 관서關西 지방을 아홉 번이나 왕래하였으나 이번 잔치가 가장 성대하였다. 기생 향란香蘭은 내 형님께서 돌봐주던 자이다. 노래 잘하고 우스갯소리를 잘하므로 「백가관서곡白家關西曲」을 부르게 했다. 방백 박자룡朴子龍이 중화에서 돌아와 함께 배타고 놀았다. 성 위에 횃불을 밝혀 놓으니 여장女墻(성가퀴)이 대낮같이 밝았다. 이고二鼓에 가마를 타고 들어오니 숙야가 나를 자기 처소에 들게 하였다. 내가 예전에 돌봐주던 기생 춘랑春娘이 기적妓籍에서 빠진 지 오래되었는데 서울에서 온 지 두어 달이 되었다 한다. 숙야가 굳이 밀어내었다. 그녀는 헝클어진 머리에 옷매무새도 어지러워 병이 심한 듯하므로 내가 만류하였다.14)

이사二使와 뱃놀이를 하였다. 목은 이색이 지은 바 "종일토록 읊조려도 짓지 못했네(終日吟咀不能作)"라는 시를 보고는 사신이 웃으면서 나에게 말했다. "매일 이와 같은 유형의 시를 찾아 올리면 우리들의 마음이 한결 편할 것이다." 부벽루浮碧樓에 이르자 두 분 사신은 나를 불러, "연주하는 음악이 중국의 음악과 아주 비슷한데, 가사歌詞가 있는가?" 하고 물었다. 나는 즉석에서 보당步唐과 자야심사子夜深詞를 적어 주었더니 양사는 그 가사가 『화간집花間集』의 것보다 못하지 않다고 칭찬하였다.15)

1605년 겨울, 명나라에서 사신이 왔다. 당시 한림翰林 수찬修撰 주지번朱之蕃과 형과도급사刑科都給事 양유년梁有年이 파견되어 왔는데, 허균은 이들을 맞아 한양까지 인도하는 접반사가 되어 함께 지낸다. 그들을 맞으러 갈 때부터 보낼 때까지 간략한 기록으로 남긴 것이 『병오기행』이다. 1606년(병오년) 1월 21일 조정에 인사를 올리고 출발하여 28일 평양에 도착하는데, 앞의 기록은 바로 그때의 일을 기록한 것이다. 아직 중국 사신은 도착하지 않았는데, 평양 서윤 박엽은 허균 일행을 맞아 성대한 잔치 자리를 마련한다.

평양에서의 놀이 중에 많은 기록을 남긴 것은 바로 대동강 뱃놀이다. 『고려사』에서 이미 많은 기록을 남기고 있는 대동강 뱃놀이는, 그 화려함과 함께 다양한 볼거리로 사람들을 사로잡는다. 여기서 허균은 향란이라는 기생이 부르는 「백가관서곡白家關西曲」을 듣는다. 이것은 백광홍白光弘이 지은 가사 「관서별곡」을 지칭하는 것으로 보인다. 대동강 주변 성 위쪽으로는 불을 환히 밝혀서 놀이의 흥취를 더했고, 기녀들을 배에 태워 술자리의 가무를 담당하도록 했다. 이 같은 놀이는 한밤중이 되어서야 끝난다.

중국의 사신이 도착한 뒤 이들을 접대하는 과정에서 대동강의 뱃놀이 역시 이루어졌을 것이다. 그러나 허균은 뱃놀이의 장려함을 묘사하기보다는 한시를 읊조리는 것에 관심을 둔 중국 사신의 반응을 기록한다. 중국의 음악과 비슷하다고 느끼는 것은 악기의 구성이 중국의 것과 비슷했던 탓으로 보인다. 여기서는 '자야심사子夜深

詞'를 언급하고 있는데, 한시로 된 가사를 음률에 얹어 부르는 형태였다. 인사치레로 보이기는 하지만, 양유년이 이 작품을 중국 최고의 사詞 작품집인 『화간집』과 비교한 것은 그 수준이 낮지만은 않았기 때문이다. 이것을 통해서 허균은 조선 문화의 우수성을 드러내 보이고 있다.

허균의 기록에 보이는 공적 연희 공간은 규모가 크고 많은 인원들이 동원된 모습으로 나타난다. 당연한 결론처럼 보이지만, 시대의 어려운 형편에도 불구하고 각 지방 관청에서는 연희 공간을 최대한 화려하고 규모가 잡히도록 준비하였다. 산대희山臺戲와 다양한 연희를 중심으로 만들어지는 공적 연희 공간은 관청의 힘이 아니었다면 불가능했을 것이다.16) 그리고 그 과정에서 한시 가사로 된 악부체 음악과 우리말 가사로 된 노래가 함께 불렸으며, 이들은 상황에 따라 선택되었던 것으로 보인다.

2) 사적 연희 공간의 형성

공적 연희 공간과는 달리, 사적 공간은 다양한 형태의 연희와 가창 및 음영吟詠으로 이루어진다. 만들어지는 공간에도 여러 종류가 있다. 공적 공간과는 달리, 사적 공간은 특별한 형식과 절차 없이 언제든지 모든 공간을 연희 공간으로 만들 수가 있다. 그곳이 집안이든 자연이나 정자든 관계없이 연희 공간으로 전환될 수 있는 가능성을 지니고 있다. 심지어 관청조차도 사적 연희 공간으로 전환될 수 있다.

조선전기 사대부 집안의 가기歌妓는 이미 여러 기록을 통해서 존재가 확인되었거니와, 17세기에도 역시 가기 내지는 가동歌童을 두고 흥이 날 때마다 음악을 즐겼다. 더욱이 기생을 이용한 유흥이 사회적으로 확산되어 가면서 사적 연희 공간의 구성은 한층 다채로워진다. 허균은 박원종의 일화를 예로 들면서 16세기의 사적 연희 공간의 이상적인 모델을 보여준다.

평성平城(朴元宗)은 영상領相으로 병조판서를 겸임하여 총애와 권세가 매우 높았다. 은퇴하려고 하여 신병을 핑계로 도산陶山의 별장에 가 있었는데 조정에 큰 일이 있을 때면 임금이 반드시 자문을 구하였다. 그때에 정호음鄭湖陰(鄭士龍)과 황유촌黃柳村(黃汝獻)이 함께 병조의 낭관으로 있으면서 도산에 가서 자문을 구하곤 하였다. 평성平城은 평소에 사치한 것을 매우 좋아하여 원유苑囿, 지대池臺, 관우館宇를 크게 짓는 등 집을 가꾸는 것이 매우 화려하였으며, 시첩侍妾 수십 명은 비단치마를 입었고 노래와 거문고에도 능하였다. 평성은 호음과 유촌이 재사才士라 하여 매우 극진히 대접하였다. 진수성찬을 차리고 풍악을 울리면서 술을 권하였고 시비侍婢에게 각자 시 한 수씩을 요구토록 하여 잔뜩 취하고 한껏 즐긴 뒤에 흩어졌다. 두 사람은 서로 다짐하기를

'생활에 여유가 생기면 반드시 평성의 생활 중 한 가지를 본뜨겠다'고 하였다. 호음은 만년에 가서 음식을 사치스럽게 들었고, 유촌은 제택第宅을 크게 짓고 비첩婢妾에게 거문고도 타고 노래도 부르게 했는데 이것은 모두 평성을 흉내낸 것이다. 그러나 한사寒士의 하는 일이 어찌 훈신귀족勳臣貴族과 같을 수 있겠는가.17)

집 주변의 자연 환경을 화려하게 치장하고 수십 명의 시첩을 두었는데, 이들은 모두 노래와 거문고에 능하다고 했다. 이것은 일반적인 사대부가의 가기보다 훨씬 숫자도 많고 화려한 경우이기는 하지만, 언제든지 술과 음식을 마련하고는 음악을 곁들일 수 있도록 준비한 것이다. 그 자리에 참여하는 사람들은 술과 풍악을 즐기면서 주인의 요구에 따라 시 한 편씩을 짓는다. 이 같은 모습이 허균 당대까지 볼 수 있는 전형적인 사적 연희 공간의 구성 방식이었을 것이다.

집주인은 잔치에 참여할 창기娼妓들을 충원해야 하는데, 혹시 부족한 경우에는 인근의 관청에서 불러오기도 한다. 이러한 분위기 때문에 당시에 이미 상당한 규모로 풍악을 담당하는 계층이 형성되었던 것으로 보인다.

나는 소시 적에 태평한 문물文物을 볼 수 있었다. 악공樂工에 허억봉許億鳳이란 사람이 있어서 피리를 잘 불었는데, 만년에는 현금玄琴으로 옮겨서 또한 잘했다. 박소로朴召老는 거문고를 잘 타서 옛 가락을 잘했고, 홍장근洪長根은 속조俗調를 잘해서 아울러 일류라 일컬었다. 또 가야금은 이용수李龍壽, 비파는 이한李漢, 아쟁은 박막동朴莫同을 아울러 일류라 일컬었다. 노래로는 기생 영주선瀛洲仙과 송여성宋礪城의 여종 석개石介를 모두 제일이라 하였다. 그 후에는 이한의 조카 전한수全漢守와 용수의 제자 임환林桓이 스승의 재주를 전해 받았다. 이 밖에도 종실宗室 죽장감竹長監은 아쟁과 비파에 능했고 김운란金雲蘭은 아쟁을 잘 타서, 사람이 말하는 듯했고, 그 가락을 듣는 사람은 모두 눈물을 흘렸다. 또 서자庶子 김연金鋋이 가야금을 잘 탔는데, 지금에 와서는 이런 사람들이 모두 죽었다. 용수는 이미 늙었고, 오직 임환 한 사람이 있을 뿐이며 노래는 한 사람도 대를 이을 만한 자가 없다. 이것도 세대가 내려오면서 인재가 모자라게 되어서 그렇게 된 것인가. 또한 개탄할 일이다.[18]

허균은 악공 중에서 뛰어난 사람을 여럿 기록하고 있다. 이들은 대부분 허균의 앞 시대에 활약하던 인물들이다. 각 분야마다 자신만의 장기를 자랑했으되 지금은 더 이상 그들의 전통이 이어지지 못하고 끊어졌다. 그들이 활동하던 화려한 시절을 허균은 '태평한 문물'이라고 지칭한다. 더 이상 태평성대를 재현할 수 없는 자신의 시대에 대한 안타까움이 배어 있다. 전쟁과 함께 태평성대는 파괴

되었고 그 시대를 빛내던 문물 역시 사라졌다. '개탄할 일'은 바로 그 점이다. 박원종의 일화나 일류 악공들의 기록을 통해서 허균은, 16세기 문화를 일류―流의 시대로 여기고 있었던 자신의 생각을 드러낸 것이다.

황진이에 대한 허균의 기록 역시 위와 같은 맥락에서 이해된다. 금강산 여행에서 돌아오는 길에 절도사의 잔치 자리를 만난 황진이가, 때로 얼룩진 누추한 행색을 전혀 부끄럽게 여기지 않고 노래와 거문고를 연주했다고 한다. 허균은 그의 모습을 통해서 자기 문화에 대한 당당한 자부심을 읽었다. 그렇지만 그 이면에는 더 이상 그와 같은 뛰어난 예인을 만나지 못하게 된 시대라는 점을 안타까워한다.

허균의 생활에서 시주詩酒와 풍악은 중요한 부분이다. 그가 만들어내는 사적 유흥 공간은 어떤 모습이었을까. 대체로 가기歌妓와 주찬酒饌, 악공의 풍악(작은 규모의 자리에서는 이 부분을 가기가 담당하기도 한다)이 있으면 어디서든지 유흥 공간이 마련된다.[19] 그런 자리에서는 앞서 언급한 백광홍의 「관서별곡」을 위시해서 정철의 「관동별곡」과 「장진주사」가 불렸고,[20] 「산자고山鷓鴣」와 같은 노래를 즐겨 불렀다.[21]

사적 유흥 공간이 기생을 동반하는 유락 행위인 것만은 아니다. 상당 부분은 개인적 차원에서 만들어지거나 주변의 몇몇 사람과 불시에 구성되곤 했다.

내 이에 눈 같은 학창의鶴氅衣 헤치면서, 화양건華陽巾 벗고 옥털이개 손에 들고, 침상에 누워 뜨락의 교목 숲 굽어보며, 아름다운 창살의 맑은 향내 응시한다. 세 사람 나와 동조하여 서로 따라서 서성거린다. 이에 요리사에게 명하여 좋은 음식 재촉하고 맛있는 단술 올리고 좋은 방어 바치게 한다. 생황, 비파가 뒤섞어 연주하니, 한밤중에 새로운 소리 드날리자, 회오리바람 끌어와 맛 휘감아 돈다. 끝까지 즐기며 스스로 편안하니, 타향살이 이 내 신세 잊어버렸다. 잠시 후 달빛은 아직 퍼지지 않았는데, 등불 높이 밝히니, 밤빛은 맑고 서늘한데, 물빛 텅 비어 빛난다. 은하수는 아름다운 기와지붕에 반짝이고, 북두칠성 꼬리는 맑은 하늘에 나지막하다. 주렴 걷고 한가로이 즐기니, 봉래섬 멀지 않아 손가락으로 가리킬 정도라. 빼어난 흥취 나는 듯 일어나니, 신선을 부를 마음 생긴다. 여러 손님들 이미 취하여, 즐거운 놀이 한창 지극하여라. 농담에 노랫소리 늦추지 않았는데, 내 마음은 슬퍼진다.22)

이 글은 허균이 삼척부사로 부임한 뒤에 지은 작품이다. 공무에서 벗어나 한가롭게 죽서루竹棲樓 부근을 거닐면서 즐기다가 갑자기 흥취가 일어서 주변의 벗들과 즐겁게 노닌다. 타향에서 고을살이를 하면서 느끼는 외로움을 이 같은 유흥 공간을 통해서 풀어보려는 것이다. 여기에서도 비파와 생황 같은 악기가 등장하고 노래가 불

> "무시로 풍악을 즐기는 허균의 모습은 그의 방탕함을 증명하는 사례로 자주 이용되었다. ……그러나 적어도 그의 삶에서 음악과 시가 및 한시의 가창-음영은 중요한 부분을 차지하고 있었다. **17세기 음악사나 시가의 연행 현장을 재구할 때 허균의 자료가 보완의 역할을 한다는 것은 바로 이런 맥락에서일 것이다.**"

린다. 한밤중에 요리사를 시켜서 맛있는 음식과 술을 마련케 하고, 사람들과 주고받는 농지거리에 주흥이 도도하다.

공적 공간이 사정에 따라 사적 연희 공간으로 전환되는 것은 흔한 일이다. 예컨대 1601년 전운판관으로 법성창法聖倉에 갔을 때에는 어릴 적 친구들이 허균을 밤에 찾아오는데, 서울 기생들이 여럿 동행한다. 이들은 밤늦도록 질탕하게 노니는데, '술은 잔에 넘쳐 흐르고 거문고와 노래를 번갈아 연주하는데 우스갯소리를 하다가 달구리가 되어서야 파하였다'[23)]고 한다.

무시로 풍악을 즐기는 허균의 모습은 그의 방탕함을 증명하는 사례로 자주 이용되었다. 이 문제에 대해서는 그의 개인사적 경험이 녹아 있는 문제기 때문에 단순하지는 않다. 그러나 적어도 그의 삶에서 음악과 시가 및 한시의 가창-음영은 중요한 부분을 차지하고 있었다. 17세기 음악사나 시가의 연행 현장을 재구할 때 허균의 자료가 보완의 역할을 한다는 것은 바로 이런 맥락에서일 것이다. 공적 연행 공간은 실록을 포함한 여러 자료에서 볼 수 있는 것이지만,

이 시기 사적 연희 공간의 모습은 이 같은 단편들을 모아서 구성해야 가능하다.

4. 17세기 시가의 향유 방식과 연희 공간의 구성

17세기의 황폐한 문화적 토대는 이전 시기의 문화적 성과를 제대로 이어받지 못하는 결과를 낳았다. 이 시기 음악사 연구가 미진한 것도 황폐한 문화적 환경과 함께 자료의 산실에 근거한다. 문제는 어떻게 그것을 극복할 것인가 하는 점이다. 필자는 이 시기의 개인문집을 중심으로 유흥 공간의 묘사를 살핌으로써 상당 부분 보충될 수 있을 것이라는 기대를 표명하는 것이다. 그렇다면 허균의 기록에 스며 있는 다양한 형태의 연희 공간을 검토하고, 이를 통해서 17세기의 시가 향유 방식이나 음악사의 구체적인 모습을 살필 수 있으리라 생각한다.

연희 공간은 공적인 것과 사적인 것에 현저한 차이를 보인다. 범박하게 나눌 때, 공적 연희 공간이 잘 짜인 체제와 많은 인원을 동원하는 방식이라면, 사적 연희 공간은 술과 음악, 기생으로 구성되는 간단한 방식이다. 공적 연희 공간에서 악장樂章과 같은 공식적인 음악 중심의 연주가 이루어졌다면, 사적 연희 공간에서는 다양한 노래들이 연행되었다. 그 과정에서 우리는 17세기에 불렸던 우리말 시가의 현황을 짐작할 수 있다.「산자고」나「최득비여자가崔得罪女子歌」처럼 정확히 어떤 것인지 그 실체를 짐작하기 어려운 것도 있지만,「관서별곡」,「관동별곡」,「장진주사」와 같이 널리 알려진 시가가 연행되었음을 확인할 수 있었다.

사적 연희 공간에서의 악기 구성은 주로 북, 피리(퉁소), 거문고 등이었으며, 기생의 노래를 동반하는 것이 일반적이었다. 허균의 기록 속에 등장하는 연희 공간에서는 대부분 이들 중 최소한의 요건만을 갖추면 충분히 놀이가 지속되는 것을 볼 수 있었다.

이 논문은 허균의 문집 속에 등장하는 음악 및 시가 관련 기사를 모아서 전체적인 구도 속에서 해석해 보자는 의도로 기획된 것이다. 미처 언급하지 못한 기사들을 포함하여 주변 인물들의 문집, 당대의 공식적 기록 등에 나타나는 것들을 모아서 17세기의 음악사와 시가사의 연행 양상을 구체적으로 재구하는 작업이 이어질 때 비로소 17세기 문화사의 새로운 지평을 열 수 있을 것이다.

허균의 강원도 인식과 민속문화론

1. 허균의 강원도: 민속문화론의 출발점

 허균의 출생지에 대해서는 정확하게 기록되어 있지 않다.[1] 그는 1569년 서울 건천동(혹은 강원도 강릉 사천 외가)에서 허엽許曄의 셋째 아들로 태어났다.[2] 12세 되던 1580년, 경상도관찰사로 재직 중이던 부친 허엽을 따라 상주에서 살았던 적을 빼면 어린 시절의 대부분을 서울에서 지냈다. 괄호에서도 굳이 밝혔듯이, 허균은 강릉 사람이라고 알려져 있기도 하다. 이것은 근대 이전의 공식적인 기록에는 나타나지 않는 것이다. 그러나 그의 누이 허난설헌이 태어난 강릉 경포 호반의 초당 생가에서 태어났다는 설도 전한다. 지금도 그 생가는 경포 호반 송림松林 사이에 남아 있다. 설령 허균이 강릉-사천 외가에서 태어났다고 하더라도 그가 강릉 지역과 본격적인 교분을 맺은 것은 임진왜란을 계기로 하여 이루어졌다는 논지에는 그리 어긋나지 않는 듯이 보인다.
 1592년, 임진왜란으로 서울 도성이 온통 피난길에 오르자 허균 역시 어머니와 아내, 어린 딸과 함께 길을 나선다. 널리 알려진 것처럼, 그는 이 피난길에서 결혼한 지 8년 되는 아내를 잃었으며, 아내가 갓 낳았던 아들까지도 함께 잃는다. 아내는 산후조리를 못하고 피난길을 재촉하다가 죽었으며, 갓난아이는 제대로 먹지 못해 죽은 것이다. 이 비극적인 사건은 허균의 일생을 두고 오래도록 기억되는 일이었다. 그는 후일 형조참의로 발령을 받음으로써 죽은 아내에게 첩지牒紙가 내려지자 이를 추억하면서 추도문을 지은 바 있다. 그 글에서 오랜 세월이 지났지만 여전히 아내에 대한 그리움을 그녀 생전의 일화 두어 가지와 함께 소개하면서 슬픔을 표한 적이 있다.

강릉 사천으로 내려와서 약 2년을 지내면서, 그는 상당량의 시편詩篇(이 당시에 지어진 시들은 대부분 산실되고, 허균의 기억에 의해 후일 『교산억기시』라는 시집 속에 엮어서 전해진다)과 『학산초담』이라는 시화집詩話集을 저술한다. 사천은 허균의 외가가 있는 곳으로, 그가 가장 자주 사용했던 교산蛟山이라는 호 역시 그곳의 교문암蛟門巖이라는 바위에서 따온 것이다. 20대 중반을 강릉에서 지냈으므로 강릉은 후일 허균의 고향으로 인식된다. 사실 그의 문집 『성소부부고惺所覆瓿藁』에는 자세한 이력이 나와 있지 않으므로 생애의 구체적인 행방을 추적한다는 것은 어렵다. 앞서 언급한 것처럼 그의 공식적인 출생지는 서울이지만 비공식적으로 전하는 말에 의하면 강릉이라고도 하는 것을 보면 허균의 이력이 영성한 상태라는 것을 쉽게 추정할 수 있다. 그 이면에는 허균이 역모죄와 관련하여 사형 당한 후 제대로 복권되지 못했다는 점, 사형 직전에 자신의 문집 원고를 사위에게 보내 보존하게 했지만 그것이 조선 사회에서 출판되어 빛을 보기는 어려웠다는 점 등 몇 가지 원인이 있다. 결국 그의 문집에는 만년의 기록(1610년 이후의 기록)이 없다는 점에서 허균이 죽기 전 8년간의 행적을 살필 자료가 전혀 없다는 것은 허균 연구에 중대한 장애가 아닐 수 없다.[3]

생애의 마지막 행적을 정확히 재구할 수 없는 것처럼, 비슷한 이유로 그의 유년 시절 역시 재구하기 어렵다.[4] 물론 허균이 기억하는 어린 시절의 모습이 없는 것은 아니다. 그렇지만 그 모습은 자신의 유년을 기록하기 위한 것이라기보다는 둘째 형인 허봉과 누이 허난설헌을 추억하면서 함께 연상되는 경우가 많다.[5] 허균이 강릉과 인연을 맺은 구체적인 사건은 역시 임진왜란이다. 어려운 시절을 지내면서 강릉 지역에서 문필생활을 한 허균에게, 강릉이란 하나의 고향이었을 것이다.

허균의 문집에는 민속적인 풍광을 기록한 시문이 여러 편 수록되어 있다. 민속에 대한 그의 관심은 자신이 발 딛고 서 있는 강릉 지역에 대한 애정의 한 표현일 터이지만, 다른 한편으로 보면 지식욕에 목말라 있던 조선중기 한 청년 지식인의 문화적 시선을 반영한다. 일반적으로 조선중기의 문학사적 변화를 이야기할 때 송시풍宋詩風에서 당시풍唐詩風으로의 전변轉變, 이인설화異人說話 담당층의 확대 등을 특징으로 꼽는다. 그것은 조선 지식인 사회의 새로운 출구를 찾기 위한 노력들의 일환이라고 여겨지는 바, 허균은 그 변화의 중요한 지점에 위치하는 인물이다. 그러므로 관동 지역의 민속에 대한 그의 관심은, 좁게는 자신의 지역에서 경험한 민간 풍속에 대한 호기심으로부터, 넓게는 한 시대 문화를 바라보는 광범위한 시선 안에 포착함으로써 시대의 새로운 문화적 풍토 변화에 일정 부분 기여하려는 암묵적 의도로 읽혀질 수 있다. 그런 점에서 강원도는 민속문화 분야에서 허균의 시선을 논의할 수 있는 출발점이다.

2. 허균의 강원도 인식

그의 출생지가 어디든, 허균이 강릉을 '마음의 고향'이라고 생각했던 점만은 분명해 보인다.[6] 이와 관련된 진술은 그의 문집 곳곳에서 드러난다. 벼슬길로 상징되는 속세에서의 삶은 강릉과 대척점으로 설정되면서 한층 그 강렬의 도를 더한다. 그것은 부친이 살았던 지역이기도 하지만 자신이 평생 마음으로 의지했던 허봉과 허난설헌의 기억이 여기저기 남아 있는 곳이기도 했기 때문이다.

  官轍風塵際 벼슬길은 풍진의 사이요
  幽居嶺海東 유거는 대관령 바닷가 동쪽.

客愁寒食後	한식 뒤에 나그네 시름
花事雨聲中	빗소리 속에 꽃 피는 일.
軒冕猶牽我	높은 벼슬은 오히려 나를 끄나니
烟霞豈負公	안개 노을 어찌 공을 져버리오.
歸期尙綿邈	돌아갈 기약 아직도 아득하여서
咄咄且書空[7]	한탄하며 공중에 글씨만 쓴다.

위의 시에서 허균은 강릉과 벼슬길을 명확히 대비시킨다. 대관령을 기준으로 하여 저편과 이편의 공간은 확연히 구별된다. 그 구분은 넘기도 어렵고 서울과도 멀다는 현실적인 사정이 작용하는 것이기는 하지만, 그 이면에는 바람 먼지 가득한 정치적 공간과 안온한 휴식으로서의 강릉이라는 공간이 심리적으로 대비된 것이기도 하다. 유거幽居라는 단어에서도 드러나듯이, 강릉은 세속의 번잡한 사정과는 절연된, 고요한 은거의 공간이다. 그 공간으로 돌아가기 전까지 허균은 아무리 좋은 벼슬과 음식이 있다 하더라도 나그네로서의 삶인 것이다. 위의 시는 계속 강릉과 비非 강릉을 심리적으로 구분하면서 시상詩想을 진행시키고 있다. '벼슬길-나그네 시름-높은 벼슬'로 이어지는 부분과, '그윽한 장소-꽃피는 일-안개 노을'로 이어지는 두 계열이 만들어내는 공간은 허균의 생각을 선명하게 부각시킨다.

어지러운 정치 현실 속에서도 그는 고향 강릉을 끊임없이 꿈꾼다. 그러나 그것은 꿈일 뿐 현실 속에서 실현될 가능성은 희박해 보인다. 돌아갈 기약은 아득하기만 하니 그는 허공에 종일토록 글자만 쓰는 신세일 뿐이다. 마지막 구절은 진晉나라 은호殷浩가 임금에게 버림 받고 나서도 사람들과 평소처럼 이야기하기에 쫓겨난 것에 대한 유감이 없는 사람이라고 여겼는데, 그는 매일 허공에서 '놀랍고 괴이한 일'이라는 뜻의 '돌돌괴사咄咄怪事'라는 글자를 계속 썼다고 하는 고사를 인용하였다. 그 고사로 미루어 보건대 허균의 정치적 입지는 상당히 좁은 상황이었을 것이다.8) 어려운 상황에서 생각하는 고향이므로 더욱 돌아가고 싶은 곳이기도 하다.

강릉을 만년에 돌아가 은거할 곳으로 설정한 것은 그의 문집 곳곳에서 쉽게 발견할 수 있다.

①나도 관직에 있는 한 사람으로 운산雲山의 생각이 길이 마음에 맺혀 있어 장차 일을 사하고 동으로 돌아가 감호鑑湖 가에서 노령을 마칠 작정이니, 이 책(김공희의 귀전록을 말함-필자 주)은 역시 나의 진벌津筏이 될 수 있다.9)

②하늘의 복을 입어, 혹시라도 전원으로 돌아가도록 허락된다면, 관동關東 지방은 나의 옛 터전이라 그 경치며 풍물이 중국이 시상산柴桑山이나 채석산采石山과 견줄 만하고, 백성은 근실하고 땅은 비옥하여 또한 중국의 상숙현常熟縣과 양선현陽羨縣보다

못지않으니, 마땅히 세 군자(도연명, 이태백, 소동파를 말함-필자 주)를 받들고 감호 가에서 재야선비의 신세로 돌아간다면, 어찌 인간 세상의 즐거운 일이 되지 않겠는가.10)

①은 김공희金公喜의 시집인 『귀전록歸田錄』에 붙인 서문이다. 허균은 이 글을 쓰면서 자신이 노년에 돌아갈 곳으로 경포 호반을 언급한다. ②는 1611년 함열에 유배되어 있을 당시에 지어진 글이다. 찾아오는 사람 없는 적막한 방에 도연명, 이태백, 소동파 세 사람의 초상을 모셔 놓고 그들과 벗하는 삶을 그리고 있었다. 그 초상화는 당대 최고의 화가였던 이정李楨이 그림을 그리고 최고의 명필이었던 한호韓濩(韓石峰)가 찬贊을 써서 만든 명품이었다. 허균의 이 같은 상우의식尙友意識은 자신의 현실적 어려움을 극복하기 위한 일종의 방어기제일 수 있는 것이지만, 그 이면에는 벼슬길에 대한 괴로운 심정과 환멸을 포함하고 있다. 따라서 그의 강릉 지역에 대한 그리움은 단순한 수사적 차원을 넘어서는, 절실한 문제였던 것이다.

허균에게 강릉은 언제나 풍성하고 아름다운 곳이었다. 앞서 언급한 것처럼, 피난길에서 당한 비극적인 사건으로 허균의 몸과 마음은 피폐해져 있었다. 그런 만큼 자신의 삶을 넉넉하게 보듬어준 곳이었기에 강릉에 대한 허균의 인식은 남다를 수밖에 없었다.11) "언제나 생각하나니, 동쪽 바다는 나의 고향, 풍속도 순박한데 하물며 해마다 풍년임에랴. 봄바람 곳곳마다 다투어 꽃이 피고, 아름다운 계절 집집마다 술이 정히 향기롭다"12)라든지, "군자가 그리워도 불수 없나니, 문득 감호 가에서 함께 낚시질하고 싶은데"13) 등과 같은 구절에서도 강릉에 대한 그의 그리움과 풍성한 이미지를 발견한다.

이 같은 허균의 강릉 인식은 그 범위를 점점 넓히면서 관동 지역, 나아가 강원도 지역에 대한 우호적인 시선으로 확대된다. 그의 강원도에 대한 단편적인 기록 몇 편을 통해 그의 강원도 인식의 확대를 살펴본다.

③강릉은 대관령 바다 동쪽에 있는 큰 도회지이다. 신라 때에는 북빈경北濱京이 있었으며, 동경東京이라고도 불렀다. 김주원金周元이 (溟州郡王으로) 봉해진 이래 꾸민 장식과 사치한 의관이 화려하고 특출하여 서울과 서로 비슷하였으며, 또한 풍속이 문교文敎를 숭상하여 의관과 문필을 갖춘 선비로서 사장詞場에 몰려드는 자들이 줄을 이어 늘어설 지경이었다. 풍속이 돈후하여 노인을 공경하고 검소함을 숭상하며, 백성들은 소박하고 성실하여 기교가 없었다. 어업과 쌀의 생산이 풍요로워 비단 산천의 아름다움이 동방에서 으뜸일 뿐만 아니다. 그러므로 이 지방에 관리된 자들은 대개 여기를 못 잊어 하여 떠날 때 눈물을 흘리는 자가 있었으므로 원읍현員泣峴(원님이 울면서 넘는 고개)이 생겨 지금도 있으니, 대개 그 증거가 된다.14)

④곧 들으니 진주부사眞珠府使(삼척부사를 말함-필자 주)가 세상을 떠났다고 하는데, 그 고을은 저 시골 나의 외가와 가까운 곳입니다. 강산이 아름답고 송사는 간소하고 백성들은 순박하며 연못이나 정자들은 소요할 만한 곳이오니, 관인官印을 차고 6년 동안의 이은吏隱이 되고 싶습니다.15)

⑤영동과 영서는 다 내 고향이어서 그곳 사정에 매우 익숙하므로 가야 하느냐 말아야 하느냐 하는 그곳 형편을 내가 자세히 말해줄 수 있다.

영동은 땅이 좁고 백성이 적어서 풍년이 들면 쌀이 천한 것 같다가, 약간만 풍재風災나 한재旱災를 만나면 금방 기근이 든다.……(임진왜란 시절 충주와 원주 사람들이 모두 강릉으로 피난을 와서 먹을 것이 없어 굶어 죽은 사람이 많았다.)…… 영서는 비록 험준하기는 하나 서울과의 거리가 겨우 며칠의 일정밖에 안 된다. 임진왜란 때 서울의 사족으로 떠돌아다니던 자들이 모두 이곳으로 폭주하자, 왜적이 이 나라의 백성과 재물이 모두 이곳에 모였다 하여 매우 혹독하게 수색하고 긁어냈으므로, 칼날과 능욕의 화에 걸린 사람이 10에 6~7이나 되었다.16)

③은 강릉에 대한 허균의 생각을 집약적으로 드러내는 글이다. 이 글은 경포호에 일종의 도서관과 같은 곳을 마련해 놓고 그것을

위해 쓴 글이다. 여기서 허균이 주목하는 것은 강릉의 문화적 풍모이다. 경제적으로나 문화적으로 서울에 손색이 없는 강릉이기 때문에, 이곳에 부임해 왔다가 떠나는 고을 원님들이 울면서 간다고 하는 설화까지 생겼다고 했다. 아울러 그러한 문화적 전통은 하루아침에 생긴 것이 아니라 신라 시대 김주원으로 거슬러 올라가는 오랜 연원을 가지는 것이라고 하였다.

④는 조선중기 문신인 성준구成俊耈에게 보내는 편지의 일부이다. 성준구에게 삼척부사(진주는 삼척의 옛 이름임)로 부임할 수 있도록 도와달라는 부탁의 편지이다. 그 과정에서 삼척에 대한 자신의 인상을 서술한다. 허균에게 삼척이란 경치가 아름답고 송사訟事가 간단한 곳이다. 송사가 간단하다는 것은 업무가 그리 많지 않다는 뜻이기는 하지만, 실제로는 백성들이 순박하여 송사거리가 많지 않다는 의미로 쓰인다. 허균 자신도 언급했듯이, 삼척 지역은 풍광이 수려하고 인심이 좋기 때문에 이은吏隱으로 지내기에는 맞춤한 곳이다. 원래 세상을 피해 은거하기 위해서는 강호자연 속으로 들어가는 것이 일반적이지만, 그들보다 더 훌륭한 은거자는 저잣거리에서 다른 사람들과 어울려 살면서도 자신의 도를 지키는 시은市隱이라는 『장자』의 말이 있다. 허균이 언급한 '이은'은 바로 '시은'을 염두에 두고 하는 말이다. 자신은 벼슬살이를 하는 것을 마치 도를 닦으며 은거해 있는 사람처럼 하겠노라는 다짐이다. 이은에 대한 관심은 이미 조선전기 사대부들에게 널리 퍼져 있던 것이었는데,17) 한동안

나타나지 않다가 허균에게서 다시 보인다. 그것은 허균이 유학 외에도 다양한 사상적 흐름에 자신의 촉수를 세우고 있었기 때문에 가능한 일이었을 것이다.

삼척에 대한 특별한 관심은 허균의 단편적인 것에서 촉발된 것은 아니었다. 45년 전에 선친인 허엽이 삼척부사를 지냈던 인연이 있었기 때문에 허균에게 삼척부사라는 직책은 선친의 유업을 계승하는 의미를 지니는 것이었다. 게다가 자신의 장인 역시 삼척부사를 지내면서 선정을 베풀었는데, 장인이 지은 『찰미요람察眉要覽』이 아직도 전해오고, 아울러 그를 기리기 위해 부민府民들이 세워준 비석이 우뚝 서 있다고 하면서 매우 자랑스러워한다.[18] 이처럼 자신의 선대先代와 일정한 연관을 가지고 있는 곳이었기 때문에 허균은 삼척에서의 삶을 마치 고향에서의 삶과 비슷한 감정으로 대하는 것이다. 외가에서 가깝다는 진술은 이런 맥락을 가진다.

⑥은 전쟁을 몸소 겪은 선비로서 영동과 영서에 대해 사람들이 가지고 있는 편견을 논박하는 글이다. 이 글은 난리가 났을 때 피난지로서 영동은 대관령으로 막혀 있는데다가 서울 지역과는 거리가 멀어 적군들이 들어오기 어려우므로 피난하기에 매우 적합하며, 산이 높고 물길이 험난하여 도망갈 곳이 많은 원주가 그 다음으로 적합하다는 항간의 편견에 대해 반박하고 있는 내용으로 되어 있다. 그의 논점에 의하면 영동 지역이 자연경관의 아름다움과 물산의 풍부함에도 불구하고 땅이 좁아서 조금만 기근이 들거나 인구가 증가

하면 그것을 감당하지 못한다고 했다. 게다가 원주 역시 서울 사람들이 대거 피난하는 바람에 오히려 왜적을 불러들이는 결과를 가져왔다면서 통설을 반박한다. 허균은 자신의 피난 경험을 통해 피난지를 일정하게 한정짓는 것은 어리석은 일이라는 점을 드러낸다. 문제는 자신이 당면한 사태를 정확히 살피고 판단하여 적절하게 응하는 것이 중요하다는 것이다. 이 과정에서 그는 강릉과 원주를 비교하고 있다. 이 같은 서술을 통해 허균이 강릉과 원주를 자신의 관점을 가지고 얼마나 정확히 파악하고 있는가를 엿볼 수 있다.

그 밖에도 청학동(현재 강원도 강릉시 연곡면 소금강), 금강산 등지를 여행하면서 지은 상당량의 시문들이 있는데, 여기에서는 대체로 수려하고 신비스러운 자연 경관 때문에 신선의 고향으로 인식되고 있다. 전반적으로 강원도에 대한 허균의 인식은 그리운 고향으로서의 강릉 이미지를 바탕으로 삼척, 원주, 양양, 금강산 등으로 확대시켜 나간 것을 알 수 있다. 그의 시문 속에서 강원도는 안온하고 풍성한 이미지와 신선의 이미지가 함께 나타나고 있다.

3. 허균의 민속관

이미 알려진 것처럼, 허균의 사상적 지향은 다양하다. 부친 허엽은 물론 가형인 허성의 경우 성리학에 잠심하여 일정한 성과를 얻

> *"조선시대를 거치면서 성리학은 다른 사유들을 배제하면서 자신의 영역을 확보해 왔다. ……그것은 결국 재능 있고 신이한 능력을 가졌으나 시대를 만나지 못한 기인奇人의 모습으로 수렴되면서 방외인方外人 계열의 중요한 맥을 형성한다. 허균이 노장적 혹은 신선가적 사유에 상당한 관심을 가지고 경도되어 있었다는 것은, 적어도 그가 당대 주류적인 사유에서 벗어나 새로운 사유의 행로를 모색하고 있었다는 점을 의미한다."*

었던 인물이다. 집안의 분위기를 보면 마땅히 성리학적 태도를 견지해야 했지만, 허균의 사상적 지향은 주로 도불적道佛的인 것에 경도되어 있다. 특히 시문 전반에 드러나는 노장적 색채는, 현실적으로 허균이 비난 받은 것 이상으로 강하게 스며 있다. 실제로 허균은 신선술神仙術 혹은 양생술養生術로 추정되는 술법에 관심을 가지고 한동안 수련했던 것으로 보일 만큼 그의 노장적 혹은 신선적 사유 및 생활 태도는 명확하다.

1) 설화의 적극적 수용

조선시대를 거치면서 성리학은 다른 사유들을 배제하면서 자신의 영역을 확보해 왔다. 특히 노장적 혹은 신선가적神仙家的 사유에 대해서는 그 이단적 성격을 강하게 규정함으로써 그러한 사유가 현실의 표면으로 부상하는 것을 통제했다. 그것은 결국 재능 있고 신이한 능력을 가졌으나 시대를 만나지 못한 기인奇人의 모습으로 수렴되면서 방외인方外人 계열의 중요한 맥을 형성한다. 허균이 노장적 혹은 신선가적 사유에 상당한 관심을 가지고 경도되어 있었다는 것은, 적어도 그가 당대 주류적인 사유에서 벗어나 새로운 사유의 행로를 모색하고 있었다는 점을 의미한다. 따라서 그의 글에는 많은 이인異人 혹은 신선적 성향의 인물들이 등장하며, 대부분 우호적인 묘사로 일관되어 있다. 허균의 다섯 편의 전傳 작품의 주인공들도 모두 뛰어난 능력을 가지고 있지만 세상에서 쓰이지 못하여 불우하게 살아가는 인물들이며, 절친한 벗들 중에서도 상당수의 인물들이 그러한 유형에 속한다. 이와 같은 인물들을 자신의 글 속에 적극적으로 수용하여 형상화한다는 것은 주류적 사유를 자신의 세계관의 중심에 놓은 사람에게는 찾아보기 힘든 태도이다. 이는 탈영토화의 계수가 지극히 높은 사람만이 보여줄 수 있는 글쓰기 태도이다.

민속에 대한 허균의 시선은 바로 이러한 경향의 연장선상에 위치한다. 중심을 사유하거나 피라미드의 상층부를 바라보는 시선으로는 포착하기 힘든 것인데, 허균의 글에서는 대체로 민속에 대한 긍정적인 태도가 분명히 존재한다. 앞서 인용한 바 있는 자료 ③에서도 이 점을 확인할 수 있다. 허균이 강릉을 자랑스러워하는 것 중의 하나가 바로 문화적 토대 때문이다. 그것은 오랜 역사적 전통을 가지고 있는 것인데, 그 역사적 맥을 신라 시대 김주원의 정착으로부터 시작하고 있다. 그리고 그러한 문화적 토대가 현실 속에서 실제로 영향력을 발휘하고 있다는 증거로 원읍현 전설을 예로 든다. 강릉을 떠나기 싫어서 임기가 다 되어 떠나가는 원님들이 울면서 넘어갔다는 고개가 바로 원읍현員泣峴인데, 이것은 강릉 지역의 지명 전설을 차용한 것으로 보인다. 강릉의 문화적 맥락을 논의하는 글 속에서 역사와 전설은 혼효되어 자연스럽게 표현된다. 이는 허균이 민간의 설화에 대해 상당히 긍정적으로 수용하고 있음을 보여준다.

설화의 수용을 잘 보여주는 예로 「별연사고적기鱉淵寺古迹記」를 들 수 있다.[19] 이 글은 지역에 전하는 양어지養魚池 지명 전설을 자세히 수록한 것이다. 신라 시절, 왕제王弟인 무월랑無月郎이 강릉에 왔다가 마을 처녀와 사랑에 빠지게 되었다. 반 년 후 경주로 돌아가게 된 무월랑은 소식이 끊어지고, 처녀는 다른 사람과의 결혼을 강요당한다. 그녀는 자신이 기르던 연못 속의 금 잉어에게 옷소매를 찢어서 쓴 편지를 던졌다.

한편 경주에 있던 무월랑 집의 관리가 알천에서 잡은 잉어로 요리를 하게 되었다. 그런데 배 속에서 편지가 나왔고, 그것은 바로 처녀가 무월랑에게 보내는 것이었다. 신기한 일 때문에 무월랑과 처녀의 이야기가 알려지게 되었고, 무월랑은 즉시 강릉으로 달려가 처녀를 아내로 맞이한다. 그 처녀의 이름이 바로 연화부인이다. 이들 사이에 태어난 아이가 바로 명주군왕으로 봉해지게 되는 김주원金周元이라는 것이다.

제목만 전하는 고구려 노래 중에 「명주가溟州歌」의 근원 설화로도 여겨지는 이 설화는, 허균이 강릉에서 지낼 때까지 민간에 널리 알려졌던 듯하다. 이 설화는 『신증동국여지승람新增東國輿地勝覽』(이하 『여지승람』으로 약칭함)이 편찬될 때 '양어지' 조항에 전설로 채록되어 있다.[20] 그러나 자세한 역사적 배경은 생략이 된 채 명주溟州에 유학 온 한 서생과 마을 처녀 사이의 사랑 이야기로 수록된다. 허균은 『여지승람』의 이야기를 간단히 요약하여 글의 앞부분에 제시하면서, 그것은 고로古老들이 무심히 주고받는 한담 수준에 불과한 것인데, 『여지승람』을 편찬하는 사람이 그 이야기를 그대로 믿고 고적古迹조에 수록했다고 하였다. 이야기의 전후 맥락이 정확하지 않은 것에 의문을 품은 허균은 강릉부사를 지낸 한강寒岡 정구鄭逑가 보았던 이거인李居仁의 옛 기록을 본 후, 강릉의 노인들이 이야기하는 것과 『여지승람』의 기록이 얼마나 조잡한 것인가를 깨닫는다.

　『여지승람』에 수록된 설화와 허균이 기록한 설화 사이에는 어떤 다른 시선이 존재하는가. 우선 주목할 점은 『여지승람』의 기록이 설화의 역사성이나 주변의 지명을 고려하지 않은 채 줄거리만을 중심으로 간략히 수록한 민담 수준이라면, 허균의 채록 태도는 역사적 기록과 지명 전설을 논리적으로 제시하면서 비교적 엄정하게 대한다는 것이다. 물론 그 계기는 연화부인의 남편 김주원이 강릉김씨의 시조이며, 그렇게 치면 허균 자신의 외가댁 시조가 된다는 점에 있다. 조상과 관련된 일이 명확히 밝혀지지 않은 것을 안타깝게 여겨서 역사적 고증을 섬세하게 하고 아울러 지명 전설을 충분히 활용하면서 별연사(鼈淵寺) 및 양어지의 유래를 밝힌 것이다. 설화가 가지는 신비함 혹은 황당무계함 역시 어떤 시선으로 바라보는가에 따라 이처럼 전혀 다른 해석이 나올 수 있다.

「별연사고적기」뿐만 아니라 다른 글에서도 설화에 대한 허균의 우호적인 시선을 감지할 수 있다. 특히 그의 시문에는 꿈 이야기가 자주 등장한다. 꿈이 가지는 신비하고 환상적인 분위기는 시문 속의 기록이 실제로 허균 자신의 경험에 의거한 것인지 아니면 상상에 의한 것인지 그 경계를 흐리게 한다. 그럼에도 불구하고 꿈 이야기를 비롯한 신비스러운 이야기를 시문 속에 적극 수용하면서 현실이 꿈과 명확하게 구분되지 않는다는 점을 드러낸다. 그것은, 우리의 이성적 능력이나 현실적 경험으로 해명되지 않는다고 해서 진실에서 멀어진 것이라고 여기는 일상적 편견에 비판적인 반성을 촉구하는 것이기도 하다.

2) 국리민복적 민속론과 대관령 산신당

근대 이전, 관료들이나 지식인들이 백성들의 민속에 관심을 가지는 중요한 이유는 정치적인 목적과 관련이 있다. 정치적 교화가 백성들에게 얼마나 영향을 끼치고 혜택을 입히는지 확인하기 위해서는 항상 그들의 삶을 관찰해야 한다는 것이다. 그 과정에서 패관(稗官)

을 설치하고 그들로 하여금 백성들 사이에 떠도는 노래와 이야기 등속을 채집하는 제도가 나오게 된 것이다. 우리나라의 경우 패관의 설치 여부는 명확히 알려진 바 없지만, 그러한 의식을 가지고 백성들의 삶을 바라보는 지식인들이 많았던 것만은 사실이다. 그런 점에서 보면 백성들에 관한 허균의 관심 역시 1차적으로는 관료로서의 입장을 드러낸다.

그러나 민가民歌의 채집을 통해 정치교화의 성공 여부를 확인하는 것은 관료들의 태도지만, 관직에서 물러나 있거나 아직 관직에 진출하지 않은 지식인들의 입장은 이와 일정한 차이를 보인다. 민속을 미신迷信의 차원에서 경계하고 비판하는 사람이 있는가 하면, 이와는 달리 이를 백성들의 건강한 삶을 보여주는 것으로 긍정하면서 관대하게 보는 사람도 있다. 허균은 후자에 속한다. 이러한 사실을 「대령산신찬大嶺山神贊」을 통해 살펴보기로 한다.[21]

「대령산신찬」은 1603년 여름에 지어진 글이다.[22] 허균의 글에 의하면, 그는 당시 강릉에서 지내면서 우연히 고을 사람들이 대관령 산신을 모셔 와서 제례를 올리는 모습을 목격한다. 산신제의 연유를 물으니, 수리首吏는 다음과 같이 대답한다:

> 대관령 산신은 신라시대 장군인 김유신 공이다. 김유신은 젊었을 때 강릉에서 검술을 공부했다. 그때 산신이 그에게 검술을 가르쳤다. 명주溟州 남쪽 선지사禪智寺에서 명검을 주조하여 김유

신이 사용하였다. 이후 삼국을 통일하게 되었다. 김유신이 죽어서 대관령의 산신이 되었다. 매년 5월 1일 대관령에서 산신을 모셔 와서 명주부사溟州府司에 모셔 놓고 번개幡蓋 및 향화香火를 갖추어 놓는다. 5월 5일이면 백성들이 갖은 놀이로 산신을 기쁘게 해 드리는데, 이때 번개가 쓰러지지 않으면 그 해 풍년이 들고 쓰러지면 풍재風災나 한재旱災가 든다.

수리首吏의 말에 의하면 대관령산신제는 단오제와 흡사한 형식으로 진행되었음을 알 수 있다. 다만 특별한 차이가 있는 것은 산신제의 주인공이 김유신 장군이라는 점이다. 5월 5일 단오를 중심으로 강릉 사람들이 대동제를 치른다든지, 점占 풍속의 기능을 가진다든지, 관청이 일정한 역할을 한다든지 하는 점은 지금의 단오제와 다를 바 없다. 그러나 현재 대관령 국사서낭당의 주인공은 범일국사梵日國師(810~889)이며, 산신각의 주인공은 고려 건국의 공신인 왕순식王順式이다. 범일국사나 왕순식은 모두 강릉김씨 집안의 인물이다.[23]

대관령의 산신을 모시고 단오일에 강릉 관민官民들이 함께 제례를 올리는 행사를 치른 유래가 상당히 오래된 듯하다. 더욱이 『여지승람』에 의하면 대관령은 강릉의 진산鎭山이므로 산신제는 관청으로서는 무시하기 어려운 점이 있었을 것이다. 그러나 원래 서낭제의 주인공이 김유신이었는데 나중에 범일국사와 왕순식으로 바뀐 것인지, 아니면 허균의 기록 속의 산신제와 단오제가 서로 다른

것인지 확인하기 어렵다.24)

허균은 나라의 연원을 단군에서 찾고 있다.25) 강원도로서는 삼척 두타산에 은거하면서 『제왕운기帝王韻紀』를 집필했던 이승휴李承休의 역사의식을 잇고 있는 셈이다. 허균이 황해도 구월산을 지나면서 단군을 언급한 것은, 단군의 도읍지가 어디였는가를 떠나서 조선 역사의 시원을 단군으로 생각한다는 점에서 중요한 기록이다. 더욱이 순 임금과 같은 시기라고 하여 『삼국유사』의 기록과 같은 태도를 취하고 있는데,26) 이것은 기자箕子를 조선의 시조로 인식하고 있던 유학자들의 태도와는 일정하게 구별되는 것이기도 하다. 단군과 기자 사이의 역할 구분을 생각한다면 굳이 유학자들이 단군을 무조건적으로 거부했다고 보기는 어렵다. 단군의 민족종교적 측면과 기자의 문화교화적 측면을 구분27)한다면 배타적으로 거부할 명분은 줄어든다. 그러나 이를 통해서 허균의 단군 인식이 민간 풍속을 배타적으로 수용한 것이 아니라 적극적으로 수용하여 나름대로의 해석을 내리고 있음을 엿볼 수 있다.

그렇다면 그의 해석은 어떤 관점에 의한 것인가. 「대령산신찬」 중에서 찬贊에 대당하는 부분은 장편 4언시로 장엄한 분위기를 가지고 있다. 특히 김유신이 백제와 고구려를 정벌하는 부분을 부각시키면서 그의 용맹함과 애국적 풍모를 서술한다. 그러한 모습은 "대관령 꼭대기에서 / 아직도 제사 받아 / 해마다 드리는 분향 / 누구라서 감히 소홀하랴 / 공의 넋은 어둡지 않거니 / 복 내림 너무도 커라 / 구름 타고 바람결에 / 살포시 오네 / 오곡은 무르익어 풍년 들었고 / 백성에겐 재앙 없어 / 동해 바다는 넘실넘실 / 오대산은 구비구비 들쭉날쭉 / 천추만대에 / 향화 어이 그치리오"[28]라는 결론으로 이어진다. 살아서는 나라를 위해 영웅적이고 애국적인 모습을 체현해냈고, 죽어서는 대관령 산신으로 좌정하여 후손들을 위해 복을 내려주는 존재이니 대대로 그를 위한 향화가 끊어지지 않을 것이라는 말이다.

서문의 마지막 부분에 이러한 태도가 집약되어 있다:

> 내 생각건대 공은, 살아서는 왕실에 공을 세워 삼국 통일의 성업盛業을 완성하였고, 죽어서는 수천 년이 되도록 오히려 이 백성에게 화복禍福을 내려서 그 신령스러움을 나타내니, 이는 진정 기록할 만한 것이다.[29]

허균은 나라에 이익이 되고 백성에게 복을 내려주는 존재로서의 산신을 존숭하고 기록하는 것이다. 국리민복의 조건에 어긋난다면 그것은 하늘의 뜻이 아닐 것이며, 그러한 사당은 모두 없애야 한다고 생각한다. 그의 국리민복적 민속관이 더욱 분명하게 드러나는 것은 「가림신을 꾸짖는다[譴加林神]」에서 분명하게 드러난다. 강원도에 관련된 기록은 아니지만 그의 민속관을 분명히 보여준다는 점에서 시사적인 작품이다.[30]

함산成山 꼭대기에 백성들이 매년 향화를 모시는 성황城隍이 있는데, 어느 날 비바람과 흙비가 쏟아져서 성황당에 몰아친다. 무당은 그것을 가림신이 노해서 그렇다고 말한다. 그러나 허균은 그러한 가림신을 꾸짖으면서 이렇게 말한다.

> 아뢰나니 우리 하느님
> 땅 나누고 고을 나누고
> 맡은 신 각기 두어
> 백성 보살피게 하였는 바
> 햇볕 쬐고 비 잘 내려
> 농사 잘 짓게 하였는데
> 만일 제 직책 잃는다면
> 하늘이 반드시 벌 내려
> 사당祀堂을 때려 쳐서
> 신의 부끄러움 되게 하리라.31)

사람들이 섬기는 성황이 백성들의 삶을 돌보지 않는다면 그것은 그 신의 직책에 벗어나는 일이라는 생각은 국리민복적 태도를 잘 보여준다. 난리를 겪고 나서 피폐해진 관동 지역을 돌아본 허균으로서는 백성들의 삶이 얼마나 각박해졌는가를 여실히 목격했을 것이다. 백성들은 여전히 자신의 삶을 신에게 기대고 있으며, 대관령

산신제처럼 큰 행사에서 앞날의 희망을 걸고 있다는 사실을 발견한 것이다. 그렇다면 이단이라고 해서 국가에서 무조건 배척하기보다는 그러한 것들을 적절히 활용해서 국가와 백성의 복이 될 수 있도록 애쓰는 것도 중요한 일이다.32) 그렇게 장려되고 활용될 때에만 민속은 가치를 가진다는 것이다. 이것은 자신이 살고 있는 지역과 백성들에 대한 애정에 바탕을 두고 있음을 의미한다.

3) 성경誠敬의 중요성과 동해용왕신묘東海龍王神廟

1605년 7월, 관동 지역이 풍재風災와 수재水災를 입어 많은 인명과 가축들이 목숨을 잃는 사고가 났다. 당시 양양부사였던 홍여성洪汝成은 그 원인으로 동해용왕의 노여움을 적시했다. 그렇게 된 데에는 1년 전에 있었던 신이한 사건에서 비롯된다.

허균의 글에 의하면,33) 1604년 7월 양양부 동산洞山에 사는 어부가 고기를 잡으러 바다로 나갔다가 이상한 경험을 한다. 바람을 타고 굉장히 빠른 속도로 하루 밤낮을 달려 한 섬에 닿았더니 어떤 사람이 왕궁으로 인도하는 것이었다. 그는 어부에게 말했다: "내가 강릉에서 제사를 받은 지가 수천 년이 되었는데, 불행하게도 지금 양양으로 쫓겨 왔다. 상제께 호소한 끝에 허락을 받아 다시 강릉 옛 땅으로 돌아가고자 하니, 너는 즉시 목민관에게 가서 알려라." 어부가 돌아와서는 그 경험담을 관가에 나아가 이야기하지는 못하고 향임鄕任이었던 이석림李碩霖에게 말했다. 이에 부사 홍여성이 사적을 상고해 보니 과연 1536년(중종 31)에 사당이 강릉에서 양양으로 옮겨졌음을 알 수 있었다. 1605년 자연재해를 입자 홍여성은 그것이 동해용왕의 노여움이라고 생각하고는 그 묘당廟堂을 수리하기로 하였다. 허균의 글은 이러한 유래를 서술하면서 동해용왕의 신이함을 노래한다.

허균이 동해용왕묘를 중수하게 된 사연을 바라보는 관점은 두 가지이다. 하나는 예전부터 이어져 내려오던 용왕에 대한 향사享祀가 당연히 복구되어야 한다는 점이고, 다른 하나는 심언경沈彦慶, 심언광沈彦光 형제의 비극적인 죽음을 용왕묘의 이전에 연관시킨 것이다.

양양의 어부 지익복池益福이 겪은 신이한 사건은 70여 년 전에 있었던 동해용왕묘의 이전을 떠올리게 하였다. 그러나 하나의 사건이 이렇게 한 고을의 공식적인 문제로 가시화되기까지 어떻게 묻혀 있었던가 하는 점은 다시 생각해 보아야 한다. 이전 문제가 묻혀 있었다고 생각하는 것은 관료들의 생각일 뿐이며, 민간에서는 이 이야기가 여전히 문제거리로 남아 있었을 가능성이 짙다. 자연재해가 있거나 고을에 문제가 있을 때마다 이러한 문제가 민간에 계속 떠돈다면 목민관의 입장에서도 그리 달가울 것은 없다. 민심은 흉흉해지고 백성들의 삶은 안정을 찾지 못한다. 그 점을 정확히 파악하여 어떻게 민심을 안정시킬 것인가를 고민하는 사람이 훌륭한 관료이다.

그런 점에서 홍여성은 민심의 동향을 정확히 파악하였던 듯하다. 『선조실록』에 의하면 홍여성34)은 선조 35년 7월 3일 양양부사로 발령을 받아 여러 해 동안 이곳을 다스린다. 그동안 홍여성은 두 차례에 걸쳐 암행어사의 보고서에서 선정을 폈던 인물로 등장한다. 선조 36년 3월 22일 조탁의 장계, 선조 37년 7월 1일 송보의 장계가 그것이다. 그렇다면 그의 민심 파악 능력은 대단히 뛰어났을 것이다. 그는 지익복이라는 한 어부의 신이한 경험담을 흘려듣지 않고 민심을 안정시키는 효과적인 재료로 사용하였다. "관동 지방에 큰 바람이 불고 비가 내려 안변安邊, 통천通川에서부터 남쪽으로 안동安東에 이르기까지 수십 군郡이 혹독한 피해를 입어 백성과 가축의 죽은 수효는 수만에 이르렀는데, 그 피해가 특히 심했던"35) 강릉의 민심이 흉흉해졌을 것은 분명한 사실이다. 일반적으로 한 지역에 자연재해가 닥쳐 피해를 입게 되면 국가 차원에서 구제를 하게 된다. 세금을 면제한다든지 곡식을 풀어서 빈민을 구제하는 등의 구체적인 구휼을 베푼다. 그러나 『선조실록』에는 선조 39년 7~8월 동안 양양부사나 강릉부사 또는 강원도관찰사의 장계가 전혀 없다. 그것은 해당 지역의 피해를 당해當該 관장官長이 처리했다는 것을 의미한다. 결국 양양부사 홍여성은 국가의 구체적인 원조 없이 민심을 안정시켜야 했을 터인데, 그 중요한 문제가 동해용왕묘를 중수하는 일이었다.

 홍여성은 양양의 피해가 심각했을 때 지역 관리들과 백성들을 모아 의논을 한다. 그의 논리는 이것이다. "우리가 동해용왕의 경고를 들은 지 1년이 넘도록 아무런 조치를 취하지 않았다. 현재 입은 자연재해는 바로 동해용왕의 노여움 때문이다. 그러니 동해용왕묘를 보수하고 정성으로 받드는 일이 우선적이다."

　이 발언은 미묘한 해석의 논점을 요구하는 것이다. 단순히 용왕묘의 중수重修에 초점을 맞추어 기술하다 보니 단순히 그 과정을 서술한 것인지, 아니면 민심의 흉흉함을 감지한 관료로서의 정치적 제스처인지를 판단하는 것은 쉽지 않은 일이다. 그러나 문제가 생겨서 그것을 실질적으로 해결할 능력이 부족할 때 민심의 안정을 꾀하는 방법으로 가장 흔히 사용되는 것은 백성들의 관심사를 한 곳으로 모으는 일이다. 그 일의 중심에 부민府民들이 동의하고 몰두할 수 있는 역사役事가 자리잡는다. 홍여성이 동해용왕묘를 중수하자고 나섰을 때에는 민심의 안정을 목표로 했을 수 있다는 것이다.36) 그렇다면 적어도 동해용왕묘의 이전과 관련하여 민간에서는 끊임없이 신이한 경험담이나 그와 관련되어 동티가 난 사람들의 이야기가 떠돌았던 것으로 추정된다. 허균이 언급한 바 심수경, 심수광 형제의 몰락이 바로 동해용왕의 신령함을 증거해 주는 사건인 것이다.

　허균의 기록에 의하면 동해용왕묘는 원래 강릉부 정동촌正東村에 있었다. 조선은 "사해용왕을 위해 땅의 중앙에 사당을 설치하였는데, 강릉은 동해의 한가운데이고 정동正東이며, 더욱이 고을 한가운

데가 앞이 탁 트여 밝은 곳에 위치하고 있었으므로 이 고을 이름을 정동正東이라고 붙였다"37)는 것이다. 그런데 중종 31년(1536) 심언경, 심언광 형제가 용왕의 사당에 비용이 너무 든다는 이유로 방백方伯에게 말하여 임금에게 글을 올려 양양으로 옮겼다고 했다.38) 이 일 때문에 용왕의 노여움을 샀고, 동티가 나서 결국 심씨 형제는 몰락의 길을 걸었다는 것이다.

허균은 여기서도 귀신을 섬기고 향사享祀를 하는 것 자체를 문제 삼지 않는다. 그들이 나라와 백성들에게 복을 주는 한에서 이들은 존숭의 대상이라는 것이다. 문제는 이들을 공경한다는 명목으로 화려한 음식과 묘당廟堂을 추구하는 외화적外華的 태도이다. 그는 송頌에서 다음과 같이 읊는다.

용신이 계신 곳은
아름다운 보옥으로 꾸민 궁궐
세상의 오두막집
어찌 연연하여 섭섭하게 여기랴
그렇지 아니하나니, 정성과 공경은
용신이 흠향하는 것
불경한 자 거만하고
불성不誠한 자 게으른 법
땅을 쓸고 물 떠놓아도

정성껏 공경하면 강림하지만
좋은 자리 좋은 음식 차려놓아도
방자하면 흠향하지 않는다오.39)

　용신을 섬기는 사람의 정성스럽고 공경하는 마음이 있다면 신은 언제든지 흠향하는 법이다. 그렇게 할 때만이 "강릉 양양 가리지 않고…… 해마다 풍년들게 도와주며 백성들 상하지 않게 해주며 전쟁이 나지 않게 해준다는 것"40)이다. 결국은 국리민복적 민속관을 드러내고 있지만, 여기서 허균은 백성들의 신이한 경험을 허탄虛誕하다고 배척하지 않고 전후맥락을 꼼꼼히 살핌으로써 백성들의 사유가 당대 지식인 혹은 관료들의 정상적 사유에 닿을 수 있도록 배려한다.

4. 허균의 민속관과 지역 문화

　허균이 임진왜란 동안 처자를 잃고 힘난한 길을 걸어 강릉에 도착한 이래 그의 마음의 터전은 강릉이었다. 이후 삶의 어려운 고비마다 강릉은 새로운 힘을 주는 원천으로 작용한다. 먼지 가득한 진세塵世에서 힘들게 살아가는 허균에게, 대관령을 거대한 병풍으로 삼은 강릉은 안온하고 풍성한 곳이었으며, 언제나 돌아가고 싶은

> "그가 탄핵을 받아 파직되는 불이익을 감수하면서까지 피력했던 생각, '국가에서 이단을 배척하고 불교를 숭상하지 않는 것은 옳지만 사람이 복을 신불神佛에게 비는 것도 한 방법'이라는 생각은 이 같은 배경 속에서 자연스럽게 형성되었던 것이다."

'유거幽居'였다.

지역에 대한 애정과 관심은 민속문화에 대한 관심으로 확대되었다. 관료의 입장이 아니라 지역을 사랑하는 한 지식인의 눈으로 바라보는 민속문화는 배척의 대상이라기보다는 백성들이 마음으로 믿고 의지하는 삶의 철학이었던 것이다. 정성을 들여 향사享祀하고 한 해의 흉풍凶豐을 점치는 이들이야말로 순박한 이웃이었다. 그가 탄핵을 받아 파직되는 불이익을 감수하면서까지 피력했던 생각, '국가에서 이단을 배척하고 불교를 숭상하지 않는 것은 옳지만 사람이 복을 신불神佛에게 비는 것도 한 방법'이라는 생각은 이 같은 배경 속에서 자연스럽게 형성되었던 것이다.

민속문화에 대한 긍정적 인식은 국리민복이라는 현실적 공리성에 기초하고 있다. 그러나 그의 국리민복은 국가적 사유의 차원에서만 거론되는 것은 아니다. 한 해의 풍흉을 걱정하고 백성들의 삶을 바라보는 허균의 시선 속에는 어려운 시절을 함께 살아가는 사람으로서의 공동체 의식이 스며 있다. 그들의 평범한 일상을 긍정하고, 그들 사이를 오가는 신이함을 자신의 사유 속으로 적극 받아들이는 태도에서 국가적 사유와는 이질적인 탈영토화의 시선을 발견할 수 있다. 그의 한문 단편 작품들이 보여주는 바 평범한 사람들 사이에 진정한 이인異人이 숨어 있다는 구도의 설정은 백성들의 삶을 긍정하고 그들의 문화를 적극적으로 수용하는 자세와 연결된다. 민간의 신이한 이야기가 현실과 결합하여 그 영향력을 행사하고, 자신의 꿈 이야기들이 신선 세계의 묘사와 연결되어 형상화된다. 중심에서 벗어나 변방으로 향하는 시선 속에서 허균의 사유가 빛을 발한다면, 그의 민속문화에 대한 관심 역시 유교가 영토화한 중심에서 벗어나려는 경향을 상징적으로 드러낸다고 할 수 있다. 현실적으로는 서울이라는 중심을 살아가지만 끊임없이 강릉이라는 변방을 사유하는 허균의 글쓰기는 그의 다양한 행적이나 사상적 지향을 만들어내는 원천이었다. 국리민복과 성경誠敬을 중심으로 민속문화를 바라보는 허균의 시선은 바로 이러한 맥락에 위치한다.

허균 연보

1569(1세) 서울 건천동에서 출생(강릉에서 출생했다는 설도 있음). 아버지는 허엽許曄, 어머니는 김광철金光轍의 딸 강릉김씨. 3남3녀 중 막내. 본관은 양천陽川, 자는 단보端甫, 호는 교산蛟山, 성소惺所 등.
1575(7세) 아버지 허엽이 동인의 영수가 됨.
1579(11세) 누나 허난설헌이 김성립과 결혼.
1580(12세) 부친 허엽 사망. 이 무렵 『사략史略』 읽었음.
1582(14세) 『당음唐音』을 읽음. 한시를 본격적으로 배우기 시작한 것으로 보임. 둘째 형 허봉의 소개로 삼당시인三唐詩人 중의 한 사람인 이달李達을 만남.
1583(15세) 창원부사였던 둘째 형 허봉이 율곡 이이를 탄핵하다가 도리어 경성으로 유배를 당함. 허봉은 허균이 가장 사랑했던 인물로, 그에 관한 많은 기록을 남겼음. 이 해에 큰 형인 허성許筬이 문과에 급제함.
1585(17세) 도사都事 김대섭의 둘째 딸과 결혼. 허봉이 유배에서 풀

려남. 허봉에게 문장을 배움. 이 무렵 사명당을 만남. 허균은 「이생李生에게 보내는 편지」에서, 허봉이 유배에서 돌아와 고문古文을 배웠으며, 훗날 문장은 서애西厓 류성룡柳成龍에게, 시는 손곡蓀谷 이달李達에게 배웠노라고 고백한 바 있음.

1588(20세) 금강산으로 유람을 떠났던 허봉이 9월에 사망.

1589(21세) 생원시에 급제함. 광해군 때 북인의 영수로 활동하면서 엄청난 권력을 누렸던 이이첨이 함께 합격하였음. 누나 허난설헌 사망.

1591(23세) 『난설헌집』편찬 준비를 마친 뒤 류성룡에게 서문을 받았으나 출판하지는 못함.

1592(24세) 임진왜란 발발. 강릉 외가로 피란을 가던 중 7월에 첫 아들을 얻음. 그러나 산후조리를 하지 못한 채 피난길에 올랐던 부인이 세상을 떠났고, 며칠 뒤 젖을 먹지 못하게 된 아들 역시 세상을 떠남. 강릉 애일당에서 생활함. 뒷산이 교산蛟山인데, 이후 자신의 호로 사용함.

1593(25세) 강릉에 거처하는 중, 10월에 첫 시화집詩話集『학산초담鶴山樵談』을 지음.

1594(26세) 봄에 승문원 사관이 됨. 12월에는 정시문과에 합격함.

1595(27세) 피난길에서 죽었던 아내의 묘를 강릉 외가쪽으로 이장함. 큰형 허봉이 대사간에 임명됨.

1596(28세) 강릉부사였던 정구鄭逑와 함께 『강릉지江陵誌』를 편찬함.
1597(29세) 정유재란 발발. 3월에 문과 중시에 장원으로 급제. 10월에 병조좌랑이 됨. 「동정록東征錄」 지음.
1598(30세) 명나라 사신을 접대함. 명나라 종군문인 오명제吳明濟에게 『조선시선朝鮮詩選』을 엮어서 줌. 『난설헌집』 초고를 오명제에게 줌.
1599(31세) 병조좌랑이 되었다가 5월에 황해도사黃海都事가 됨. 12월 기생을 데리고 다니며 풍속을 문란하게 했다는 이유로 탄핵을 받아 황해도사에서 파직됨.
1601(33세) 7월 전라도 지방으로 갔다가 기생인 계생桂生을 만남. 8월에 모친 사망.
1602(34세) 2월 이정구李廷龜의 종사관이 되어 사신을 접대함.
1603(35세) 4월 질녀가 광해군의 이복동생 의창군과 혼인. 태복시정을 사직하고 금강산을 구경한 뒤 강릉으로 가서 지냄.
1604(36세) 9월 수안군수遂安郡守가 됨. 사명대사가 열반에 들자 그의 비문을 씀. 시의 스승이라 할 수 있는 이달李達의 문집인 『손곡집蓀谷集』을 편찬함. 강릉부사 유인길에게 인수 받은 선물로 많은 책을 구해서, 그것을 경포 호반에 있는 건물에 비치한 뒤 '호서장서각湖墅藏書閣'이라 이름하고 강릉 지역의 선비들이 자유롭게 이용할 수 있도록

함.

1605(37세) 둘째 형 허봉의 문집 『하곡집荷谷集』을 편찬함. 불교를 믿었다는 이유로 수안군수에서 파직됨.

1606(38세) 류근柳根의 종사관이 되어 명나라에서 온 사신 주지번朱之蕃을 접대함. 이때의 인연으로 주지번은 『난설헌집』의 서문을 쓰게 되었을 뿐 아니라 이 책을 조선보다 중국에서 먼저 출판할 수 있도록 주선함.

1607(39세) 3월에 삼척부사가 되었으나 5월에 파직됨. 12월에 공주목사가 됨. 우리나라 시를 모아 편찬한 『국조시산國朝詩刪』을 엮음.

1608(40세) 광해군이 즉위하였으며, 이때부터 이이첨이 득세함. 8월 공주목사에서 파직됨.

1609(41세) 명나라에 사은사謝恩使로 가게 되자 절친한 벗 이재영과 이징을 데리고 다녀옴. 9월 형조참의에 제수되자 임진왜란 때 피란길에서 죽은 그의 아내에게도 숙부인이라는 직첩이 주어짐. 사랑하는 아내를 생각하면서 글을 씀.

1610(42세) 4월에 천추사千秋使로 정해져서 중국에 다녀와야 했으나 병으로 가지 못했음. 이 때문에 탄핵을 당함. 쉬는 동안 『한정록閑情錄』을 편찬함. 10월 별시문과의 시관試官으로 정해졌으나, 11월 조카를 합격시켰다는 혐의를 받아

　　　　　탄핵을 당함. 12월 29일 유배형이 확정되어 함열로 가
　　　　　게 됨.
1611(43세)　4월 『도문대작屠門大嚼』 지음. 자신의 문집인 『성소부부
　　　　　고惺所覆瓿藁』의 초고가 될 원고를 모아서 편집을 해 둠.
　　　　　현재 남아있는 그의 글은 대부분 이 원고에 의한 것임.
　　　　　그의 두번째 시화집인 『성수시화惺叟詩話』 지음.
1612(44세)　8월에 큰형 허성 사망. 부안에서 생활함. 허균의 절친한
　　　　　벗 권필權韠이 광해군을 풍자하는 시를 쓴 것이 문제가
　　　　　되어 곤장을 맞고 귀양을 가다가 죽음. 이 때문에 허균
　　　　　은 절필문을 쓰기도 했음.
1613(45세)　계축옥사가 일어남. 이 일은 허균과 친하게 지내던 서얼
　　　　　들이 일으켰던 사건인데, 허균은 혐의를 받기는 했으나
　　　　　처벌 받지는 않았음.
1614(46세)　천추사가 되어 명나라에 다녀옴. 이때 많은 책을 구입해
　　　　　서 가져옴.
1615(47세)　8월 명나라에 사신으로 다녀옴.
1616(48세)　5월에 형조판서가 됨. 광해군의 총애를 많이 받음. 중국
　　　　　에 사신으로 다녀오면서 지은 시를 모아 「을병조천록」
　　　　　을 엮었음. 이 책에 수록된 시에 의하면 양명좌파의 대
　　　　　표적 철학자인 이지李贄(李卓吾)의 책을 처음 접했다는 기
　　　　　록이 있음.

1617(49세) 1월에 김윤황이 화살에 글을 매달아 궁궐 안에 던져놓고 허균이 시킨 것이라고 고변함. 여기에 기준격이 세 차례나 가세하여 허균의 역모 논의에 대한 논쟁이 벌어짐.

1618(50세) 편찬해 두었던 스승 이달의 문집을 간행했고, 1610년 편찬했던 『한정록』을 보완해서 더욱 방대한 분량으로 편찬. 1월에 다시 기준격의 상소가 올라와 역모 논의가 재개되었고, 윤4월과 5월에는 허균이 이에 해명하는 상소를 올림. 8월 26일경 서시西市에서 사형 당함.

미 주

17세기의 새로운 교양인 허균

1) 허균과 관련한 논저는 굉장히 많아서 일일이 거론하기가 어려울 정도다. 그만큼 허균의 면모가 다양하다는 의미일 것이다. 정주동의 『홍길동전 연구』(문호사, 1961), 정주동의 『허균』(신구문화사, 1972), 구자균의 『근대적 지식인 허균』(박우사, 1975), 이이화의 『허균의 생각: 그 개혁과 저항의 이론』(뿌리깊은나무, 1980), 허경진의 『허균평전』(평민사, 1983; 개고, 『허균평전』, 돌베개, 2002), 이가원의 『유교반도 허균: 허균의 사상과 문학』(연세대학교출판부, 2000) 등과 같은 장편의 연구서들뿐만 아니라 수많은 학위논문과 학술논문이 발표되었다. 그러나 20세기 동안의 허균 연구는 일부 연구를 제외하고는 대체로 혁명적 개혁가로서의 모습이 투영된 논의였다.
2) 行將投紱東歸, 爲蠹魚萬卷中, 以了殘生: 許筠, 「湖墅藏書閣記」, 『惺所覆瓿藁』, 『한국문집총간 76』, 민족문화추진회 영인, 76쪽.

독서광 허균, 그 책읽기의 위험함

1) 이러한 예로 여러 논문을 들 수 있지만, 대표적인 논의로는 이이화, 『허균의 생각』, 뿌리깊은나무, 1980을 들 수 있겠다.
2) 정주동, 『홍길동전 연구』, 문호사, 1961; 임형택, 「홍길동전의 신고찰」, 『한국문학사의 시각』, 창작과비평, 1984 등을 예로 들 수 있다.
3) 임형택, 「허균의 문예사상」, 『한국문학사의 시각』, 창작과비평, 1984, 105~106쪽 참조. 이 외에도 조동일, 『한국문학사상사시론』, 지식산업사, 1978; 최신호, 「비평을 통해서 본 허균 문학의 기본좌표」, 『허균의 문학과 혁신사상』, 새문사, 1981 등이 참고가 된다.
4) 강명관, 「16세기 말 17세기 초 擬古文派의 수용과 先秦古文派의 성립」, 『한국한문학연구』 제18집, 한국한문학회, 1995; 강명관, 「허균과 明代文

學」,『민족문학사연구』제13호, 민족문학사연구소, 1998; 강명관,『조선시대 문학예술의 생성공간』, 소명출판, 1999 등 일련의 글들을 통해 허균의 문학에 대한 기존의 입장을 비판적으로 재검토하고 있다. 그는 특히 허균의 문학이 명나라의 상황과 깊은 상관관계가 있다고 하였다. 또한 기존에 정확한 고증 없이 논의되어 왔던 양명학(특히 이탁오와 같은 양명좌파)과의 관련성에 대해서도 비판적으로 되짚어 논의의 장으로 끌어들이고 있다.
5) 최웅은「조선 중기의 시학」(『한국고전시학사』, 홍성사, 1979)에서 허균과 이수광의 문학론을 '탈주자주의적 문학관'으로 묶어서 다룬 바 있다. 이것은 공리성만을 추구하는 효용론적 입장을 떠나 좀 더 문학의 본연성을 찾아보자는 데에 근거를 두고, 문학의 본질은 현상의 진수를 표현하는 것, 문학작품의 모범으로서의 경전 탈피, 문학 활동은 독립된 사업이라는 것 등으로 집약된다고 논의하였다(261쪽). 이러한 경향이 감지됨에도 불구하고, 허균이나 이수광의 문집을 자세히 살펴보면 '탈脫' 주자주의적이라는 관점은 지나치게 논점을 평가한 것이 아닌가 싶다.
6) 유명종,『성리학과 양명학』, 연세대출판부, 1994 참조. 임형택 역시 유명종 류의 논의를 비판하면서 내재적 발전론의 관점을 강조하기는 하지만, "허균의 문예사상은 동시대 중국의 새로운 사상가 이탁오나 그의 사상적 영향으로 형성된 공안파(公安派)의 문학론과 그대로 통하는 것임을 발견하게 된다"고 하여 그 영향에 대해 우회적으로 인정한 바 있다(임형택, 앞의 책, 106~107쪽).
7)『한정록』에 대한 정보는 허균의「閒情錄序」, 민족문화추진회,『국역 성소부부고』IV권, 23쪽에 의한 것임.
8) 강명관,『조선시대 문학예술의 생성공간』, 소명출판, 1999, 255쪽.
9) 朝鮮人最好書. 凡使臣入貢限五十人, 或舊典新書稗官小說在彼所缺, 日出市中, 各寫書目, 逢人編問, 不惜重直, 購回. 故彼國反有異書藏本. 정주동,『고대소설론』, 형설출판사, 1978, 44쪽; 강명관, 같은 책에서 재인용. 조선후기 장서가의 출현에 대해서는, 강명관이 같은 책에서 자세히 논증해 놓고 있다. 또 한편, 진계유의『讀書鏡』,『讀書十六觀』,『眉公茶董』,『尾公秘

笈」, 『眉公十部集』, 『嚴棲幽事』, 『太平淸話』 등의 책 중의 구절들이 허균의 『한정록』 속에 選錄되어 있다.
10) 이에 관한 자료는 찾기가 쉽지 않다. 다만 19세기에 이르면 서적의 구입, 감별, 장서 방법 등에 대한 체계적인 글이 나오는 것을 보면, 이것도 서화와 같이 감상 위주의 생활 취미로 발전했을 가능성이 있다(강명관, 위의 책, 262~268쪽 참조).
11) 余外舅直長公, 作舍居之, 名曰盤谷書院. 公偶倘有奇氣, 力學富有詞章, 屢屈於南省, 常有物外志……晚年構此院, 陳圖書千卷, 槃博其中, 作詩以自娛, 年八十, 無疾而終, 人或以爲化去云.(195~196쪽); 허균, 「盤谷書院記」(『惺所覆瓿稿』 卷7, 민족문화추진회, 『국역 성소부부고』 II권, 100쪽). 본고에서 허균의 문집을 인용할 때에는 민족문화추진회의 번역본을 이용하기로 한다. 또한 쪽수를 표기할 때에도 원문의 제목 뒤에 II-100의 형태로 표기할 것이다. 원문은 민족문화추진회에서 영인한 『한국문집총간』 74권에 수록된 것으로 할 것이며, 원문 뒤의 괄호 안에 표기되어 있는 쪽수는 『한국문집총간』의 것이다. 다만, 허균의 『학산초담』은 영인본에는 없으므로 『국역 성소부부고』의 것을 그대로 이용한다.
12) 因朝价之行, 購得六經四子性理左國史記文選李杜韓歐文集四六通鑑等書於燕市而來, 以騾馱送于府校, 校儒辭以不與議. 不佞就湖上別墅, 空一閣藏之, 邑諸生若要借讀, 就讀訖還藏之……不佞阽於世議, 官況索然, 行將投紱東歸, 爲蠹魚萬卷中, 以了殘生. 此書之藏, 亦爲老僕娛老地, 其可喜也已(186쪽); 許筠, 湖墅藏書閣記, II-76.
13) 실제로 허균이 『한정록』을 엮으면서 인용한 도서는 96종에 달한다. 여기에는 중국의 고전으로부터 자기 당대에 유행하던 문집에 이르기까지, 『朱子全書』, 『近思錄』과 같은 성리학 도서로부터 역사서, 패설류, 신선전 등에 이르기까지, 다양한 서적이 選錄되어 있다.
14) 積古書萬卷, 左文君而槃博其中, 便足了一生.(許筠, 與林子昇, 315쪽, 古書만 권을 쌓아 놓고 왼쪽에 卓文君을 끼고서 그 가운데에서 거리낌 없이 지낸다면, 일생을 마치기에 충분할 것이네. 임자승에게 보냄-경자년 3월, 권21, III-95).

15) 허균은 『한정록』 권 18에서 권20에 이르기까지 독서 및 書畵와 관련한 중국인의 책을 그대로 전재하고 있다.
16) 余罪徙海濱, 糠粃不給, 釘案者唯腐鰻腥鱗馬齒莧野芹, 而日兼食, 終夕枵腹, 每念昔日所食山珍海錯, 飯而斥不御者, 口津津流饞涎, 雖欲更嘗, 邈若天上王母桃, 身非方朔, 安得偸摘也? 遂列類而錄之, 時看之, 以當一饞焉(369쪽): 許筠, 屠門大嚼引(권26, Ⅲ-227).
17) 文章各有其味, 人有嘗內廚禁臠豹胎熊踏, 自以爲盡天下之味, 遂廢黍稷膾炙而不之食, 如此則不餓死者幾希矣. 此奚異宗先秦盛漢而薄歐蘇之人耶?……唯其專門悉讀, 則恐涉於飽滿腐粗, 故余取永叔文六十八篇, 子瞻文七十二篇, 采其簡切者, 命之曰『文略』, 凡八卷(248쪽); 許筠, 歐蘇文略跋(권13, Ⅱ-239).
18) 여기서의 先秦은 진시황의 진나라를 의미하는 것이 아니라 전국시대를 지칭하는 말이다.
19) 허균은 16세기 말 17세기 초에 형성된 先秦古文派의 중요한 인물이다. 그는 명나라 前後七子들의 문학을 적극 수용하여 자신의 문학적 자양분으로 삼았는데, 이들은 문장으로는 先秦兩漢의 작품을, 시로는 盛唐의 작품을 모범으로 삼아 창작을 해야 한다고 극력 주장하던 이들이었다. 이러한 것은 명나라 초기부터 형성되었던 형식적이고 공허한 臺閣體에 대한 반발에서 비롯한 것이다. 허균은 이들의 문학 작품을 대폭 수용하고 즐겨 읽었으며, 이를 토대로 많은 시문선집을 엮었던 것이다. 전후칠자들은 시선집을 엮으면서 심한 경우에는 송나라의 작품은 완전히 제외시켜 버리기까지 하였다. 이런 태도를 염두에 두고 허균을 바라보자면, 허균이 송나라의 구양수와 소식의 문장을 뽑아서 선집을 엮었다는 사실 자체가 허균의 균형 감각을 잘 보여주는 것이라고 생각된다. 허균의 선진양한파의 고문 창작과 관련해서는 강명관의 「16세기 말 17세기 초 擬古文派의 수용과 先秦古文派의 성립」(『한국한문학연구』 제18집, 한국한문학회, 1995)에서 자세히 논한 바 있다. 강명관은 이 논문에서 허균이 얼마나 명나라 전후칠자 문장에 경도되어 있었는가를 상당히 설득력 있게 논의했다. 필자 역시 상당 부분 동의하지만, 허균이 그렇게 단순히 하나의 문풍에만 경도되어 있었다고 논증하는 점에 대해서는 약간의 부언 설

명이 필요하다고 생각한다.
20) 이에 대해서는 강명관, 위의 논문 참조.
21) 金澍事, 曾於賈郞中維鑰許, 見夷門廣牘, 載高中玄病榻遺言一卷. 其中有本國事三條, 一乃宗中事, 一乃祁天使徐四佳倡酬, 而一卽其事也. 文字久而忘之, 謹記其略, 書別單以上, 幸有諒察(303쪽)(許筠, 「上尹月汀丙午年三月」, 권20, Ⅲ-60쪽).
22) 古人言'借書常送遲之', 遲者, 指一二年也. 史綱之借上, 星紀將易, 幸擲還爲望. 鄙生亦絶志仕宦, 大歸江陵, 欲資此以敵閑也. 敢白(307쪽) (許筠, 「與鄭寒岡」, 권17, Ⅲ-73).
23) 이러한 태도는 앞서 언급한 「湖墅藏書閣記」에서 드러난 것이기도 하다.
24) 허균은 이렇게 술회한 바 있다: "나는 열두 살 때 엄친을 여의었으므로 어머니나 형님들은 나를 예뻐 여겨 사랑만 하여 督責을 더해주지 않았지요. 좀 더 자라서는 과거 공부 익히는 사람들이 있음을 보고 따라서 본받아 마침내 속히 이루고 싶은 마음만 있어 六經과 諸史를 두루 읽어 이미 大義는 알았으며, 몸소 실천하고 침잠하는 일에는 즐기지 않았지요. 호탕한 마음과 망령된 氣로 하루에 수만 자를 외워 입가에서 글이 줄줄 나오니, 사람들은 총명하고 민첩하기가 무리에서 뛰어났다고 여겼으며, 나도 역시 스스로 자랑할 뿐 자못 학문과 문장이 당초에 記覽의 풍부한 데만 있지 않다는 것을 몰랐다오"(허균, 「李生에게 답하는 글」, 권10: Ⅱ-178쪽).
25) 허균, 惺翁識小錄 上, 권22권, Ⅲ-137쪽.
26) 叅尋硏究, 洞盡底蘊, 則心性自然明了, 若有所悟. 時取少所學四子濂洛之說, 較其說心性處異同之見, 眞僞相經, 辨析論隙, 頗有自得, 至著書以明其趣, 所謂佞佛, 似必指此也(221쪽)(許筠, 「答崔汾陰書」, 권10: Ⅱ-166쪽).
27) 이것은 비단 불교에만 국한하여 그런 것이 아니라, 道家 특히 신선술에 대해서도 그렇게 이야기할 수 있다. 그는 실제로 신선술을 수행해 본 적이 있는데, 이것도 믿음에서 나온 맹목적인 것이었다기보다는 지적 호기심의 발로였을 가능성이 높다. 그는 宋天翁에게 보내는 편지에서, 젊은 시절 『抱朴子』를 잘못 읽고 金石으로 만든 약을 먹으면 신선이 될 수 있

을 것으로 여겼지만, 뒤에 紫陽 등 여러 眞人들이 쓴 글을 읽고서는 스스로 실망한 지 오래라고 고백한 바 있다(허균, 「송천옹에게 보냄」, 권17: III-82쪽). 이를 통해 보건대 이후 그의 도가에 대한 관심은 지적인 차원의 것으로 보아야 할 것이다. 또한 그는 1610년(광해군 2), 중국에 사신으로 갔다가 천주교의 기도문을 들여온 적이 있는데, 이 또한 같은 논리로 보아야 마땅할 것이다.

28) 허균, 「최분음에게 답하는 글」, 권10: II-165~166쪽.
29) 허균, 「丙午紀行」, 권18, III-29~31쪽 참조.
30) 이 점에 대해서는 강명관의 앞의 논문들에 자세히 다룬 바 있다.
31) 이런 점에서 허균은 자신의 절친한 친구였던 權韠과도 다르고, 17세기 노론 계열의 중요한 비평가였던 김창협과도 차이를 보인다. 권필은 스스로 송나라 이하의 작품은 읽지도 않았다고 해서 자신이 얼마나 唐詩를 추숭했는가를 자랑스럽게 내세웠으며, 김창협은 자신의 저서 『農巖雜識』에서 명나라 전후칠자들의 시문이 얼마나 형편없는지를 극력 주장한 바 있다. 그러나 허균은 이들처럼 하나의 기준을 가지고 다른 부분을 극력 비판하는 일은 없었다. 17세기 문학론의 전개는 매우 복잡다단하여 쉽게 정리하기 힘들다. 이에 관해서는 안대회, 『朝鮮後期 詩話史 硏究』, 국학자료원, 1995; 안대회, 『18세기 漢詩史 연구』, 소명출판, 1999; 정민, 『穆陵 文壇과 石洲 權韠』, 태학사, 1999; 이종묵, 「16-17세기 한시사 연구」, 『정신문화연구』 제23권 제4호, 2000년 겨울호 등이 참고가 된다.
32) 翁以僕近體爲純熟嚴縝, 不涉盛唐, 斥而不御, 獨善古詩爲顔謝風格, 是翁膠不知變也. 古詩雖古, 是臨楊逼眞而已. 屋下架屋, 何足貴乎? 近體雖불逼眞, 有我造化, 吾則懼其似唐似宋, 而欲人曰 '許者之詩'也. 毋乃監乎?(318쪽)(許筠, 「與李蓀谷」, III-103).
33) 허균, 『鶴山樵談』, III-240쪽.
34) 以余觀之, 雖若簡若渾若深若奔放若倔奇, 率當世之常語, 而變爲雅眞, 可謂點鐵成金也. 後之視今文, 安知不如今之視數公文耶? 況滔滔奔奔, 正欲爲大, 而不銓古者, 亦欲其獨立, 奚飯爲? 子詳見之數公乎? 左氏自爲左氏, 莊子自爲莊子, 遷固自爲遷固, 愈宗元脩軾亦自爲愈宗元脩軾, 不相蹈襲, 各成一家. 僕之

所願, 願學此焉. 恥向人屋下架屋, 踏竊鉤之誚也(238쪽)(許筠, 文說, 卷20, II-208쪽).
35) 조동일, 앞의 책, 177~178쪽 참조.
36) 허균, 「古詩選序」, 권4, II-48쪽.
37) 조동일, 위의 책, 171쪽.
38) 許筠, 「淸溪集序」(권4, 『한국문집총간 74』(영인본), 177쪽 참조; "……不 佞聞之, 不覺投袂起立, 愈嘆其節俠有國士風, 不徒作區區文儒也." 여기서 볼 수 있듯이, 허균은 이상적 인간형으로 節俠이라고 하는 실천적 인간형을 제시한 후 글만 하는 선비인 文儒와 대비시키고 있다.

허균의 우정론과 그 의미

1) 『三綱行實圖』의 편찬과 관련해서는 우영하 외, 『조선시대 책의 문화사』(휴머니스트, 2008)에서 흥미롭게 다룬 바 있다. '삼강행실도를 통한 지식의 전파와 관습의 형성'이라는 부제처럼, 하나의 책이 어떻게 유통되었고 그 지식이 어떻게 백성들의 삶을 변화시키고 관습으로 만들어 나갔는가를 통시적으로 다루었다.
2) 이 같은 논지는 김훈식의 「16세기 '이륜행실도' 보급의 사회사적 고찰」, 『역사학보』 제107호, 역사학회, 1985를 참조할 것.
3) 우정론에 대한 연구는 주로 18세기를 중심으로 축적되어 왔다. 주요 논문을 들면 다음과 같다 : 임형택, 「박연암의 윤리의식과 우정론의 성격」, 『한국문학사의 시각』, 창작과비평사, 1984; 이상주, 「18세기초 문인들의 友道論과 문예취향」, 『한국한문학연구』제23집, 한국한문학연구회, 1999; 정만섭, 「友道와 友道論의 개념과 내력」, 『한국고전연구』제6집, 한국고전연구학회, 2000; 한양대학교 한국학연구소 편, 『18세기 조선 지식인의 문화의식』(한양대학교출판부, 2001)에 수록된 박성순, 「우정의 윤리학과 진정성의 구조」; 정민, 「18세기 우정론의 관점에서 본 이용휴의 生誌銘攷」; 박수밀, 「18세기 友道論의 사회 문학적 의미」, 『한국고전연구』제8집, 한국고전연구학회, 2002; 박성순, 「우정의 구조와 윤리」, 『한국문학연구』제

28집, 동국대학교 한국문학연구소, 2005; 박수밀, 「18세기 지식인의 우정과 교유 양상 -이덕무와 박제가의 우정을 중심으로-」, 『인문연구』제52집, 영남대학교 인문과학연구소, 2007 등.
4) 허균의 문집인 『성소부부고』에는 본격적인 우정론으로 거론할 만한 글이 없다. 그러나 허균은 주변의 여러 인물들과 교유하면서 크고 작은 문제들을 만들어냈고, 그 문제들의 중심에서 자신의 입장을 드러내는 글을 썼다. 그런 점에서 허균의 글 안에는 당시의 지식인들(범위를 더 좁혀서 말하면 허균을 중심으로 하는 북인계 인물들)의 우정론이 어떤 방식으로 형성되어 있었는지 그 단초를 짐작할 수 있을 것이다. 그 단초를 발전시키면 이후에 전개될 우정론과의 同異點이 거론될 수 있을 것이라고 여겨진다. 이 논문의 주된 목적은 여기에 이르기 위한 첫걸음이라 할 수 있다.
5) 임형택, 앞의 논문, 158쪽 참조.
6) 以友天下之善士爲未足, 又尙論古之人. 頌其詩, 讀其書, 不知其人, 可乎? 是以論其世也. 是尙友也(『孟子』萬章章句 下).
7) 齋以四友名者, 何耶? 許子所友者三, 而許子居其一, 倂而爲四也. 三人者誰? 非今士也, 古之人也. 許子性踈誕, 不與世合, 時之人群詈而衆斥之, 門無來者, 出無與適, 喟然曰 : "朋友者, 五倫之一, 而吾獨缺焉. 豈非可羞之甚?" 退而思曰 : "擧世而鄙我不交, 吾焉往而求友哉? 無已則於古人中, 擇其可交者友之(許筠, 「四友齋記」, 『惺所覆瓿藁』권6). 번역문은 특별한 표기가 없는 한 다음의 책을 이용하였다 : 金豊起 編譯, 『누추한 내 방; 허균 산문선』(태학사, 2003).
8) 허균이 이 글을 쓴 것은 辛亥年(1611)으로 되어 있지만, 세 사람의 초상을 마련해 둔 의도는 자신이 강릉으로 은거했을 때 걸어두려는 것이었다. 이는 「사우재기」의 뒷부분에 언급된 내용으로 알 수 있다: 徼天之福, 倘許歸田, 則關東, 余舊業也. 其景物風烟, 可與紫桑采石相埒, 而民愿土沃, 又不下於常熟陽羨, 當奉三君子, 返初服於鑑湖之上, 豈不爲人間一樂事乎?
9) 余所寓舍, 適僻而無人來訪, 桐樹布蔭于庭, 叢竹野梅, 列植舍後, 樂其幽靜, 張三像於北牖, 焚香以揖之, 乃扁曰'四友齋'. 因記其由如右云(같은 글).

10) 허균이 이정이나 한호에게 보낸 척독이나 산문이 여러 편 남아있는데, 이들은 모두 예술적 자장 안에서 맺어진 교유 관계를 드러내고 있다. 특히 이정과의 교유는 상당히 깊게 이루어졌는데, 그러한 사정을 「送李懶翁還悵怛山序」(권4), 「題豊干像帖後」(권13), 「灘隱畵竹贊題洛迦禪寺上人克融卷」(권14), 「與李懶翁 丁未正月」(권21) 등 여러 편의 글에서 간취할 수 있다.
11) 이들이 함께 공동 작업 형태로 작품을 만든 것에 대한 기록은 「三先生贊」(권14), 「李畵佛祖贊」(권14)에서도 찾아볼 수 있다.
12) 實之見棄於其儕, 見憎於其異議之人, 因困頓不能振, 遂自放於世, 從酒人游, 浮湛里社間, 而益大肆其文章, 文追兩漢以下, 詩法杜韓蘇三家, 浩瀚踔厲, 以自成一家言. 唯其人不自貴重, 未免號鳴大咤於人, 故人賤其目見, 而名位不能動於時. 遂無奬詡推拔者, 終不售於世, 齎志以歿, 可憐哉! (許筠, 「李實之誄」, 『惺所覆瓿藁』 권15) 이 작품의 번역은 『국역 성소부부고Ⅱ』(민족문화추진회, 1982)를 따른다.
13) 後五子 중의 한 사람은 잊었다는 내용을 허균 자신이 문집의 주석으로 기록해 놓았다.
14) 余羈於世, 不能締交於公卿當路者, 惟以薄藝見知於文盟二三兄弟. (『惺所覆瓿藁』 권2)
15) 卽見冢宰公, 欲以蒙誨屈汝章, 其宜出耶? 兄試問之. 仕有時乎爲貧也. (許筠, 「與趙持世 庚戌二月」, 『惺所覆瓿藁』 권21)
16) 그렇다고 해서 前五子와 後五子로 꼽힌 인물들 사이에 일정한 편차 내지는 차이가 없었다는 것은 아니다. 자신의 개성을 지키면서 허균 주위의 문단에 중요한 영향력을 행사하였음은 분명한 사실이다. 그 문단의 범주는 대체로 허균이 허여하는 종유관계에서 형성되었을 것이다. 이들 각각에 대한 문학적 공유 및 차이에 대해서는 정민, 『목릉문단과 석주 권필』, 태학사, 1999의 제1부와 제2부를 참고할 수 있다.
17) 이 같은 발언은 널리 알려진 것처럼 박지원의 『放璚閣外傳』 「自序」를 비롯하여 당대 지식인들의 글에 잘 드러나는 종류의 것이다.
18) 余少日狎游俠邪, 與之諧謔甚親, 悉覩其技. 噫其神矣! 卽古所謂劍仙者流耶.

(許筠, 「蔣生傳」, 『惺所覆瓿藁』권8)
19) 無顯者來, 畸人與俱. 有氂其面, 有赤其須. 赤者誂舌, 氂者提壺. 有一短漢, 其鼻如狐. 有眼其眇, 有睫其朱. 日哄其堂, 歌呼嗚嗚. 鑢困萬象, 用以自娛. 嫉者如林, 群士背趨. 宜其孑身, 陷于泥塗. 盍捨此輩, 往締要途. (許筠, 「對詰者」, 『惺所覆瓿藁』 卷12) 이 작품의 번역은 『국역 성소부부고Ⅱ』(민족문화추진회, 1982)를 따른다.
20) 같은 책, 같은 곳.
21) 허균은 「對詰者」를 자신의 득의작으로 여겨서 문학적 스승이라 할 수 있는 이달에게 품평을 부탁한 바 있다. 그 내용은 허균의 척독 「與李蓀谷庚戌十月」(『성소부부고』 권21)에 들어있다. 이로 미루어 보건대 이 작품에서 묘사하는 교유에 대한 척도는 허균의 삶에서 중요한 지표를 보여준다 할 수 있다.
22) 江邊七友와 관련된 자세한 기사는 이긍익의 『연려실기술』 권20 「박응서의 옥사」 부분에 자세히 기록되어 있다.
23) 吾得大州, 適近汝仁所寓, 可侍母來此. 吾當以半俸餉之, 必至不翳桑也. 君與我, 地雖殊, 而趣則同, 才寔十倍, 而世之棄有甚於僕. 僕每之每氣塞者也. 吾雖數奇, 數爲二千石, 猶足以蝸涎自濡, 君則不免糊其口. 四方皆吾輩之責也. 對案顔輒汗, 食不下咽, 亟來亟來. 雖以此得謗, 吾不衂也. (許筠, 「與李汝仁戊申正月」(『惺所覆瓿藁』 권21)
24) 『朝鮮王朝實錄』 선조 32년 3월 17일자 기사 참조.

조선중기 고문의 소품문적 성향과 허균의 척독

1) 許筠, 「文說」, 『惺所覆瓿藁』 卷12. 본고에서 『惺所覆瓿藁』의 인용은 특별한 표기가 없는 한 민족문화추진회의 『국역 성소부부고』를 저본으로 하여 부분적으로 수정, 이용한다. 「허균, 「문설」(권12 : 2-207~209)」로 표기된 것은, 『성소부부고』 권12에 수록된 글이며, 민족문화추진회의 국역본 제2권 207~209쪽에서 인용하였다는 뜻이다. 한문 원문 역시 이 책의 말미에 영인 수록되어 있는 것에 의한다. 허균이 고문을 공부했다고 진

술하는 글도 그의 문집에 보인다. 예를 들면 「答李生書」(권10 : 2-178)에는, "仲兄이 謫所로부터 돌아와서 비로소 古文을 가르쳐 주셨으며, 뒤에 문장은 西厓 정승에게서 배웠고, 시는 蓀谷에게서 배우고야 바야흐로 문장의 길이 여기에 있지 거기에 있지 않다는 것을 알고서 차츰 입문했으나 시속에 끌린 바 되어 세상에 나가 장원에 뽑혔다오"라고 진술한 바 있다.

2) 이 부분은 심경호, 『한문산문의 미학』, 고려대출판부, 1998, 145쪽 참조.
3) 심경호, 위의 책, 145~150쪽 참조.
4) 書信體 산문의 특징 및 작품에 대한 개요는 陳必祥, 『한문문체론』, 심경호 역, 이회, 1995, 206~214쪽 참조.
5) 吳承學, 『晩明小品硏究』, 中國: 江蘇古籍出版社, 1999, 304쪽 참조.
6) 이 부분은 허균, 「明尺牘跋」(권13: 2-238~239)에서 요약 인용한 것임. 이 글의 전문은 다음과 같음: 楊用修作赤牘淸裁, 王元美廣之, 越張汝霖氏令二書, 而最其秀者, 爲古尺牘, 所取簡而盡, 犁然當天下之目, 固已家傳戶誦之矣. 我明諸家尺牘, 最好而彙之者, 如凌氏黃氏屠氏徐氏, 皆博訪而搜極之, 裒爲大編. 覽之如入武庫, 矛戟鎧甲, 森然而環列, 如寶肆陳大貝木難, 如巨浸稽天然, 信偉觀矣. 獨恨其單詞隻言, 直破理○而折伏人意, 在於言外者, 比古尺牘稍阻一塵. 余暇日, 盡發諸所彙, 取其單詞隻言, 足配於古人者, 別爲一書, 分爲四卷, 名曰明尺牘. 以附張氏後, 庶不失楊王之旨云(明尺牘跋, 『惺所覆瓿藁』 卷 13).
7) 김성진, 「조선후기 소품체 산문 연구」, 부산대 박사논문, 1991, 74쪽.
8) 許筠, 「四友叢說跋」(卷13: 2-240): 余少日讀何氏語林, 卽知中國有何元郞氏, 欲覩其全集, 而不可得. 嘗於顧氏詩餘, 見元郞之序文, 詳縟古雅, 信其名家. 又於諸尺牘中, 略覩其一二小文, 心竊艶之不置. 頃因朝譯求所謂東海集, 則不能購, 購其四友叢說者八卷而來.
9) 김성진, 위의 논문, 74~75쪽.
10) '짧은 말 속에 요점을 담고 쉬운 말 속에 심원한 뜻을 드러내는 것(片言居要, 言近意遠)'은 晩明 시기 소품문에서도 중요한 특징으로 거론되는 審美性이다(羅筠筠, 『灵与趣的意境 : 晩明小品文美學硏究』, 社會科學文獻出版

社: 中國 北京, 2001, 37~44쪽 참조). 근래 우리 학계에서도 소품문에 대한 관심이 증가했다. 관련 논문으로는 김성진, 앞의 논문 ; 안대회, 「좌절한 영혼의 독설: 심익운의 소품」(『문학과 경계』 제5호, 2002년 여름호)을 비롯하여 다수의 논문이 있다. 한영규의 「조희룡 산문의 晩明 淸言小品 수용과 그 특징」(『한문학보』 제4집, 2001)에 자세한 서지 정보가 소개되어 있어서 참고가 된다.

11) 허균, 「復南宮生」 신해2월(1611년), 권21: 3-102~103. "蜂一桶, 置于梧陰, 觀朝夕衙, 法度甚嚴. 國而不及蜂, 令人短氣."

12) 南宮生은 허균의 「南宮先生傳」에 등장하는 南宮斗로 보인다. 蓀谷 李達에게 보낸 편지에 최근 자신의 문장이 진보했다고 하면서 「南宮生傳」을 거론하고 있다(與李蓀谷, 庚戌 10월, 1610년, 권21: 3-104). 이 작품은 「남궁선생전」을 지칭하는 것으로 볼 때, 여기서의 南宮生은 남궁두와 동일 인물로 여겨진다.

13) 허균, 「與林子昇」, 경자5월(1600년), 권21: 3-96. "僕非佞佛也. 喜其文而讀之, 以敵閑也. 圖數千戶郡, 尙不能得, 酒圖作佛耶? 是甚不然. 然比諸無稽小子只工附炎談議者, 則果稍優矣." 이 글에서 '酒圖作佛耶'의 해석에 대해서는 이견이 있다. 이이화는 『허균』(한길사, 1997)에서 이 부분을 '이에 부처라는 것을 꾀할 것인가'라고 번역을 한 후 '고을 원자리 하나 못 얻으면서 벼슬길이 막힐 불교에 빠지겠느냐고 되묻고 있다'(206쪽)고 해설하였다. 그렇게 보면 전체 글의 맥락이 잘 맞지 않는다. 좀 더 면밀하게 살필 필요가 있다.

14) 허균, 「與李蓀谷」, 기유4월(1609년), 권21: 3-103. "翁以僕近體爲純熟嚴縝, 不涉盛唐, 斥而不御, 獨善古詩爲顔謝風格, 是翁膠不知정也. 古詩雖古, 是臨摹逼眞而已. 屋下架屋, .何足貴乎? 近體雖不逼眞, 自有我造化. 吾則懼其似唐似宋, 而欲人曰'許子之詩'也, 毋乃監乎?"

15) 16세기 말~17세기 초에 이르는 기간 동안 윤근수, 최립 등의 고문론이 어떻게 다르고 겹치는지, 중국 명나라의 전후칠자의 문장과는 어떤 관계를 가지는지에 대한 개략적인 논의는 강명관, 「16세기 말 17세기 초 擬古文派의 수용과 先秦古文派의 성립」, 『한국한문학연구』 제18집, 한국한문

학회, 1995; 심경호, 앞의 책; 강명관, 「허균과 明代文學」, 『민족문학사연구』제13호, 민족문학사연구소, 1998; 박영호, 「조선 중기 고문론의 성격 연구」, 『한국 고문의 이론과 전개』, 태학사, 1998; 김도련, 『한국 고문의 원류와 성격』, 태학사, 1998; 강명관, 『조선시대 문학예술의 생성공간』 (소명출판, 1999), 김현미, 「선조조 문장가들의 文觀」, 『우리 한문학사의 새로운 조명』, 집문당, 2000 등의 글을 참조할 것.

16) 馬美信은 晩明 시기의 소품문에 대해 논의하면서, "일상생활의 묘사를 통해 작자의 진실된 인생과 풍부한 내면 세계를 펼쳤다"는 점, '飄逸靈動의 풍격과 淸淡幽遠한 운치를 추구하였고, 봉건 사대부들의 전통적인 심미 정취를 표현하였다는 점' 등을 지적하면서, 그 가운데서도 적지 않은 작품들이 심미정취의 市俗化를 추구하였으며, 짙은 색채감과 자유분방한 정감을 갖추어, 만명소품문이 아름답고 다양한 자태(艶麗多姿)를 더하도록 하였다고 하였다(馬美信 編選, 『晩明小品精粹』, 復旦大學出版社, 1997, 2~5쪽 참조). 그렇게 본다면 晩明 시기 문인들의 소품문들을 상당히 접한 바 있는 허균으로서는 척독에서 그 창작 수법을 적용해 보려고 했을 가능성을 배제할 수는 없다. 나아가 이러한 특징이 조선 후기 소품문들의 창작 경향과 일말의 연결 가능성을 타진해 볼 수 있는 것은, 그 서정성과 일상성의 조화 때문일 것이다. 조선 후기 소품문의 성격 역시 짧은 형식에 짙은 서정성, 생동하는 인정세태와 지성인들의 의식세계, 생활모습과 거기에 인연한 정서를 매우 진솔하게 드러낸다는 점(안대회, 이용휴의 소품문: 나 자신으로 돌아가자, 『문학과 경계』 제2호, 2001년 가을호, 459쪽 참조)에서 그 특징을 찾을 수 있기 때문이다.

17) 허균, 「與權汝章」, 경술5월(1610), 권21: 3-91. "兄在江都時, 歲再至洛下, 則輒留連於鄙邸, 盃酒酬唱, 極樂事人間. 及盡室抵京, 則無旬日從容, 反不如江都之日, 抑何故耶? 塘波方漲, 柳陰正濃, 荷花已牛吐紅萼, 綠樹隱映於翠盖中. 適釀潼醴, 色若乳, 滴滴於小槽, 可亟來嘗此. 已掃風軒待矣."

18) 전문은 다음과 같다: "이조판서를 만났더니 汝章을 童蒙敎官으로 임용하고 싶다고 하였는데, 그가 나올는지 모르겠습니다. 형께서 그에게 시험삼아 물어 보십시오. 벼슬은 때로 가난 때문에 하기도 합니다(即見冢宰公,

欲以蒙誨屈汝章, 其□出耶? 兄試問之. 仕有時乎爲貧也:「與趙持世」, 경술2월, 1610년, 권21: 3-91).
19) 허균,「與崔汾陰」, 정미 2월(1607), 권20: 3-70~71. "以旣寒宵寂廖, 斟雪水, 以煮新茶, 火滑泉甘, 此味與醍醐上尊無異, 公豈知此味乎?"
20) 위와 같음: "加林不入手, 而反以公山麓之, 此亦命也. 何咎公爲? 僕之仕爲貧, 保妻子免飢寒, 足矣, 他尙何言? 然亦不敢嫚游廢事, 以負公薦用也. 臺署訖, 當往謝."
21) 오춘택,「한국고소설비평사연구」(고려대 대학원 박사논문, 1990)와, 김풍기,『조선전기 문학론 연구』(태학사, 1996) 등 참조
22) 허균,「與鄭寒岡」, 계묘8월(1603년), 권20: 3-73. "古人言'借書常送遲遲'之遲者, 指一二年也.『史綱』借上, 星紀將易, 幸擲還爲望. 鄙生亦絶志仕宦, 大歸江陵, 欲資此以敵閑也. 敢白."
23) 허균,「與趙怡叔」, 기유9월(1609), 권21 : 3-98. "久不挹紫芝眉宇, 鄙萌積矣. 倚樓之什, 何不示丁卯橋主人, 以破一睡耶?『世說』久假未回, 想已卒業否? 吾於千載之後, 不及聆晋人淸談, 思欲展之以究諸言, 幸付進奚如何?"
24) 허균,「與韓柳川」, 신축 8월(1601년), 권17: 3-65. "海陽之會, 敢不樂赴, 但腐('府'의 오기로 보임)使之, 礙於參見, 明公其可否之. 人或譏不佞此行爲瀟湘之逢, 此足可避也, 亦不必苟避也. 丈夫生世, 韶華如電, 一驪足以敵萬鍾. 苟得其樂, 則詈者千人, 奚能動吾一毛孔乎? 況不必害於義否! 明公方食, 見之, 則必噴飯滿案也. 不具."
25) 허균, 龍山의 원님 李劼에게 보냄, 신해3월, 1611년, 권21: 3-102.
26) 허균,「與李汝仁」, 무신7월(1608), 권21: 3-107. "簷雨蕭蕭, 爐香細細, 方與二三子袒跣隱囊, 雪藕剖瓜, 以滌煩慮. 此時不可無吾汝仁也. 君家老獅必吼, 今君作猫面郞, 毋爲老瓊畏縮狀. 門者持傘, 足以避深瀧, 亟來亟來. 聚散不常, 此會安可數數, 分離後, 雖悔可追."
27) 허균,「與李汝仁」, 무신1월(1608), 권21: 3-106~107. "吾得大州, 適近汝仁所寓, 可侍母來此. 吾當以牛俸餉之, 必至不翳桑也. 君與我, 地雖殊, 而趣則同, 才寔十倍, 而世之棄有甚於僕. 僕每之每氣塞者也. 吾雖數奇, 數爲二千石, 猶足以蝸涎自濡, 君則不免糊其口. 四方皆吾輩之責也. 對案顔輒汗, 食不下咽,

亟來亟來. 雖以此得謗, 吾不衂也."
28) 허균, 「與桂娘」, 기유9월(1609), 권21: 3-115. "蓬山秋色方濃, 歸興翩翩. 娘必笑惺惺翁負丘壑盟也. 當時若差一念, 則吾與娘交, 安得十年膠漆乎? 到今知秦淮海非夫, 而禪觀之持, 有益身心矣, 何時吐盡? 臨楮憮然."
29) 허균의 詩論이 명나라의 어떤 점에 영향을 받았는가에 주목한 논문으로 하미현의 「許筠 詩論 형성에 관한 연구」(서울시립대학교 대학원 석사논문, 2000년 2월)가 참고가 된다.
30) 尹恭弘, 『小品高潮與晚明文化』(華文出版社, 2001), 49~50쪽, 徐渭의 소품 세계 부분 참조.
31) 같은 책, 87~88쪽, 屠隆의 소품 세계 부분 참조.
32) 허균, 「文說」, 권12: 2-207~209쪽 참조.

17세기 전반 북인계 지식인들의 학문 경향

1) 송재소는 「허균의 사상사적 위치」, 『허균의 문학과 혁신사상』, 새문사, 1981, Ⅱ-68쪽에서 이 문제를 언급한 바 있다. 그는 허균의 가문으로 보건대 성리학을 몰랐다기보다는 의도적으로 도외시한 것이라고 하였다.
2) 배종호, 「허균문학에 나타난 철학사상」, 『허균의 문학과 혁신사상』, 새문사, 1981, Ⅱ-84쪽.
3) 박영호, 『허균 문학과 도교사상』, 태학사, 1999, 40쪽.
4) 허균의 학맥을 거론하게 될 때, 양명좌파와의 관련성을 지적하는 연구자들이 많았다는 점을 발견하게 된다. 이가원의 「許筠的思想及其文學」(『동방학지』 제25집, 연세대학교 국학연구원, 1980), 유명종의 『한국의 양명학』(동화출판공사, 1983), 허경진의 『허균 시 연구』(평민사, 1984) 등 단편적 언급을 포함하면 상당히 많은 연구자들이 그런 맥락에서 기술하였다. 이 문제에 대해서는 강명관이 「許筠과 明代文學」(『안쪽과 바깥쪽』, 소명출판, 2007)에서 비판적으로 검토한 바 있다.
5) 허균, 「答李生書」(『惺所覆瓿藁』 권10: 『韓國文集總刊 第74冊』, 민족문화추진회 영인), 225쪽.

6) 정호훈, 「허균의 학풍과 정치이념」, 『한국사상사학』 제21집, 한국사상사학회, 2003.
7) 이동환, 「조선후기 천기론의 개념 및 미학 이념과 그 문예·사상사적 함의」, 『실학시대의 사상과 문학』, 지식산업사, 2006 참조..
8) 신병주는 『남명학파와 화담학파 연구』(일지사, 2000), 『조선 중후기 지성사 연구』(새문사, 2007) 등에서 북인 지식인들의 학문적 경향과 그 계보를 추적한 바 있다.
9) 양명학은 조선 명종조 南彦經 등에 의해 수용되었으며, 이에 대한 논란이 李滉, 柳成龍, 許筠 등을 중심으로 이어진다. 이 같은 맥락에서 보면 鄭齊斗의 양명학이 등장하는 무렵에는 退溪學派를 중심 세력으로 하는 斥王 경향이 분명히 드러난다. 이 점에 대해서는 윤남한의 『조선시대의 양명학 연구』(집문당, 1982)를 참조할 것.
10) 이와 관련된 李滉의 글 중에서 비교적 널리 알려진 것으로는 '王陽明傳習錄辨', '白沙詩教傳習錄抄因書其後' 등을 들 수 있다.
11) 이탁오와의 관련성은 현재 남아있는 『惺所覆瓿藁』에서는 확인할 수 없다. 새롭게 발견된 그의 「乙丙朝天錄」에서도 확인되었고 강명관의 저서에서도 지적된 것처럼, 이탁오의 책을 읽은 시점은 『성소부부고』 편찬 이후이기 때문이다(강명관, 「許筠과 明代文學」, 앞의 책). 그럼에도 불구하고 그의 생각 속에 양명학적 사유 방식과의 연관성을 보이는 부분이 있다는 사실 역시 부인하기 어려울 것이다. 이 점은 동시대 명나라의 책을 읽은 것에서 비롯되었으리라 추정되는데, 좀 더 상세한 고찰이 필요한 부분이다. 한편, 허균의 『을병조천론』은 완역되어 간행된 바 있다: 허균, 『을병조천론』, 최강현 역, 국립중앙도서관, 2005.
12) 김풍기, 「허균의 문화적 토대와 독서 경향」, 『강원인문논총』 제14집, 2005 참조..
13) 강명관, 『공안파와 조선후기 한문학』, 소명출판, 2007; 강명관, 앞의 책.
14) 한명기, 『광해군』, 역사비평사, 2000 참조.
15) 한영우, 『실학의 선구자 이수광』, 경세원, 2007

허균의 문화적 토대와 독서 경향

1) 平生坐書淫, 五車行輒隨. 發篋揷滿架, 披讀以自嬉(許筠, 寓東廂作, 『惺所覆瓿藁』권2). 본고에서 대본으로 삼은 것은 성균관대 대동문화연구원 영인본이며, 인용 쪽수 역시 그에 의거한다. '書淫'에 관한 자료로 흥미로운 것은 任相元의 글이다. 그는 '夜坐'라는 시에서 "四十冠將掛, 書淫不要醫"(『恬軒集』 권4:『한국문집총간 148』, 148쪽)라 읊었다. 허균의 장서는 사위 李士誠을 거쳐서 그의 아들 李必進으로 전해진 것으로 추정되는데, 임상원은 그 장서를 보고 기록을 남긴 인물 중의 하나다(허균 장서의 전승에 대한 논의는 부유섭의「허균이 뽑은 시: 唐絶選刪」,『문헌과 해석』제 27호, 2004년 여름호에 언급되어 있다). 이들을 중심으로 다양하게 책을 읽고 즐기는 일종의 '書淫' 문화 내지는 藏書문화가 형성되었을 것으로 생각된다. 이에 대해서는 후고로 미룬다.
2) 강영안,「주자의 독서론」,『유교의 공부론과 덕의 요청』, 청계, 2004, 227쪽 참조.
3) 왕에 따라 개인차는 있겠지만, 조정에서는 주기적으로 중국 서적을 대량으로 구매하여 대궐에 비치해 두었다. 문신들은 궐내에 비치된 서적을 읽으면서 자신의 학문을 닦아 나갔다. 韓繼禧에 대한 서거정의 기록에서 이런 점을 엿볼 수 있다. 이 기록은 집현전에 설치된 장서각에 대한 기록으로 보인다. 時世宗, 留意典籍, 建藏書閣, 購求中國四方諸書, 充溢棟宇. 公居常披閱, 無書不讀, 博覽廣記, 磊落載腹, 人或比之世南祕書(서거정,「推忠定難翼戴純誠明亮經濟佐理功臣崇祿大夫議政府左贊成西平君贈諡文靖公韓公神道碑銘 並序」,『四佳文集』補遺 卷1:『한국문집총간』제11권, 민족문화추진회 영인, 302쪽).
4) 이 문제에 대해서는 김도련,『한국 고문의 원류와 성격』, 태학사, 1998의 <Ⅲ. 한국 고문의 발전과정과 특성>에서 개략적인 밑그림을 그린 바 있다.
5) 허균의 고문과 관련하여 이 시기 전반을 다룬 논문으로는 강명관,「16세기 말 17세기 초 擬古文派의 수용과 先秦古文派의 성립」,『한국한문학연

구』제18집, 한국한문학회, 1995; 강명관, 「허균과 明代文學」, 『민족문학사연구』제13호, 민족문학사연구소, 1998; 박영호, 「조선 중기 고문론의 성격 연구」, 『한국 고문의 이론과 전개』, 태학사, 1998; 김도련, 『한국 고문의 원류와 성격』, 태학사, 1998; 강명관, 『조선시대 문학예술의 생성공간』, 소명출판, 1999; 김현미, 「선조조 문장가들의 文觀」, 『우리 한문학사의 새로운 조명』, 집문당, 2000; 김풍기, 「조선중기 고문의 소품문적 성향과 허균의 척독」, 『민족문화연구』제35집, 고려대학교 민족문화연구원, 2001 등의 글을 참조할 것.
6) 사림파와 사장파 등 용어의 개념 규정에서 오는 문제점을 지적한 논문으로는, 김영봉의 「조선 전기 문인의 도학파 사장파 구분에 대한 비판적 고찰」, 『동방학지』제110집, 연세대학교 국학연구소, 2000에서 자세히 다룬 바 있다.
7) 泰齋先生, 思庵文僖公之後, 天資英敏, 學問精博, 早遊陽村春亭兩先生之門, 得師友淵源之正. 及登司馬科, 華問日播, 人皆以大器目之, 不幸而不獲乎時, 尤肆意於經籍中, 諸史百子, 靡不硏究, 至於醫藥卜筮陰陽地理之書, 亦皆搜刮無餘. …… 使先生躋膴顯, 立乎制作之例, 以鳴國家之盛, 則春容富麗, 將有鏘金戛玉之美者矣, 豈但止於此而已哉?(徐居正, 「泰齋集序」, 『四佳文集』卷6: 11-280-281).
8) 이 문제에 대해서는 필자가 『조선전기 문학론 연구』, 태학사, 1996, 151-166쪽에서 이미 논의한 바 있다.
9) 이래종, 「鮮初 筆記의 전개 양상에 관한 연구」, 고려대 대학원 국어국문학과 박사논문, 1997.6, 71-80쪽.
10) 사장파의 학문 연원에 대한 구체적 전거는 꼼꼼한 분석을 요한다. 여기서는 다만 허균의 학문적 경향이 어디에 근거를 두고 있는가 하는 점을 살피기 위한 예비적 전제로 거론하는 것이므로 소략하게나마 이 정도로 지적해 둔다. 이에 대해서도 꾸준하면서도 객관적인 연구가 진행되어야 한다.
11) 吾則懼其似唐似宋, 而欲人曰'許子之詩'也, 毋乃濫乎?(許筠, 「與李蓀谷 己酉四月」, 권21).

12) 강명관, 「허균 「문설」의 새로운 해석」, 『한국 한문학 연구의 새지평』, 소명출판, 2005, 385쪽 참조. 좀더 꼼꼼한 확인이 필요하겠지만, 강명관은 이 글에서 허균이 이탁오나 양명학의 영향을 받은 것이 『성소부부고』 편찬 이후거나 아니면 우리가 생각하는 것보다 약했을 것이라고 주장한다. 이처럼 허균의 글은 하나로 귀결시키기 어려운 다층적 면모를 지닌다.
13) 예를 들면 다음과 같은 기록이 대표적이다: 我家先大夫文章學問節行 推重於士林 而伯兄傳經訓 文章亦簡重 仲兄博學 爲文章甚高古 近代罕比 姊氏詩尤淸壯峻麗 其高出於開元 大曆 名播中州 薦紳士皆傳賞之 再從兄적氏攻古文 詩甚高悍 賦則尤傑出 國朝以來 罕有其倫 雖不肖亦不墜家業 叨竊名於談藝之士 中國人亦頗稱之 父子四人 俱掌制誥 而先大夫及亡兄 又賜假湖堂 三昆弟皆史筆 仲兄及不肖俱狀元 不肖又三爲遠接使從事官 當時文獻之家 必以余門爲最云 昔劉孝綽 一家父子姊妹俱能文 嘗自詫以爲許 史富貴 王 謝蟬冕 皆不及渠家文獻也 不肖亦云(허균, 「惺翁識小錄(下)」, 성소부부고 권24: 한국문집총간 74권, 355쪽).
14) 주승택, 「조선 중기 도학파와 사장파의 대립 양상: 허균과 삼당시인을 중심으로」, 『퇴계학』제8집, 안동대학교 퇴계학연구소, 1996, 8쪽 참조.
15) 亡兄得蓮花金字經四卷於四耐 乃世祖朝自內書 施于花莊寺者 徐剛中成重卿 鄭東萊 姜仁齋四公承命繕寫 末端俱書職名 亡兄卽請石峯以金字書易 中庸 參同黃庭于後 小楷極妙 遂成至寶 兄亡 余傳得之 有粗帖人金大乾出入余家甚密 一日啓于上 命入之 卽以資治通鑑一部賜給焉(허균, 「惺翁識小錄(下)」, 성소부부고 권24: 한국문집총간 74권, 345쪽).
16) 余外舅直長公舍居之 名曰盤谷書院 公倜倘有奇氣 力學富有詞章 屢屈於南省 常有物外志 欲效向子平 而以親老未果 及失怙恃 乃棄官爲五嶽之游 深悟禪機 透見性源 一年過半住金剛山 而雖在家亦以韻釋一二自隨 時爲無町畦之行以玩世 世之人不知向譁笑之 亦不恤心 獨喜自負也 晚年構此院 陳圖書千卷 槃博其中 作詩以自娛 年八十 無疾而終 人或以爲化去云(허균, 「盤谷書院記」, 성소부부고 권7: 한국문집총간 74권, 195-196쪽). 본문에서 '外舅'는 장인이라는 뜻이다. 그러나 허균의 장인 金大涉은 서울 사람이므로 강릉 사

천에 개인 서원(서재의 역할을 한 것으로 보임)을 소유하고 있었을 가능성은 희박하다. 오히려 허균의 외가는 강릉김씨이고, 외조부 金光轍의 집이 사천 愛日堂이었던 점으로 보아 이것은 장인을 지칭한다기보다는 외조부를 지칭한다고 보아야 할 것이다. 허경진의 『허균평전』, 돌베개, 2002에서도 그렇게 다루었다.
17) 장서각에 대해서는 허균의 「湖墅藏書閣記」(『성소부부고』 권6)에 그 전말이 자세히 기록되어 있다. 첨언하자면, 이 글의 창작 연대가 정확하지 않다. 허경진은 이 글이 1604년(허균 나이 36세)으로 비정한 바 있다(허경진, 위의 책, 407쪽). 그러나 내용을 보면 유인길에게서 명삼을 얻어서 서울로 돌아왔는데, 마침 중국에 사신으로 가게 되어 그 돈으로 책을 샀다고 한다. 허균이 중국에 사신으로 간 것은 1597년(29세), 1614년(46세), 1615년(47세) 겨울에서 1648년 봄 동안 갔던 일 밖에는 없다. 그러므로 이 기록은 다시 한 번 창작 연대를 확인해야 할 것이다.
18) 허균, 「閑情錄序」(성소부부고 권5).
19) 허균, 「호서장서각기」, 위와 같음.
20) 그런 점에서 허균의 죽음을 조선 전기 사장파 문학의 최후의 보루가 무너졌음을 의미하는 것이라고 평가한 주승택의 논의는 매우 흥미롭다(주승택, 앞의 논문, 12쪽).
21) 정여창, 최충성, 조광조 등에게서 이러한 논조의 글이 등장하며, 율곡 이이의 글에서도 발견할 수 있다. 이들뿐만 아니라 비교적 강력한 성리학적 논의를 펼친 사람들 사이에 이런 수준의 글이 더러 발견된다. 문학론으로 보면 '以文害道論'이라 할 만한 것들이다. 이를 통해서 우리는 16세기에 이미 성리학이 지식인들의 사유를 누르는 하나의 권력으로 형성되었으리라고 추정할 수 있다.
22) 이에 대해서는 자세한 논증이 필요하다. 그러나 그의 중국 문단 중시의 경향이라든지 情을 중시하는 문학관을 내세운 것 등은 이미 여러 곳에서 논의되었으며, 여기서는 전반적인 경향을 언급하는 차원에서 기술한 것이다.
23) 이 점에 대해서는 강명관의 「허균「문설」의 새로운 해석」(앞의 책)에서

다루었다.
24) 『唐絶選刪』은 서문만 전하던 것이 새롭게 발견되었고(부유섭, 「허균이 뽑은 중국시(1)」, 『문헌과 해석』 제27호, 문헌과해석사, 2004년 여름호), 『荊公二體詩鈔』는 서문과 원본이 모두 새롭게 발견된 것이다(부유섭, 「허균이 뽑은 중국시(1)」, 『문헌과 해석』 제28호, 문헌과해석사, 2004년 가을호). 특히 후자의 경우를 통해서 우리는 지금까지 알려지지 않았던 허균의 문학론 변화 추이를 어느 정도 짐작해 볼 수 있을 것이다.

허균의 불교적 사유의 형성과 「산구게山狗偈」

1) 김재욱의 「허균의 불교시 연구」, 동국대학교 교육대학원 석사논문, 2000 외에는 허균의 작품을 불교적인 것에 초점을 맞춘 연구 업적은 거의 없는 형편이다.
2) "昇平한 때에 『北里集』, 『蟾宮酊唱錄』이 있었는데 난리통에 소실되어 버리고 관동에 와서 『鑑湖集』을 지었는데, 친구들이 돌려보다 잃어버리고 『金門雜稿』 한 책은 아이들이 보다가 망가뜨려 버렸으니, 수염을 꼬부려가며 애를 무진 쓴 것들이 거의 다 유실된 셈이다"(허균, 「교산억기시 서문」, 『성소부부고』 권2, 민족문화추진회 영인본). 이 논문에 인용된 허균의 글은 특별히 표기된 부분을 제외하면 모두 『한국문집총간』 제74권(민족문화추진회 영인본)과 『국역 성소부부고』(민족문화추진회), 『누추한 내 방: 허균 산문집』(김풍기 편역, 태학사, 2003) 등을 인용하였다. 번역은 필자가 다시 하거나 수정, 보완하였다.
3) 魚籃. 魚籃觀音은 33관음 중의 한 분. 한 손에 어람을 들고 있다. 여기서의 魚囊은 '어람'을 의미하는 것으로 보인다.
4) 余少日嘗慕古之爲文章者, 於書無所不窺. 其瑰瑋鉅麗之觀, 亦已富矣. 及聞東坡讀楞嚴而海外文尤極高妙, 近世陽明 王守仁荊川之文, 皆因內典, 有所覺悟, 心竊艶之. 亟從桑門士求所爲佛說契經者讀之, 其達見果若峽決而河潰, 其措意命辭, 若飛龍乘雲, 杳冥莫可形象, 眞鬼神於文者哉. 愁讀之而喜, 倦讀之而醒, 自謂不讀此, 則幾虛度此生也. 未逾年, 閱盡百亟, 其明心定性處, 朗然若有悟

解, 而俗事世累之絓於念者, 脫然若去其繫. 文又從而沛然滔滔, 若不可涯者, 竊自負有得於心, 愛觀之不釋焉(許筠, 送李懶翁還枳柤山序, 『惺所覆瓿藁』 卷 4).
5) 頃在丙戌夏, 不佞侍仲氏, 舟泊奉恩寺. 下有一衲, 翩然來揖于艙頭, 頎乎其身, 肅乎其容, 就坐而與之言, 則辭簡而旨遠. 不佞問其名, 曰'鍾峰惟政'. 師也心固艷之. 夜宿梅堂, 又出其詩, 則鏗爾而淸邵. 仲氏亟加激賞, 以爲可班於唐九僧也. 時不佞尙少, 雖未解見其妙處, 而私識諸中, 不敢忘焉(許筠, 四溟集序, 『四溟大師集』: 『韓國佛敎全書』제8책, 45쪽).
6) 심재룡, 『지눌연구』, 서울대학교출판부, 2004 참조.
7) 師似未達禪機也. 攝心不動, 奚必淨盡諸緣, 然後爲之? 朝市廛閙, 隨處可做矣, 吾聞一念照了, 一念之菩提也, 一念宴食, 一念之涅槃也. 但願此心靜, 久則明而已(與松雲大師, 『惺所覆瓿藁』 권18).
8) 사명당의 私諡인 慈通弘濟尊者를 올린 사람도 허균이고, 해인사 홍제암에 세워진 사명당의 신도비문을 쓴 사람도 허균이다(허경진, 「허균이 올린 사명대사 사시에 대하여」, 『동국사학』 제42집, 동국사학회, 2006 참조). 게다가 사명당은 허균보다 25년 연장이다. 이런 사정을 감안한다면 허균이 사명당에게 훈계를 할 처지는 아니었을 가능성이 높다.
9) 周顒과 何胤을 지칭한다. 이들은 남북조 시대의 인물로, 모두 불교에 조예가 깊었다. 그렇지만 주옹은 불교 때문에 아내를 버리지 않았고, 하윤은 육식을 했다고 한다.
10) 허균, 「眞珠藁」, 『성소부부고』 권2.
11) 郊外握別, 情厚款勤, 追思晤語, 不敢暫忘. 到州十三日, 邸吏以京報及手札致之, 則審於五月初六日, 以臺劾見罷, 不覺失笑. 先君子宰是府十三日而遞, 不肖又如是, 此殆眞宰擺弄, 夫豈人謀? 僕畸於世, 以爲死生得喪, 不足芥滯於心, 稍從老佛者流, 托以自延, 旣久不覺沈潛, 尤好竺典. 觀其達見, 峽决河潰, 而文字惝怳杳宜, 如飛龍乘雲, 莫辨其尾鬐爪介, 讀之渺然, 神游八極之表, 常以謂不讀此書, 幾乎虛過一生. 參尋硏究, 洞盡底蘊, 則心性自然明了, 若有所悟. 時取少所學四子濂洛之說, 較其說心性處異同之見, 眞僞相經, 辨析論驚, 頗有自得. 至著書以明其趣, 所謂侫佛, 似必指此也. 僕見忤當世, 屢以汚衊見劾,

不動一毫, 豈肯以此而傷吾神乎? 況與郭公同入諫書, 所謂李杜齊名, 死又何恨者也? 兄與大中德甫, 初欲通顯路者, 毋乃不料事機耶? 黃綬不容, 而乃許玉堂天上乎? 未久當抵菴下, 握手以旣, 潦不盡(答崔汾陰, 『惺所覆瓿藁』 권10).

12) "한낮에 갑자기 보내준 편지를 받고 보니, 시원한 바람이 상쾌하게 나의 답답한 가슴을 씻어주는 듯하였습니다. 司成에 擬望하신 것은 佛敎를 좋아했다는 비난을 씻게 하려는 뜻이었습니까?"(「최분음에게 보냄」, 『성소부부고』 권20). 이 부분은 1607년 6월, 영불사건 직후에 보낸 허균이 최천건에게 보낸 편지 중의 한 구절이다.

13) 이 같은 점은 허균이 쓴 「閒情錄序」에서도 똑같이 드러난다.

14) "나는 불교를 믿지는 않네. 그 글을 좋아하여 읽으면서 한가한 시간을 메울 뿐이네. 몇 천 호 정도의 고을을 얻고자 해도 얻지 못하는데, 부처가 되기를 도모한단 말인가. 이건 전혀 그렇지 않네. 그러나 권력에 아부하여 떠들어대기만을 잘하는 무식배에 비한다면 사실 조금은 우월하다고 할 것이네." 僕非佞佛也, 喜其文而讀之 以敵閑也, 圖數千戶郡 尙不能得 迺圖作佛耶 是甚不然然 比諸無稽小子只工附炎談議者 則果稍優矣(與林子昇, 『성소부부고』 권21).

15) 你無執着頑空也 若不見性 則祖師密語 盡成外書 若見性 則魔說狐禪 皆爲妙諦 執則有人我 戒戒之之 無有一善從懶惰懈怠中得 勉之哉(與海眼庚釋, 권21). 海眼庚釋이 서산 휴정의 제자인 中觀海眼과 동일인물인지는 확인이 필요하다. 민족문화추진회의 주석에서는 동일인으로 취급했지만, 그에 관한 행장이나 기록이 불분명해서 확신할 수 없는 형편이다.

16) 김풍기, 「조선 중기 고문의 소품문적 성향과 허균의 척독」, 『민족문화연구』 제35집, 고려대학교 민족문화연구원. 2001 참조.

17) 허균, 「山狗偈」, 『惺所覆瓿藁』 권12. 이후 「山狗偈」는 여기서 인용한 것이므로 특별히 표기하지 않는다.

18) 한국불교대사전편찬위원회 편, 『한국불교대사전』, 보련각, 1982 해당 항목 참조.

19) 來示道要, 亦費辭說. 但願空諸所有, 愼勿實諸所無. 任性逍遙, 隨緣放曠. 凡心已盡, 則聖亦何遠? 只恐無相之心, 託境而生也. 然解紛之後, 當踐斯言. 師

勿督過(與西山老師, 『惺所覆瓿藁』 卷21).
20) 휴정은 자신이 편찬한『禪家龜鑑』에서 참선과 염불을 중요한 수행법으로 제시한 바 있다.
21) 因入聖居山, 遨遊於四方. 金剛洛迦寺, 五臺太白山. 頭流天王峯, 俗離與妙香. 所遇輒參禪, 所居必念佛(山狗偈).
22) 弭耳若訴怨, 我覩其項牌. 歷歷諸山名, 問僧信不肉, 僧對以信然(山狗偈).
23) 吾聞釋迦言, 狗于有佛性. 此言誠不誣, 人而不如狗(山狗偈).

허균 장서의 행방과 유재 이현석

1) 이 시기에 대한 연구 성과는 상당히 축적된 편이다. 최근의 성과를 중심으로 개략적으로 소개하면 다음과 같다: 강명관,「16세기 말 17세기 초 의고문파의 수용과 진한고문파의 성립」,『한국한문학』제18집, 한국한문학회, 1995; 우응순,「17세기 고문론의 배경과 역사적 성격」,『고전비평연구1』, 태학사, 1999; 정우봉,「조선 후기 산문이론의 전개와 그 성격(1)-16세기 말~17세기 초중반을 중심으로」,『한국문학연구』창간호, 고려대 민족문화연구원 한국문학연구소, 2000; 노경희,「17세기 전반기 관료문인의 산수유기 연구」, 서울대 석사논문, 2001; 유호선,「17세기 후반~18세기 전반 경화사족의 불교 수용과 그 시적 형상화」, 고려대 박사논문, 2002; 배미정,「조선후기 척독문학의 유행과 그 배경」, 한국학중앙연구원 한국학대학원 석사논문, 2003; 신승훈,「16세기 후반-17세기 전반기 문학이론의 다변화 양상」, 고려대 박사논문, 2004; 박은정,「17세기 말 18세기 전기 농암 계열 문장가들의 고문론 연구」, 한양대 박사논문, 2005; 송혁기,「17세기 말~18세기 초 산문이론의 전개 양상」, 고려대 박사논문, 2005.
2) 신승훈,「전후칠자의 수용과 조선 중기 文苑의 반향」,『동양한문학연구』제16집, 동양한문학회, 2002년 11월, 113쪽 참조.
3) 이 글에서는『한국문집총간 156』에 수록된 영인본을 이용하며, 인용문에는 이 책의 쪽수만을 표기하기로 한다.

4) 유재 이현석에 대해서는 오강원의 「춘천부사 이현석과 춘천부 사직단 기우제문」, 『강원민속학』 제13-14합집, 강원민속학회, 1998이 있다. 그러나 이 논문은 이현석이 춘천부사로 재직할 당시 지었던 기우제문을 역주하는 것에 초점을 맞춘 것이다. 이현석에 대한 본격적인 연구는 「유재 이현석의 생애와 한시 연구」, 계명대 교육대학원 한문교육전공, 2003에서 처음 이루어졌다. 이 논문은 『한문학연구』제18집, 계명한문학회, 2004에 다시 정리되어 수록되었다.
5) 이종묵, 「成俔의 擬古詩 연구」, 서울대 석사논문, 1990. 2), 3쪽.
6) 이미 윤근수나 허균의 문집에 이에 대한 기록을 찾아볼 수 있다.
7) 「水城庄記」, 권18: 536쪽.
8) 「敬玩東皐手簡」(2수), 「覽顧氏畵譜」(2수), 「覽覆瓿藁」(2수). 권2: 350쪽.
9) 이필진과 이현석의 교유와 관련된 사항은 이미 부유섭이 「허균이 뽑은 중국시(1)-唐絶選刪」, 『문헌과 해석』 통권27호, 2004년 여름호에서 언급한 바 있다.
10) 耽書得病, 以游自號(「游齋問對說」의 夾註, 권19, 549쪽). 이 글은 '生六歲 讀古書, 積於今二十年矣'라는 구절로 보건대 그의 나이 26세에 쓴 글이다.
11) 如得所未見之書籍, 則心甚喜幸(「答崔相國錫鼎」, 권14: 502쪽).
12) 愁而讀書則樂, 飢而讀書則飽, 擾而讀書則閑, 病而讀書則瘳(「上伯父混泉公書」, 권14: 495쪽).
13) 「譴詩魔」 「答詩魔」, 「自嘲」(이상 모두 권7: 400쪽) 등이 그 예이다.
14) 김풍기의 『詩魔, 저주 받은 시인의 벗』, 아침이슬, 2002에서 이 문제를 자세히 다룬 바 있다.
15) 姪子性本頑癡, 於此等事, 無一好焉, 飢飽寒暑, 不知其爲欣戚也. 獨於文章, 有嗜好之癖焉, 平居可以自樂者, 惟此而已, 豈以此一小技足爲丈夫事也(「上伯父混泉公書」, 권14: 495쪽).
16) 「讀書雜錄」(권22: 596쪽).
17) 권22: 596~597쪽 참조.
18) 「記夢說」, 권19: 556~558쪽.
19) 大丈夫不可苟生於天地間, 則其功業要當與天地參. 必也先立其志, 知所用力,

以精思實踐爲學, 以經濟世務爲業. 唯此二件事外, 更無所用其心 …(中略)…
居敬窮理, 存養得力, 然後優遊乎六家. 立的於四子, 以進吾學而成吾才. 是爲
士者之所當勉也(讀書雜錄」 卷22: 596쪽.

20) 「自勉」(권22: 598쪽).
21) 도학파(사림파, 산림파 등)와 사장파(훈구파, 관학파 등)의 대립 구도로 조선전기 문학사를 설명할 때 그 용어의 적절성이나 개념의 정확성에 의문을 제기할 수 있다. 이 문제는 이미 김영봉의 「조선 전기 문인의 도학파 사장파 구분에 대한 비판적 고찰」, 『동방학지』 통권110호, 연세대 국학연구원, 2000에서 상세히 검토한 바 있다.
22) 예를 들면 이종묵의 『해동강서시파 연구』, 태학사, 1995; 『한국한시의 전통과 문예미』, 태학사, 2002; 윤채근의 『황혼과 여명-16세기 문학사의 맥락』, 월인, 2002 등에서 논의된 바 있다.

허균의 미각적 상상력과 『도문대작』

1) 여기서 정리한 허균의 행적과 사건의 전개 과정은 별도의 주석이 없는 한 모두 『조선왕조실록』에 의한 것이다.
2) 위의 기록에 이덕형이 나오지는 않지만, 『실록』 11월 3일자 기사에는 기록되어 있기 때문에 여기에 함께 언급하였다.
3) 급제자 명단은 송준호 외, 『조선시대 문과백서(상)』, 삼우반, 2008, 380~381쪽.
4) 『실록』에는 10월 24일에 사간원에서 변헌에 대한 문제가 제기되었다. 명단 발표 기록이 11월 3일이었던 것을 감안하면 이는 『실록』을 정리하는 과정에서의 실수이거나, 혹은 내부적으로 확정된 명단이 결재를 받으면서 오가는 사이에 문제가 발생하였을 것이다. 좀 더 자세하게 살펴야 하지만, 『실록』의 기록으로는 어느 쪽인지 단정하기가 어렵다.
5) 허보의 한자 '寶'는 '䆡'로도 되어 있으나, 여기서는 『실록』의 글자를 따르기로 한다.
6) 허균, 「기준격의 상소에 대한 허균의 소 (2)」, 『국역 성소부부고』 III, 민

족문화추진회, 1989. 이 글에서 인용하는 허균의 글은 모두『국역 성소부부고』에 의한 것이다. 다만『도문대작』에 나오는 명칭과 그에 대한 번역은 일부 수정하였으며, 필자의 번역일 경우에도 주석에 '필자의 번역'임을 밝혔다.

7) 自君上洛, 洛中諸親知皆言亨甫不善待. 假如汝言發自吾家, 則甚不義也, 況無是耶? 此邑素屢, 而亨甫規陷, 安得邑邑如臨陂, 人人如幾伯乎? 責望人深者, 非君子事也. 愼毋爲此言, 徒增汝之薄也(許筠, 「答宗姪」,『성소부부고』권21).

8) 허균,「咸悅縣客舍大廳重建記」,『성소부부고』권7.

9) 余罪徙海濱, 糠秕不給, 飣案者唯腐鰻腥鱗馬齒莧野芹, 而日兼食, 終夕枵腹, 每念昔日所食山珍海錯, 飫而斥不御者, 口津津流饞涎. 雖欲更嘗, 邈若天上王母桃, 身非方朔, 安得偸摘也? 遂列類而錄之, 時看之, 以當一饗焉. 旣訖, 命之曰:『屠門大嚼』, 以戒夫世之達者窮侈於口, 暴殄不節, 而榮貴之不可常也(許筠,「屠門大嚼引」,『성소부부고』권25).

10) 김유의 몰년을 대부분 1552년으로 기재하고 있으나, 1555년(乙卯年)으로 고증한 이숙인의 견해를 따르기로 한다(이숙인,「수운잡방을 통해 본 유선들의 풍류와 소통」,『선비의 멋, 규방의 맛』, 글항아리, 2012, 45쪽).

11) '馬乳'가 무엇을 뜻하는지 정확하지 않다. 이는 함경도 명천에 있는 마유산을 지칭할 수도 있고, 포도의 종류 중의 하나인 '마유포도'를 의미할 수도 있다. 여기서는 지명으로 정리하였다.

12) 웅장과 관련한 내용은 다음 글을 참고했다. 차경희,「屠門大嚼을 통해 본 조선중기 지역별 산출 식품과 향토음식」,『한국식생활문화학회지』제18권 제4호, 2003, 383~384쪽.

13) 민족문화추진회에서는 산개자로 번역했으나, 이는 '산개'라는 약초를 김치처럼 절인 것으로 보인다.

14) 허균,「譴加林神」,『성소부부고』권25.

15) 허균,「鼈淵寺古迹記」,『성소부부고』권7.

16) 銀魚: 產東海. 初名木魚, 前朝有王好之, 改曰銀魚. 多食而厭之, 又改曰還木(『屠門大嚼』).

17) 錦鱗魚: 山郡皆有, 而楊根最好. 初名天子魚, 董圭峯食而美之, 問其名, 譯官猝而對曰: "錦鱗魚." 人皆善之(『屠門大嚼』).
18) 西瓜: 前朝洪茶丘始種于開城. 考其年, 則殆先於洪皓之歸江南也. 忠州爲上. 形如冬瓜者爲佳, 而原州次之(『屠門大嚼』).
19) 靑魚: 有四種. 北道產者, 大而內白, 慶尙道產者, 皮黑內紅, 湖南則稍小, 而海州所捉, 二月方至, 味極好. 在昔極賤, 前朝末, 米一升只給四十尾. 牧老作詩悼之. 謂世亂國荒, 百物凋耗, 故靑魚亦希也. 明廟以上, 亦斗五十, 而今則絶無, 可怪也(『屠門大嚼』).
20) 防風粥: 余外家江陵. 土多產防風. 二月, 土人乘露曉摘其初芽, 令不見日. 精舂稻米, 煮爲粥, 半熟投之, 候其沸, 移盛于冷瓷碗, 半溫而食之. 甘香滿口, 三日不衰, 眞俗間上品醍醐也. 余後在遼山, 試作之, 不及江弸遠甚(『屠門大嚼』).
21) 石茸餠: 余游楓岳, 宿表訓寺, 主僧設蒲供有餠一器. 乃細舂瞿麥, 以篩篩之百市, 然後調蜜水幷雜石茸, 蒸之於鎞甑, 其味甚佳. 雖瓊糕糯柹餠, 遠不逮焉(『屠門大嚼』).
22) '石茸餠(석용병)'은 바위에서 나는 버섯으로 만든 떡이다. 바위에서 자생하는 버섯은 흔히 석이버섯으로 불리기 때문에 석이떡으로 번역을 했다.
23) 竹實: 多產于智異山. 余在浪州, 老師善修弟子以其命致之, 和柹屑栗末爲餌. 食數匕, 終日充然, 眞上仙所食也(『屠門大嚼』).
24) 盤桃: 多產于衿果二縣, 今則絶無. 少日, 庶族人居于安養川上, 多種而摘送之, 味甚好. 惜今不可得也(『屠門大嚼』).
25) 文章各有其味, 人有嘗內廚禁臠豹胎熊蹯, 自以爲盡天下之味, 遂廢黍稷膽炙而不之食, 如此則不餓死者幾希矣. 此奚異宗先秦盛漢而薄歐蘇之人耶?(許筠,「歐蘇文略跋」,『성소부부고』권13, 필자 번역).

17세기 시가의 향유 방식과 허균의 문학

1) 17세기 음악사에 대해서는 송방송,『한국음악통사』, 일조각, 1988을 참조할 것.
2)『樂掌謄錄』: 송방송,『악장등록연구』, 영남대 민족문화연구소, 1980, 143

쪽에서 재인용.
3) 송방송, 『한국음악통사』, 424쪽 참조.
4) 『삼국사기』, 「列傳」의 일부 기록에서 관청에서의 공식적인 유흥 이외에 여러 형태의 유흥 공간이 포착된다. 『高麗史』에서는 훨씬 자주 사적 유흥공간에 대한 기록을 발견한다.
5) 송방송의 『조선조 음악사 연구』(민속원, 2001), 길진숙의 『조선 전기 시가예술론의 형성과 전개』(소명출판, 2002), 김종수의 「조선 전기 여악 연구」(『한국 중세사회의 음악문화』, 전통예술원, 2002), 사진실의 『공연문화의 전통』(태학사, 2002), 류근안의 「조선 전기 시가의 연행양상 연구」(『한국어문학』 제52집, 한국언어문학회, 2004) 등에서도 조선 전기의 음악과 그 연행 과정 및 양상을 다루면서 주로 궁중을 비롯한 공적 유흥 공간을 언급한다. 이는 사적 유흥 공간을 언급할 만큼 다양한 자료가 적다는 의미기도 하다.
6) 이종묵의 「16세기 한강에서의 宴會와 詩會」(『시가사와 예술사의 관련양상Ⅱ』, 보고사, 2002)를 그 예로 들 수 있다.
7) 허균, 「惺翁識小錄(下)」, 『국역 惺所覆瓿藁』, 민족문화추진회, 1967, 3-170. 이 논문에서 인용하는 허균의 글은 모두 이 책에 의거한다. 다만 번역의 경우에는 부분적으로 바꾼 곳이 있다. 그러므로 번역에 대한 1차적인 책임은 필자에게 있다. 또한 인용의 편의를 위해 '3-170'의 방식으로 인용 출처를 표기했는데, 이것은 『국역 성소부부고』 3권 170쪽이라는 의미로 사용했다.
8) 『성옹지소록』의 서문은 1611년에 쓰여진 것이다. 그 서문에 의하면 1610년 허균이 함열에 귀양가 있을 때 정리한 것이 이 책이다. 이 시기는 청나라가 아직 건국되기 전이기는 하지만, 명나라의 쇠약함이 이미 그 모습을 완연히 드러낸 뒤다. 중국에 특별히 관심이 많았던 그가 이 같은 징조를 읽었다고 한다면, 당연히 명나라에 대해 가지는 조선 음악의 우월성은 표면적 의미로 읽을 수만은 없는 일이다.
9) 허균, 「惺翁識小錄(下)」, 3-171.
10) 궁중의 음악은 그의 연작시 「宮詞」에서 부분적으로 보인다. 많지는 않지

만, 그 중의 한 예를 들면 다음과 같다: 驪儺聲徹寢門深, 鶴舞鷄毬鬧禁林. 五色處容齊拂袖, 妓行爭唱鳳凰吟(1-192).
11) 허균, 「丙午紀行」, 3-35.
12) 허균, 「漕官紀行」, 3-16.
13) 이에 대해서는 사진실, 위의 책에서 꼼꼼하게 재구한 바 있다. 특히 기록과 함께 조선 후기 그림을 이용하여 당시의 놀이를 재구한 것은 주목할 만하다.
14) 허균, 「丙午紀行」, 3-26.
15) 허균, 「丙午紀行」, 3-30.
16) 중국 사신을 맞이하기 위해서 준비하는 궁궐 중심의 산대희에 관해서는 전경욱의『한국의 전통연희』, 학고재, 2004, 252-264쪽에 자세히 보인다. 지방 관청에서는 이러한 규모로 할 수는 없었겠지만, 적어도 이에 준해서 중요한 종목들을 연행했을 것으로 보인다.
17) 허균, 「惺翁識小錄(中)」, 3-143.
18) 허균, 「惺翁識小錄(下)」, 3-171.
19) 이러한 유형이 허균의 시에서 흔히 발견되는 사적 공간의 구성 방법이다. 「初到府有感」(1-139), 「主倅來慰侑以二謳用題李馬二妓韻」(1-219) 등 참조. 유흥 공간의 기본 조건으로 기생과 풍악이 꼽히는 예는 문집에 여러 차례 보인다. 예컨대 「與石洲書」(2-151)에 전형적으로 표현되어 있다.
20) 정철의 「관동별곡」과 「장진주사」에 대한 평론은 허균의 『惺叟詩話』(3-221)에 이미 보인다.
21) 「산자고」에 대한 기록은 「閱樂」(1-167), 「與桂娘」(3-114)에 보인다. 특히 계랑과 관련하여 「산자고」를 언급한 사정은 정민의 「산자고새의 노래: 허균과 기생 계랑의 우정」(『미쳐야 미친다』, 푸른역사, 2004)에 자세히 소개되어 있다.
22) 余乃披雪氅, 岸華陽, 手玉麈, 偃匡床, 俯庭除之喬林, 凝畫戟之淸香. 蓋三子之同調兮, 亦相隨而徜徉. 於是命膳夫, 促華饌, 旨醴登, 嘉魴薦. 跑笙梓瑟, 雜奏徵變, 揚子夜之新聲. 引結風之初轉, 以窮驩而自虞兮, 忘此身之異縣. 少焉娥暉未舒, 桂燭高燒, 夜色澄涼, 波光沉潦. 銀河耿兮瑤甍, 玉繩低兮琳霄. 捲

珠箔而容與兮, 指蓬萊之非遙. 超逸輿之遍飛兮, 覺浮丘之可招. 爾其衆賓旣醉, 樂事方極, 諸唱未弭, 我懷以惻(「竹樓賦」, 2-20-21).
23) 허균,「漕官紀行」, 3-12.

허균의 강원도 인식과 민속문화론

1) 허균의 생애에 대해서는 다음의 기록을 참조할 것: 정주동,『홍길동전 연구』, 문호사, 1961; 김진세,「허균 연구」, 서울대 대학원 석사논문, 1965; 소재영,「허균의 생애와 문학」,『허균의 문학과 혁신사상』, 새문사, 1981; 이이화,『허균』, 한길사, 1997; 허경진,『허균평전』, 돌베개, 2002.
2) 허균의 부친 허엽은 3남 3녀를 두었다. 첫째 부인은 청주한씨인데, 위로 2녀를 낳았고 그 밑으로 1남(許筬)을 낳았다. 그녀와 사별한 후 허엽은 강릉김씨 집안인 金光轍의 딸과 결혼하여 許篈, 허난설헌을 낳은 뒤 허균을 낳았다. 그러니 허균은 3남 3녀 중 막내인 셈이다.
3) 가장 자주 제기되는 문제점을 꼽자면 민중적이고 혁명적인 사유를 보이던 허균이 어떻게 大北의 실권자인 李爾瞻과 쉽게 결탁하게 되었는지, 왜 자신의 생각과는 다른 정치적 행로를 걸었는지에 대한 것이다.
4) 이 때문에 허균의 출생지도 엇갈린다. 서울 건천동에서 태어났다고 하는 설이 있는가 하면(이이화, 앞의 책; 소재영, 앞의 논문), 강릉시 초당동(혹은 강릉시 사천 외가 출생설)이라고 하는 설도 있다(장정룡,『허균과 강릉』, 강릉시, 1998). 이 문제는 신중히 접근할 필요가 있다. 건천동에서 태어났다고 하는 것은 허균 자신이『惺翁識小錄』에서 자신의 '親家'가 서울 건천동에 있다는 진술에 의거한 것이고, 강릉 초당에서 태어났다고 하는 것은 허균의 시구나 문장 등에 나오는 강릉 관련 기록을 토대로 추정한 것이다. 그러나 자료를 꼼꼼히 살펴보면 강릉 출생설을 내세우면서 서울 출생설을 반박하기에는 몇 가지 해결해야 할 문제가 있다. 예를 들면, 초당과 같은 구체적인 강릉 지명을 거론하는 것은 누이의 출생지이자 부친의 거주지가 있던 곳이며 동시에 부친의 雅號이므로 충분히 기억하고 활용할 수 있으리라는 점을 고려해야 한다. 또한 자신이 예전에 강

릉에서 생활하면서 지었던 시문을 기억해내서 시문집으로 엮은 「蛟山臆記詩」의 서문에도 '昇平한 때에 北里集과 蟾宮酊唱錄이 있었는데 난리통에 소실되어 버리고 관동에 와서 鑑湖集을 지었는데, 친구들이 돌려보다 잃어버리고 金門雜稿 한 책은 아이들이 보다가 망가뜨려 버렸으니, 수염을 꼬부려가며 애를 무진 쓴 것들이 거의 다 유실된 셈이다'(허균, 『국역 惺所覆瓿藁 1』<부록>, 민족문화추진회, 1989년: 중판, 227쪽)라고 한 바 있다. 여기서 우리는 임진왜란 때 관동으로 피난을 오기 전까지는 서울에서 생활했음을 짐작할 수 있다. 더욱이 초당과 같은 지역에 자신의 유년시절부터 연고를 가지고 있었다면 어째서 가까운 草堂舊居를 버려두고 사천 외가로 들어갔을까 하는 의문은 여전히 남는 셈이다. 또한 사천 외가를 출생지로 보는 것 역시 구체적인 지명을 근거로 추정하는 것은 어려운 일이다. 전쟁이라는 어려운 시기를 거치면서 살았던 외가에서의 2년은 허균에게 상당한 위안이 되었을 것이며, 이러한 경험 전반이 강릉 지역을 자신의 고향으로 여기게 된 이유로 볼 수도 있기 때문이다. 그렇다고 해서 서울 건천동 출생설을 전격적으로 지지하는 것은 아니다. 우선 허균의 여러 기록들을 감안해 보건대 강릉 초당은 아니더라도 최소한 沙村(지금의 사천) 외가에서 태어났다는 혐의를 충분히 둘 만하기 때문이다. 태어난 직후 서울이나 다른 지역으로 옮겨갔을 가능성은 충분히 있기 때문이다. 그만큼 허균의 어린 시절은 고증하기가 쉽지 않다. 그것은 아마 어렸을 때의 시문이 대부분 일실되어서 우리가 상고할 만한 기록이 많지 않기 때문이다. 다만 우리가 허균의 출생지에 대해서 다시 한 번 짚고 넘어가는 것은, 건천동에 대한 허균 자신의 기록을 중시하자는 점에서이다. 특히 그의 문집인『성소부부고』는 자신이 직접 편찬해 놓은 초고를 바탕으로 만들어진 문집이므로, 그 중요성은 다른 무엇보다 우선적이다. 이런 점을 감안하면서 그의 출생지의 상고 문제는 섬세하고 광범위하게 접근해야만 할 것이다.
5) 허균의 기억 속에서 허봉과 허난설헌은 참으로 따뜻한 이미지의 인물들이다. 부친을 일찍 여의고 난 후 첫째 형인 허성은 부친의 역할을 했었을 것이며, 게다가 이복형이었던 관계로 다른 형제들과는 일정한 차이를 보

이는 것이 아니겠는가 '추정'될 뿐이다. 자세한 사정은 문집에서 기술되어 있지 않지만, 허균의 시화나 시문을 통해 허봉과 허난설헌에 대한 감탄, 회고, 그리움 등의 감정이 잘 나타나는 것을 보면 확실히 청주한씨 소생의 형제들과는 차이를 느낄 수 있다. 이 문제 역시 문집을 꼼꼼히 읽으면서 행간을 살핀다면 어느 정도 드러나리라고 본다.
6) 원주 지역과 관련이 있는 발언이 있기는 하지만, 이것을 근거로 허균이 원주에 대해 고향 의식을 가졌다고 보기는 어렵다. 자신의 절친한 친구였던 任守正이 죽자 그를 위해 제문을 지었는데, 거기서 허균은 임수정이 고향으로 돌아간 뒤 모든 것을 그만두고 시골에 은거하면서 노년을 함께 보내자는 권유에 대해 蟾江 가에서 살기로 약속을 했다(허균, 哭任約初文, 2-309~310쪽 참조). 그렇지만 임수정이 돌아가 살았던 곳이 경기도 廣陵이고, 친구와의 추억을 떠올리기 위한 단편적인 기억이므로 허균의 일관된 마음이라고 보기는 어렵다. 그 외에 중요한 발언으로는 「冠童不可避亂說」(2-211)에서 언급한 바 "영동과 영서는 다 내 고향(嶺東西俱吾鄕)"이라는 구절이다. 그러나 이 역시 영동과 영서를 함께 언급하면서 그 공정성을 확보하기 위한 수사적 장치의 성격이 더 강하다. 그가 원주와의 관련성을 직접 언급한 것으로는 「遊原州法泉寺記」에서 "先妣의 묘소가 원주 법천사 북쪽 10리쯤에 있어서 일 년에 한 번씩 성묘를 하러 간다(余亡妣夫人葬于其北十里許, 每年一往省焉, 2-86)"고 한 것이 있다. 이로 미루어 보면 선영이 있기 때문에 원주를 자주 가는 것이므로, 강릉을 생각하는 것과는 일정한 차이를 보인다.
7) 허균, 憶溟州, 『국역 惺所覆瓿藁 1』, 민족문화추진회, 1989: 중판, 153쪽. 본 논문에서 인용하는 허균의 시문은 특별한 표기가 없는 한 이 책에 의거한다. 번역 역시 이 책의 것을 이용하되 필자의 생각과 어긋나는 부분은 고쳤으나 따로 표시하지는 않는다. 그 번역을 이용하였지만 번역에 대한 책임은 온전히 필자의 몫이다. 인용의 편의를 위해 시문의 제목, 卷數와 쪽수만을 표기한다. 허균의 憶溟州를 표기한다면 1-153이 될 것이다.
8) 위의 인용시(憶溟州, 1-153)는 『秋官錄』에 수록되어 있다. 『추관록』은

1608~1609년 동안 형조참의로 근무했던 기간의 기록이다. 추관은 바로 刑曹의 별칭이다. 이 시기는 허균의 벼슬살이 동안 가장 득의한 시절로 평가되기도 하는데(허경진, 『허균시 연구』, 평민사, 1984, 114쪽), 그 이면에는 과거 선조 시절에 대한 그리움이 짙게 배어 있다. 표면적으로는 벼슬이 탄탄대로를 달리는 듯했지만, 허경진이 지적한 것처럼 허균의 마음속에서는 광해군이라는 새로운 정권에 제대로 뿌리를 내리지 못하고 이전의 임금인 선조를 그리워했던 것이다. 살얼음판 같은 벼슬길이 강릉의 안온함과 대비되는 것은 이러한 현실을 반영하는 것으로 보인다.

9) 不佞亦仕途中一人. 雲山之念, 長結于中, 行且謝事, 東歸終老於鑑湖之上, 此書亦爲不佞之津筏也(허균, 歸田錄序, 2-61).
10) 徼天之福, 倘許歸田, 則關東余舊業也, 其景物風烟, 可與柴桑采石相埒, 而民愿土沃, 又不下於常熟陽羨, 當奉三君子, 返初服於鑑湖之上, 豈不爲人間一樂事乎(허균, 四友齋記, 2-97).
11) 허균이 함경도를 거쳐 오면서 비극적인 사건을 겪은 후 강릉에 도착해서 지은 것으로 보이는 시가 남아 있다. 그 작품에서 허균은, "만 번 죽다 남은 혼백 이제서야 진정되니, 나의 이번 여행도 또한 기적 아니런가"(萬死殘魂今始定, 茲遊於我亦奇哉 : 「初到江陵」, 1-235)라고 노래한다. 전란에 쫓기던 몸을 편안하게 쉬게 할 수 있는 공간이라는 점을 명확히 드러내는 것이라 하겠다. 그만큼 그의 피난길은 기적과 같은 행로였다.
12) 緬憶東瀛是我邦, 俗淳況値歲連積. 春風處處花爭發, 佳節家家酒正香(허균, 憶溟州用戲書韻, 1-205).
13) 我思君子不可見, 便欲同釣鑑湖磯(허균, 「田家農務方殷, 感憶溟州北原, 用歸田四時樂春夏韻, 倣其體」, 1-198).
14) 허균, 「湖墅藏書閣記」, 2-75.
15) 허균, 「성덕보에게 보내는 편지」, 2-165.
16) 허균, 「關東不可避亂說」, 2-211~213 참조
17) 이에 대해서는 김풍기, 『조선전기 문학론연구』, 태학사, 1996을 참조할 것.
18) 이에 대한 자세한 내용은 허균의 시 「初到府有感」, 1-138~139쪽에 서술

되어 있다.
19) 허균,「鼈淵寺古迹記」, 2-101~104쪽 참조. 본고에서「별연사고적기」, 養魚池 등과 관련하여 언급하는 것은 모두 이 글에 의거한다.
20) 李荇 等 編,『국역 新增東國輿地勝覽 5권』, 민족문화추진회 역, 솔출판사, 1996년: 중판, 504-505쪽.
21) 허균,「大嶺山神贊」, 2-262-265 참조. 본고에서 언급하는 대관령산신에 관한 허균의 글은, 특별한 언급이 없는 한 이것에 의한다.
22) 이 글의 첫머리에는 계묘년(1603년) 여름(특히 5월 초하루 전후)이라는 시점이 명시되어 있다. 그러나 이 해 5월 14일『선조실록』기사에는 영의정 李德馨이 呈辭하여 체직해 주기를 원하자 임금이 윤허하지 않는다는 뜻으로 하유하고 지제교 許筠에게 글을 지어 올리라고 명한 기사가 실려 있다(『조선왕조실록』 CD-Rom, 서울시스템: 본고에서의 실록 관계 기사 인용 및 색인은 모두 여기에 의함). 그렇다면 두 기록이 서로 모순이 된다. 허균은 대관령 산신을 모셔 와서 백성들이 노는 장면을 목격하고 썼다고 하였는데, 실록에는 당시 허균이 知製敎로 근무하고 있었음을 증명하기 때문이다. 그러나, 허균은 그 해 가을 금강산을 여행하고「楓岳紀行」이라는 詩草를 남겼다. 이 원고의 여행 기록에 의하면 그는 서울에서 출발하여 금강산을 거쳐 강릉으로 들어온 것으로 되어 있다. 그러면 허균은 벼슬을 미리 그만두고 강릉으로 왔다가 금강산을 구경하고 다시 강릉으로 온 것인지, 아니면 벼슬을 그만두고 금강산을 거쳐 강릉으로 와서 지내게 된 것인지 분명하지 않게 된다. 전자를 따를 경우 실록의 기록에 착오가 있는 것이고, 후자를 따를 경우 허균의 기록에 착오가 생기는 셈이다. 이에 대해서는 다른 기록을 꼼꼼히 살펴 고증해야 할 것이다. 실록의 기록을 무작정 믿기도 어려운 것이 공교롭게도 선조 36년(1603) 전체를 통틀어 허균이 등장하는 기사는 유일하게 5월 14일조밖에 없기 때문에 실록 찬수 과정에서 착오가 있을 수도 있으며,「대령산신찬」에서 허균은 자신이 직접 목격한 것이라고 분명히 밝히고 있기 때문이다.
23) 왕순식은 건국 과정에서 세운 공으로 王氏를 하사 받았다. 그는 원래 金順式으로 江陵金氏 집안 인물인데, 자신의 군대를 이끌고 왕건에게 귀순

함으로써 王氏를 하사받는다.
24) 강릉의 花浮山祠에는 김유신을 모신 사당이 있어서 대대로 香火가 끊이지 않았던 점을 생각한다면 이들 양자 간의 차이를 어떻게 봐야 할지 쉽게 판단이 서질 않는다. 지금은 대관령 국사서낭의 주신을 범일국사라고 하거나 왕순식이라고 하지만, 『新增東國輿地勝覽』에 수록된 왕순식 조에는 단순히 왕건과의 사이에 있었던 신이한 꿈 이야기만 수록되어 있을 뿐(이행 외편, 『국역 新增東國輿地勝覽 5권』, 민족문화추진회 역, 솔출판사, 1996 : 중판, 507~508쪽 참조.) 국사서낭과 관련된 기록은 없다. 한편, 김유신을 화부산사에 모셨던 듯한 흔적은 다음의 기록에도 보인다 : 鄭樞의 시에 "……고래 같은 물결이 한없이 아득한데, 화부산은 꾸불꾸불 藹然한 빛이어라. 김유신 장군은 참 영웅일세, 천 년토록 우뚝하고 기이한 공이여"(이행 외편, 『국역 新增東國輿地勝覽 5권』, 503쪽). 그러나 본고의 주관심사는 이들의 차이가 아니라 민속을 대하는 허균의 시선이기 때문에 여기서는 문제만 제기하고 자세히 논하지는 않는다.
25) 唐堯 시대에 나라 임금 등극하여, 신이한 공적으로 바다 한 모퉁이 안정시켰다. 구월산에 의지한 祠宮, 천 년토록 향화가 이어졌다. 우임금은 도산에서 제후 모으고, 기자는 옥마로써 봉지에 왔다. 동쪽 백성들 받은 은혜에 보답하자니, 노래와 춤 산마루에 떠들썩하다(立極唐堯際, 神功靖海堧. 祠宮依九月, 香火逮千年. 禹會塗山龍, 箕封玉馬旋. 東民報遺澤, 歌舞鬧曾顚: 허균, 九月山檀君祠, 1-58).
26) 그렇다고 해서 허균의 단군에 대한 생각이 『삼국유사』에 근거했다고 단언하기는 어렵다. 다만 여기서는 단군의 시대 편년을 요순시대와 같은 시기로 보는 것에 대해 이전의 기록에서는 『삼국유사』에서 보인다는 점에 초점을 둔 기술이다. 허균의 단군에 대한 생각은 오히려 조선 중기 한국적 신선사상의 전개와 함께 단군에게서 우리 나라 신선의 계보를 생각하는 풍조가 널리 논의되고 있는 지적 분위기에 연결되어 있다고 보는 쪽이 훨씬 근사하다(조선중기 한국적 신선사상의 전개 과정과 계보에 대해서는 차주환, 『한국도교사상사연구』, 서울대출판부, 참조. 더욱이 단군에 대한 추앙은 고려시대에 이미 九月山 三聖祠에 환인, 환웅과 더불어

단군을 모신 것에서도 알 수 있듯이 이전부터 널리 내려오던 민족의 전통 중의 하나였다. 특히 이것은 인간의 길흉화복을 관장하는 종교적 색채를 띠고 있는 것이었으므로(한영우, 『조선전기 사회사상연구』, 지식산업사, 1983, 236쪽 참조), 허균의 발언은 그러한 전통에 맥을 잇고 있다고 보아야 할 것이다.
27) 단군과 기자의 역할이 구분된다는 점에 대해서는 한영우의 『조선전기 사회사상 연구』(위의 책)를 참조할 것.
28) 乃享廟食, 于關之顚. 歲時芬苾, 疇敢以慢. 公靈不昧, 降福簡簡. 雲馬風車, 颯然而來. 穀登歲熟, 民不沴災. 溟漲洋洋, 五臺矗矗. 千秋萬歲, 香火罔缺(허균, 大嶺山神贊, 2-265).
29) 余惟公生而立功於王室, 成統三之業, 死數千年, 猶能禍福於人以現其神, 是可紀也已(위와 같음).
30) 허균, 譴加林神, 2-226-230.
31) 曰我后皇, 分土畫州, 各有主神, 俾民蔭庥. 暘若雨若, 以利其穡. 苟失其職, 天必降尤, 戮社伐廟, 爲神之羞(위의 글, 2-227).
32) 이 점과 관련하여 허균의 다음과 같은 글이 참고가 된다. "국가에서 이단을 배척하고 불교를 숭상하지 않는 것은 옳으나, 사람이 복을 神佛에게 비는 것도 한 방법이다"(허균, 重修兜率院彌陀殿碑, 2-325). 그의 이 글은 삼척부사로 재직할 때 지은 것인데, 이 글이 발표되자 즉시 탄핵을 받아 삼척부사에서 해직된 빌미를 제공하였다. 그런 점에서 이 글은 당시 관료들이나 일반 지식인들의 보편적인 상식을 관용적으로 쓴 것이 아니라 허균 자신의 생각을 강력하게 드러낸 글이라 할 수 있다.
33) 허균, 「重修東海龍王廟碑」, 2-320-323쪽 참조. 본고에서 이 사적과 관련된 기술은 특별한 표기가 없는 한 모두 이 글에 의거한다.
34) 홍여성의 이름을 허균의 『惺所覆瓿藁』에는 洪汝成으로 나오는데, 이는 실록에 나오는 洪汝誠의 誤記로 보인다.
35) 허균, 「重修東海龍王廟碑」, 2-321.
36) 이 문제는 다른 각도에서 고찰해 볼 만한 주제이다. 이 글 속에 등장하는 홍여성의 담론 층위와 허균의 층위는 서로 다른 지층에 위치하는 것

으로 보인다. 홍여성이 동해용왕과 관련한 당시 민간의 설화를 中心 속으로 끌어들여 영토화하는 차원의 인물이라면, 허균은 민간의 설화가 어떻게 신이함을 획득하고 어떻게 현실 속에서 영향력을 발휘하는가에 관심을 가지는 해체적 혹은 탈영토적 사유를 가진 인물이다. 그것은 허균의 사상적 지향과 일정한 연관을 가지고 조심스럽게 분석되어야 할 것이다.

37) 허균, 「重修東海龍王廟碑」, 2-321.
38) 이 기록 때문에 양양의 東海神廟 移轉說이 제기되는 계기가 되었다. 그러나 여러 가지 정황으로 미루어 허균이 기록하고 있는 東海龍王廟와 국가의 祀典으로서의 東海神廟가 같은 것이라고 보기에는 무리가 있는 듯하다. 移轉說에 대해 비판적으로 검토하면서 두 廟堂을 다른 것으로 취급한 글로는 이규대의 「양양 동해신묘의 자료 및 연구 성과의 검토」(『襄陽東海神廟』, 강릉대박물관·양양군, 1999)를 들 수 있다. 그럼에도 허균이 서술하고 있는 東海龍王廟의 존재가 밝혀진 것은 아니다. 더욱이 허균의 글에서도 명시한 바, 이전 문제가 方伯을 거쳐 임금에게도 보고되었다는 점, 국가 차원에서 건립되었다는 점을 감안한다면 두 廟堂 사이의 관계가 궁금하다. 지금의 자료로는 더 이상 정확한 논구가 어렵다.
39) 허균, 앞의 글, 2-322-323.
40) 위의 글, 2-323.

찾아보기

가

가도賈島 54
가동歌童 269
가야금伽倻琴 260, 271
가유약賈維鑰 45, 101
거문고 271, 276
계랑桂娘 122
계축옥사癸丑獄事 15
계회契會 258
고계高啓 194
고려반高麗飯 242
『고려사』 267
고병顧炳 197
고병高棅 57
『고시선古詩選』 57, 155
「고씨화보顧氏畵譜」 197
고중현高中玄 45
『고척독古尺牘』 99~101
『공동집空同集』 97
곽재우郭再祐 173
「관동별곡」 272, 276
「관서별곡」 267, 272, 276
광해군 14, 27, 135, 139~141
「교산억기시蛟山臆記詩」 163, 164, 170, 171

『구소문략歐蘇文略』 57, 251
구양수歐陽修 41, 56, 97, 251
『국조시산國朝詩刪』 52, 57, 155
권필權韠 26, 76~78, 109, 110
『귀전록歸田錄』 283
금린어錦鱗魚 239~241
『금중록禁中錄』 195
「기몽설記夢說」 201, 202
기윤헌奇允獻 77
기준격奇俊格 61, 219
기축옥사己丑獄事 135
길재吉再 132
김공희金公喜 283
김극임金克任 212
김성발金聲發 215, 217
김안국金安國 64
김운란金雲鸞 271
김유金綏 225
김종직金宗直 149
김주金澍 45, 46
김주원金周元 284, 286, 290, 291
김창협金昌協 42, 134, 146, 191

나

낙산사 166

남궁생 104
「남궁선생전南宮先生傳」 23, 32
『논어』 145
『능엄경楞嚴經』 167

다

당순지唐順之 167, 169, 202
『당시산唐詩刪』 52, 57
『당시선唐詩選』 57, 155
『당시품휘唐詩品彙』 57
『당음唐音』 57
『당절선산唐絶選刪』 155
대금大琴 260
「대령산신찬大嶺山神贊」 294, 296
대면귀첨大面鬼臉 264
대성악大晟樂 261
도륭屠隆 101, 124, 195
도목都穆 34
『도문대작屠門大嚼』 39, 210, 211, 222~226, 238, 239, 244~246, 248, 250, 253
「도문대작인屠門大嚼引」 40
도상跳床(높이뛰기) 265
도연명陶淵明 71
동월董越 240
동해용왕묘 300~302
두보杜甫 75, 76, 175, 194
등가악장登歌樂章 261

라

류근 18
류방선柳方善 149, 150
류성룡柳成龍 132
류인길柳仁吉 154

마

맹교孟郊 54
『명사가시선明四家詩選』 57, 155
『명시산보明詩刪補』 57
「명주가溟州歌」 292
『명척독明尺牘』 57, 99, 101, 103
모곤茅坤 42, 202
무월랑無月郎 291
「문설文說」 96, 151
「문파관작聞罷官作」 33, 173
민유경閔有慶 214, 215

바

박막동朴莫同 271
박소로朴召老 271
박승종朴承宗 212
박엽朴燁 265, 267
박원종 269, 272
박자룡朴子龍 266
박지원 66, 86, 87
반고 56
반곡서원盤谷書院 36, 154, 163

반도盤桃 248
방풍죽防風粥 245, 246
방향方響 260
「백가관서곡白家關西曲」 266, 267
백광홍白光弘 267, 272
범일국사梵日國師 295
법성창法聖倉 274
변헌卞獻 213
「별연사고적기鱉淵寺古迹記」 291, 293
『병오기행』 267
「병탑유언病榻遺言」 45
보당步唐 266
봉은사 169
북 276
비파琵琶 260, 271

사

『사기』 97
사령운謝靈運 106
사마천 56
「사명집서四溟集序」 169
『사부고四部稿』 52, 97
사영운謝靈運 52
「사우재기四友齋記」 70
「사우총설발四友叢說跋」 102
『사체성당四體盛唐』 155
사칠논쟁四七論爭 132
『산가요록山家要錄』 225
「산구계山狗偈」 161, 162, 170, 180, 185~188

산대희山臺戱 268
「산자고山鷓鴣」 272, 276
『삼강행실도三綱行實圖』 64
『삼국유사』 242, 296
상학翔鶴 264
서거정徐居正 112, 149
서경덕徐敬德 132, 135, 139, 140, 152
서경우 215
서위徐渭 102, 124
서음書淫 144
서자고瑞鷓鴣 261
석개石介 271
석용병石茸餠 247
선수善修 23, 248, 249
선조 212, 240
성덕보成德甫 175
『성소부부고惺所覆瓿藁』 15, 31, 52, 100, 118, 120, 132, 163, 172, 197, 209, 210, 256, 278
『성수시화惺叟詩話』 54, 210
『성옹지소록惺翁識小錄』 54, 154, 241
성준구成俊耉 286
성현成俔 112, 149, 258
『세설산보주해世說刪補注解』 155
『세설世說』 114, 115
『세설신어世說新語』 34
세조 150
소광진 215
소식蘇軾 41, 56, 75, 76, 97
「소인론小人論」 14

속악俗樂　261
속조俗調　271
「손곡산인전蓀谷山人傳」　14
『송남잡지松南雜識』　240
송렴宋濂　202
송여성宋礪城　271
『송오가시초宋五家詩鈔』　57, 155
「송이나옹환지사산서送李懶翁還枳祖山序」　176
수룡음水龍吟　261
수박　241, 242
「수성장기水城庄記」　197
『수운잡방需雲雜方』　225, 230
신유한申維翰　95, 97
『신증동국여지승람新增東國輿地勝覽』　292
신흠申欽　201
심광세沈光世　220
심상규沈象奎　35
심언경沈彦慶　300, 303
심언광沈彦光　300, 303
쌍간희환雙竿戲丸　264

아

아쟁　271
안연지顔延之　52, 106
안정복安鼎福　33
양명좌파陽明左派　33, 131, 159
양사홍楊士弘　57
양신楊愼　99, 195

양유년梁有年　267, 268
『어림語林』　102
어적敵　260
『어우야담於于野談』　258
여민락與民樂　262
여조겸呂祖謙　34
영주선瀛洲仙　271
영창대군　15
오국륜吳國倫　195
『오륜행실도五倫行實圖』　64
오세재吳世才　74
오운봉서도五雲棒瑞圖　261
오현금五絃琴　260
『옥호빙玉壺氷』　34
『와유록臥遊錄』　34
왕세정王世貞　52, 97, 99, 123, 195
왕수인　167
왕순식王順式　295
왕양명王陽明　202
왕원미王元美　42
요고腰鼓　260
『용비어천가龍飛御天歌』　262
『용재총화慵齋叢話』　258
우성전禹性傳　152
우탁禹倬　132
운啍　260
유몽인柳夢寅　135, 258
유의경劉義慶　34
「유재론遺材論」　14, 19
「유재육가游齋六家」　199
『유재집游齋集』　192

유정惟政 23, 168
유종원 56
『유청일찰留靑日札』 101
윤근수尹根壽 46, 95, 97, 107, 134, 146, 191
윤승훈尹承勳 212
윤치정尹致定 35
은어銀魚 239, 240, 241
『음식디미방』 230
이규보 74
이달李達 20, 51, 53, 81, 106, 119, 132, 150
이당규李堂揆 192
이대중李大中 175
이덕형李德泂 212
『이륜행실도二倫行實圖』 64
이몽양李夢陽 97, 194, 195, 202
『이문광독夷門廣牘』 45, 101
이반룡李攀龍 51, 57, 123, 195, 202
이백李白 175, 194
이산해李山海 135
이색李穡 201
이석림李碩霖 300
이성구李聖求 192
이수광李睟光 18, 135, 136, 141, 192, 196~198, 201, 206
이승휴李承休 296
이식李植 95, 217
이안눌李安訥 77
이옥李鈺 86
이용수李龍壽 271

이이李珥 132
이이첨李爾瞻 95, 212, 217, 219
이재영李再榮 77, 84, 85, 87, 122
이정구李廷龜 212
이정李楨 73, 168, 283
이정혐李廷馦 215
이준경李浚慶 197
이지李贄(李卓吾) 33, 131, 155, 159
이지함李之涵 135
이춘영李春英 75, 76
이태백李太白 71
이필진李必進 197, 198
이한李漢 271
이항복李恒福 212
이현보李賢輔 255
이현석李玄錫 192, 194, 196, 198, 201~205
이현영李顯英 214, 215
이황李滉 255
인조반정 141, 142
임숙영任叔英 77
임자승 177
임진왜란 23, 27, 32, 119, 135, 140, 146, 154, 163, 173, 190, 245, 257, 277, 304
임환林桓 271

■ 자

『자치통감』 153
장간長竿(장대놀이) 265

「장산인전」 32
「장생전蔣生傳」 23, 32
장악원掌樂院 254
장유張維 95, 146, 201
장윤張潤 99
「장진주사」 272, 276
전순의全循義 225
전예형田藝衡 101
「전오자시前五子詩」 77
전한수全漢守 271
전후칠자前後七子 42, 51, 62, 96, 97, 151, 191, 195
정구鄭逑 46, 114, 292
정도전 22
정립鄭岦 215
정몽주鄭夢周 132, 201
정응운鄭應運 77
정인홍 135
정준鄭遵 217
정철 272
정호서 217
정호서丁好恕 215
『제왕운기帝王韻紀』 296
『조관기행漕官紀行』 264
조병구趙秉龜 35
조수삼趙秀三 86
조식曺植 135, 139, 140
조위한趙緯韓 26, 77, 78, 95, 110
조찬한趙纘韓 77
조탁曺倬 212
종묘제례 260

『주교록舟橋錄』 195
주승走繩(줄타기) 265
주지번朱之蕃 50, 267
죽실竹實 248
지눌知訥 170
『지봉유설芝峯類說』 141
『지수염필智水拈筆』 35
지익복池益福 300
지麂 260
진계유陳繼儒 34

■ 차

『찰미요람察眉要覽』 287
채수蔡壽 12
척독尺牘 22, 26, 57, 73, 98~101, 103, 104, 116, 117, 118, 120
『척독청재尺牘淸裁』 99, 101
천오天吳 264
청어靑魚 241, 242
「최득비여자가崔得霏女子歌」 276
최립崔岦 95, 97, 107, 146, 201
『최척전』 77
최천건崔天健 48, 111, 174, 176, 177
축祝 260
칠서지옥七庶之獄 15, 119

■ 파

편경編磬 260

편종編鍾　260
표훈사表訓寺　247
풍입송風入松　261
피리(퉁소)　270, 276

하

하경명何景明　194
하양준何良俊　34
하준량何俊良　102
「학론學論」　132
『학산초담鶴山樵談』　53, 154, 210, 2
한문사대가漢文四大家　134
『한서』　97
한유韓愈　56, 75, 76, 97
『한정록閑情錄』　18, 34, 38, 155
한호韓濩(韓石峰)　73, 283
한회일韓會一　221, 222
해안海眼　178, 184
향란香蘭　266, 267
허난설헌許蘭雪軒　119, 152, 211, 245, 277, 280
허목許穆　95
허봉　20, 54, 81, 280
허봉許篈　20, 37, 51, 53, 54, 81, 119, 135, 150, 169, 211, 280

허성許筬　37, 131, 152, 211
허씨오문장許氏五文章　152
허억봉許億鳳　270
허엽許曄　37, 131, 132, 152, 277
허채許采　221, 222
허체許禘　77
현금玄琴　260, 270
협폐정악夾陛正樂　262
「호민론(豪民論)」　14, 19
「호서장서각기」　18
『홍길동전』　13, 14, 32, 130
홍다구洪茶丘　241, 242
홍서봉洪瑞鳳　212
홍여성洪汝成　299~302
홍장근洪長根　271
홍한주洪翰周　35
홍호洪皓　241
『화간집花間集』　266, 268
황진이　272
황풍악皇風樂　262
『황화집皇華集』　240
회퇴변척론晦退辨斥論　135
「후오자시後五子詩」　77
휴정休靜　23, 168, 170, 179, 249

논문 출처(게재순)

「17세기의 새로운 교양인 허균」, 미발표 원고
「독서광 허균, 그 책읽기의 위험함」, 『강원작가』 제2호, 실천문학사, 2001.
「허균의 우정론과 그 의미」, 『비평문학』 제37호, 한국비평문학회, 2010.
「조선 중기 고문의 소품문적 성향과 허균의 척독尺牘」, 『민족문화연구』 제35집. 고려대 민족문화연구원. 2001.
「17세기 전반 북인계北人系 지식인들의 학문 경향」, 한국어문학 국제학술포럼 제3차 국제학술대회, 2007.10.
「허균의 문화적 토대와 독서 경향」, 『강원인문논총』 제14집, 강원대학교 인문학연구소, 2005.
「허균의 불교적 사유의 형성과 '산구게山狗偈'」, 『국문학연구』 제16집, 국문학회, 2007.
「허균 장서의 행방과 유재 이현석(유재 이현석의 독서 경향과 그 의미)」, 『열상고전연구』 제22집, 열상고전연구회, 2005.
「허균의 미각적 상상력과 『도문대작』」, 미발표 원고
「17세기 시가의 향유 방식과 허균의 문학」, 『강원인문논총』 제12집, 강원대 인문학연구소, 2004.
「허균의 강원도 인식과 민속문화론」, 『박물관지』 제집, 강원대박물관, 2001; 『강원 한시의 이해』, 집문당, 2006, 개고